隋朝

SUI CHAO

王朝风云 之

李 楠 —— 编著

历史度尽劫波
文明生生不息

中国文史出版社

图书在版编目（ＣＩＰ）数据

隋朝 / 李楠编著 . -- 北京 : 中国文史出版社，
2021.1
（王朝风云；7）
ISBN 978-7-5205-2258-8

Ⅰ . ①隋… Ⅱ . ①李… Ⅲ . ①中国历史—隋代—通俗
读物 Ⅳ . ① K241.09

中国版本图书馆 CIP 数据核字 (2020) 第 173835 号

责任编辑：詹红旗　　戴小璇

出版发行：中国文史出版社
社　　　址：北京市海淀区西八里庄 69 号院　　邮编：100142
电　　　话：010- 81136606　81136602　81136603(发行部)
传　　　真 : 010-81136655
印　　　装：廊坊市海涛印刷有限公司
经　　　销：全国新华书店
开　　　本：1/16
印　　　张：22
字　　　数：338 千字
版　　　次：2021 年 3 月北京第 1 版
印　　　次：2021 年 3 月第 1 次印刷
定　　　价：66.00 元

"凤凰台上凤凰游，风去台空江自流。吴宫花草埋幽径，晋代衣冠成古丘。"李白一首《登金陵凤凰台》，可生动反映中国历代王朝的没落与沧桑。

中国是一个拥有 5000 年悠久历史的文明古国，王朝众多，更迭频繁。其间上演过无数令人感慨的悲喜剧，也创造了举世瞩目的中华文明。

这套《王朝风云》丛书，旨在全景展现中华民族从原始社会、奴隶社会到封建社会的历史跨越，以真实丰富的史料，鲜活生动的叙述，让一个个风格迥异的王朝如戏剧般轮番登场，上演从夏商周到晚清近代历史的荣光与波折。使读者从王朝演变的故事中深刻地体味历史的魅力，领悟中华文明博大精深的文化内涵。

丛书着重讲历史脉络，以历代政权更迭及政治、军事斗争为主，努力把中国历史中最精彩、最生动的内容奉献给广大读者。同时，为增强系统性，一定程度地反映历朝历代的掌故、习俗、科技、文化等内容。

《王朝风云》丛书共 15 部，此为第七部《隋朝》，主要讲的是从公元 581 年隋文帝杨坚建隋，到公元 618 年李渊建唐 30 多年间里，中国历史上发生的那些丰富多彩的故事。

隋朝在中国历史上是一个很短的朝代，从第一个皇帝隋文帝传到第二个皇帝隋炀帝就灭亡了，只存在了 38 年。但是，它又是历史上一个非常重要的朝代。在隋朝以前，中华大地上小国林立，互相征战。隋文帝靠自己的机智勇敢一个一个地消灭了它们，建立了统一的中国。隋文帝的儿子隋炀帝也做了许多使中国强大的事，但后来对人民百姓凶狠残暴，整日纵欲玩乐，所以老百姓都很恨他，于是大家就组织起军队把他从皇帝的宝座上赶了下来。

隋朝也出现了许多后来在中国很有名的新事物，其中科举制度和中国古代官员等级的规定"三省六部制"，对中国此后的政治和文化发展起到了积极作用。修建了从北京到杭州的世界上最长的大运河——京杭大运河，沟通了南北的水路交通。另外，还营建了大兴城与洛阳，开创了享誉世界的国际大都会。

隋朝结束了分裂局面，实现了中国历史上又一次大统一，并使中国走向了发展繁荣的道路，所以它是一个承前启后的重要朝代，为后来中国最强盛的唐朝的出现打下了基础。隋代的传国最短，才传二世38年而亡，但却是唐代盛局的前奏。

杨坚当然很幸运，因为皇帝的宝座不是他靠真本领一刀一枪打下来的，而是由"禅让"得来。但是，究竟是什么原因使宇文阐甘愿禅让，把皇帝这个天底下最诱人的职位拱手送给杨坚而不是别人呢？这么一个叱咤一时的王朝，为什么仅仅传到了二世就败得一塌糊涂？这是又一个让后人懊丧不已的短命"秦王朝"吗？本书将逐一为你揭开这些谜底。

了解历史，反思历史，是为了更好地借鉴历史、把握未来。

目录

第二编　风云人物

第 二 章　当世名臣

第 三 章　乱世枭雄

第 四 章　科技精英

第 五 章　文化名人

第一编

隋室风云

　　西陵沦陷之后的梁朝和新建的陈朝虽然陈霸先努力维持，但气象已经大衰，南方小朝廷再无贤良君主；北周统一北方之后就被隋朝取代，但此前西魏和北周的"经营"已经使之积累了足够的实力来统一中国。渡江一战，陈朝灭亡，300多年南北分裂的局面就此终结。

　　隋朝是五胡乱华后汉族重新建立的大一统朝代。由于皇室姓杨又称隋杨，尊称大隋。

　　隋朝和秦朝有许多相似的地方：开国君主统一天下；二世亡其基业；两朝的两位帝王的经历也很相似；皇权交接中充满阴谋与迷雾。隋炀帝杀父夺权，欺母淫乱，诛戮兄长，历史仿佛又重新上演了一次。

第一章 天下一统

一、随国公攻梁伐齐，隋太祖战功赫赫

杨忠（507—568年），字揜于，小名奴奴，弘农华阴（今陕西华阴市）人。北魏至北周时期大臣，西魏十二大将军之一，隋文帝杨坚之父。

1. 弃魏奔梁又回归

杨忠身材高大魁梧，容貌俊美，武艺过人，见识精深，器量极大，有将帅之才。北魏正光六年（525年），杨忠18岁时到泰山游玩，恰逢南朝梁军队攻下该地，杨忠被抓到江南。北魏永安二年（529年），杨忠在南朝梁居住5年后，跟随叛魏降梁而自立的北海王元颢进入洛阳，授任直阁将军。同年，元颢兵败，尔朱度律将杨忠召到帐下充当统军。尔朱兆率领轻装骑兵从并州进入洛阳时，杨忠参与其事。朝廷赐封爵位昌县伯，授任都督，另封小黄县伯。后来，杨忠跟随独孤信攻克南朝梁的下溠戍，平定南阳，屡立战功。

高欢举兵内犯时，杨忠正跟随独孤信在洛阳，于是就随着北魏孝武帝元脩西迁，进封侯爵。接着参与平定潼关，攻克回洛城。朝廷任命杨忠为安西将军、银青光禄大夫。

北魏永熙三年（534年），当时东魏荆州刺史辛纂占据穰城，杨忠跟随独孤信前往征讨，辛纂战败逃跑。独孤信命令杨忠与都督康洛儿、元长生担任前锋，驱马直奔穰城，守门的士兵全都四散奔逃。杨忠等人

隋朝辟雍砚

乘机入城，杀死辛纂示众。杨忠等人在此居住半年，由于东魏军队逼近，便与独孤信一起投奔南朝梁。梁武帝萧衍认为杨忠是个难得的奇才，任用他担任文德主帅，封关外侯。

西魏大统三年（537年），杨忠与独孤信回到西魏都城长安，西魏丞相宇文泰喜爱杨忠的勇猛，便将他留在自己的身边。杨忠曾经跟随宇文泰到龙门打猎，杨忠独自抵挡一头猛兽，左手紧抱兽腰，右手拔出兽舌，宇文泰很赞赏杨忠的勇猛。北方人把猛兽称作"揜于"，因此就把"揜于"作为杨忠的表字。同年，杨忠跟随宇文泰作战，捉拿高欢大将窦泰，在沙苑之战大破东魏的军队，因功升任征西将军、金紫光禄大夫，进封襄城县公。

西魏大统四年（538年）河桥之战时，杨忠与五位壮士奋力作战，守卫桥梁，敌军最终未能前进，以战功授任左光禄大夫、云州刺史，兼任大都督。杨忠后与李远击败黑水一带的稽胡，并同怡峰解除玉壁之围，因功改任洛州刺史。

西魏大统九年（543年）邙山之战时，杨忠率先冲锋陷阵，因功授任大都督，升任车骑大将军、仪同三司、散骑常侍。不久授任杨忠为都督朔、燕、显、蔚四州诸军事，朔州刺史，加任侍中、骠骑大将军、开府仪同三司。东魏包围颍川时，蛮夷主帅田柱清凭借险要发动叛乱，杨忠率军前往征讨并平息叛乱。

大统十五年（549年），侯景渡过长江，梁武帝兵败受到重创，南朝梁义阳郡守马伯符献出下溠城投降西魏。西魏朝廷趁此机会，准备筹划谋取汉水、沔水一带，便任命杨忠为都督三荆、二襄、二广、南雍、平、信、随、江、二郢、浙15州诸军事，镇守穰城。杨忠以马伯符作为向导，攻克南朝梁的齐兴郡和昌州。

当时，南朝梁司州刺史柳仲礼留下其长史马岫镇守安陆，自己率领一万兵马进犯西魏。起初，南朝梁竟陵郡守孙皓献出其郡前来归附，宇文泰命令大都督符贵前往镇守。当柳仲礼兵到时，孙皓捉住符贵投降。柳仲礼派遣部将王叔孙与孙皓一同守城。宇文泰发怒，命令杨忠率军南征，攻克南朝梁的随郡，活捉守将桓和。一路所经过的城堡和营垒，全都望风求降。

大统十六年（550年）正月，杨忠围攻安陆。柳仲礼听闻随郡失陷，担心安陆守不住，便急忙返回援救。杨忠精选2000骑兵，为了防止喧嚣而暴露意图，令所有的人口中衔着小木棍，乘夜偷袭，在漴头与柳仲礼遭遇。杨忠亲自冲进敌阵，击败并擒获柳仲礼，把他的军队全部俘虏。马岫献出安陆投降，王叔孙杀死孙皓，献出竟陵投降。从此，汉东之地全部归属西魏。

同年二月，杨忠停兵于湕北。萧绎派舍人王孝祀送来其子萧方略作为人质以求和，西魏朝廷答应。萧绎与杨忠订立盟约，约定"魏国以石城为封疆，梁国以安陆为国界，请求按照附庸关系，互送儿子作为人质，发展贸易以通有无，永远作为邻邦和睦相处"。杨忠凯旋，因功进封爵位为陈留郡公，位至大将军。

2. 击败南梁镇穰城

大统十六年（550年）十二月，梁元帝之兄邵陵王萧纶在汝南修筑城池召集士兵，准备夺取安陆。西魏安州刺史马祐把这一动向报告丞相宇文泰，宇文泰派杨忠带领一万人前往援救安陆。

大统十七年（551 年）正月，梁元帝进逼邵陵王萧纶。萧纶北上，与前任西陵郡守羊思达邀请随州、陆州土豪段珍宝、夏侯珍洽，合谋把人质送往北齐，准备出兵来侵犯西魏。汝南城主李素从前是萧纶的部下，于是打开城门接纳萧纶。梁元帝秘密通报给宇文泰，宇文泰派杨忠率军讨伐萧纶。杨忠围困汝南，李素战死。二月初一日，杨忠在黎明时发起进攻，午后就攻陷汝南，活捉萧纶，将他杀死，并将他的尸体扔在江岸边；同时活捉安乐侯萧昉，也将他杀死。

大统十八年（552 年），杨忠再次发兵攻打南朝梁，将汉水以东地区全部占领。

西魏恭帝初年（554 年）赐姓杨忠普六茹氏，兼管同州事务。九月，杨忠奉命与常山公于谨、中山公宇文护带兵五万进攻南朝梁的江陵。十月，西魏军队从长安出发。十一月，魏军渡过汉水，当时杨忠担任前军，于谨命令杨忠与宇文护率领精锐骑兵先占领江津，然后屯守在长江渡口，切断梁元帝东逃的道路。不久，魏军大败梁军，攻陷江陵，杀死梁元帝。西魏朝廷立萧詧为南朝梁国君，命令杨忠镇守穰城，形成掎角之势。后杨忠又平定沔水流域蛮族各部。

3. 立功北周伐北齐

北周孝闵帝元年（557 年），孝闵帝宇文觉受禅登基，建立北周政权后，杨忠入朝担任小宗伯。北齐军队侵犯北周东部边境时，杨忠出兵镇守蒲坂。

北周明帝二年（558 年）二月，北齐北豫州刺史司马消难请求投降北周。三月，杨忠奉命与达奚武率领 5000 骑兵前往迎接司马消难来降。他们从小路驰入北齐境内 500 里，前后三次派遣使者与司马消难联络，都没有联络上。到距离北豫州虎牢城 30 里的地方，达奚武怀疑情况有变，

想返回，杨忠说："我们只有前进赴死的责任，没有后退求生的道理！"于是独自带领1000骑兵连夜赶到城下。虎牢城四面极为高陡，犹如绝壁，只听得城中传来一阵阵巡夜人敲木梆的声音。达奚武赶来指挥数百骑兵退却西去，杨忠指挥剩下的骑兵原地不动，等城门打开进城后，才急忙飞驰通知达奚武前来。北齐镇守城池的将领伏敬远指挥甲士2000人据守东城，点燃烽火，严加警戒。达奚武感到害怕，不想保住城池，于是就大肆掳掠财物，让司马消难和他的部属先回西魏，杨忠带3000骑兵殿后。军队行抵洛水南岸时，将士们都解下马鞍躺在地上休息。齐军追赶过来，到达洛水北岸。杨忠指挥骑兵立即奔驰前往迎击，齐军不敢逼近，杨忠于是慢慢地引领军队平安返回。达奚武不由得感叹地说："我达奚武自认为是天下健儿，今天在杨忠面前算是服气了！"杨忠因功升任柱国大将军。

武成元年（559年），杨忠晋封随国公，食邑1万户，另有竟陵县食邑1000户，收取其租税田赋。随即担任御正中大夫。保定二年（562年）五月，杨忠升任大司空。

保定三年（563年）九月，朝廷任命杨忠担任元帅，统率大将军杨纂、李穆、王杰、尔朱敏、开府元寿、田弘、慕容延等10余人率领步兵、骑兵1万人，与突厥军从北路出发讨伐北齐。朝廷同时命令达奚武率领步兵、骑兵3万人从平阳南路出发，约好时间在晋阳会合。十二月，杨忠留下尔朱敏据守什贲，派兵在黄河边巡逻。杨忠从武川出兵，迅速攻占北齐20多座城池。齐军防守陉岭的山口，杨忠出奇兵奋勇进击，大败齐军。同时留下杨纂屯守在灵丘，准备阻击从后面来的救兵。此时，突厥的木杆可汗、地头可汗、步离可汗率领10万骑兵前来会合。

保定四年（564年）正月初一日，杨忠率兵进攻晋阳。当时大雪连下几十天，寒风劲烈，齐军出动全部精锐部队冲出城来。突厥骑兵十分震惊，带着兵马退向西山，不肯与齐军交战。杨忠率领700人和敌军展开步战，阵亡过半。由于达奚武误期不至，周军只得撤军，齐军也不敢进逼。突厥兵趁机放纵兵士大肆抢掠，从晋阳直到平城，沿途700余里，人畜掳掠一空。北周武帝宇文邕派使者到夏州迎接慰劳杨忠。杨忠到京师后，宇文邕在宴会上对他大加赏赐。宇文邕准备任命杨忠为太傅，晋公宇文护由于杨忠不肯依附自己，从中作梗，于是授任杨

隋代青瓷七管瓶

忠为都督泾幽灵云盐显六州诸军事、泾州总管。

保定四年（564年）八月，杨忠会同突厥再次讨伐北齐，兵到北河后便返回。十二月，北周东征北齐，宇文护出兵洛阳，命令杨忠从沃野出兵，接应突厥兵。由于军粮短缺，杨忠便趁势收服稽胡各部落，送来的各种粮草，塞满道路。后来，由于宇文护首先退军，杨忠也罢兵返回镇所。杨忠因政绩突出，宇文邕下诏赏赐钱30万、布500匹、谷子2000斛。

天和三年（568年），杨忠因病回京。宇文邕与宇文护曾多次亲临看望。同年七月初七日，杨忠去世，享年62岁，追赠太保，都督同、朔等13州诸军事、同州刺史，原来生前官职照旧，赐谥号"桓"。其子杨坚承袭封爵。

开皇元年（581年），杨坚登基称帝，建立隋朝，追谥杨忠为武元皇帝，庙号太祖。

二、宣帝静帝两不为，杨坚代周建大隋

隋室代周，是以禅让方式实现的新旧更替。隋以前的北周，是鲜卑贵族宇文氏统治的政权。宇文氏汉化较深，北周武帝宇文邕统治时期相继采

取了一些汉化措施。北周国力日渐强大，同时汉人势力在北方也在扩大。北周武帝灭北齐，中国北部基本统一。

北周武帝宇文邕消灭北齐之后，雄心勃勃，准备先讨平突厥，再征讨南朝。宣政元年（578年）宇文邕率北周五路大军伐突厥，尚未成行就先病死，其长子宇文赟即位为帝，是为周宣帝。周武帝的死延缓了中国统一的进程。

宇文邕一代英雄，却留下一位极为不肖的太子。周武帝在世时对几个儿子约束很严，尤其是对太子宇文赟，稍有小过就训斥他一顿，并说："自古以来被废的太子还少吗？难道我别的儿子就不堪继任大统吗？"他严令东宫官属，每月写详细报告禀明太子一个月的所作所为。这位太子对这一切又怕又恨，只得努力压抑。北周武帝去世后，棺材还摆在宫中未及入殓，宇文赟就骂道："死得太晚了！"他一即位，就暴露出荒淫好奢的习性来，史称："宣帝初立，即逞奢欲。"照理说，父母去世须得守丧三年，不听歌舞，不可嬉笑，宇文赟全然不顾丧仪，直接把北齐后主高纬的歌舞班子组织起来，召到殿上，号称"鱼龙百戏"。

宇文赟想起自己过去被父皇杖打的旧事，恨上心头，就问宠臣郑译："我脚上的杖痕该怪谁啊？"郑译知道皇帝的心思，就说："应该怪王轨和宇文宪。"宇文宪是当朝的皇叔，年富有为，北周武帝十分敬重，但是宇文赟却十分惧怕；王轨是北周武帝的重臣，北周武帝在世时曾良言劝谏说："有好父可惜却无好儿。"北周武帝也知道宇文赟不成器，但其他儿子不是无德，就是太小，所以没有采纳。于是，宇文赟派人去诛杀了皇叔宇文宪和王轨。当时宇文宪家中还有皇祖母，仍然被赐死。王

宇文家族壁画

轨时在徐州边境，要想逃亡还是很容易的。他对自己的亲人说："忠义之节，不可以违背。我身负先帝厚恩，常想着尽节报恩，哪里想到获罪于嗣主。我不忍心背德于先帝。"这样的忠臣都要诛杀，宇文氏一点一滴地耗掉了自己的政治威望。

宇文赟做了几个月皇帝，就把大位传给6岁的太子宇文阐，改元大象，宇文阐就是北周静帝。宇文赟不称太上皇，另外创立一个名称，叫"天元皇帝"。因此他在历史上常有两个称号，一个是他的谥号"北周宣帝"，另一个是"天元帝"。

宇文赟在位不到两年就病死了，政权落到了他的杨皇后的父亲杨坚手里。当时宇文阐年少，还是童稚，宇文家族中最有威望的宇文宪也被赐死，再没有人出来和杨坚抗衡。照理说，当朝皇帝宇文阐是国丈的外孙，小皇帝的命运该是安全的。但杨坚的残忍却异于常人，宇文家族自西魏以来已有三四代人，子孙众多，根深叶茂，而杨坚则将其全部铲除。北周奠基人宇文泰子孙25家，第二代孝闵帝及明帝子孙6家，武帝宇文邕的子孙12家，天元帝宇文赟的3个孩子全被诛杀，这其中包括杨坚的亲外孙以及两个尚在襁褓中的婴儿。至于宇文氏的宗室疏属几乎为杨坚诛杀无遗，成百上千的皇族子孙在失势的一年多内惨遭屠戮。清朝历史学家赵翼感叹说："自古以来得天下之容易者，未如隋文帝。隋文帝身负前朝厚恩，以妇翁之亲，轻而易举就窃得帝位，面对幼弱妇孺大行杀戮，以致宇文氏子孙绝灭。其残忍狠毒，可谓毫无人性！"杨坚建立的隋朝灭亡后，他的五个儿子全部横遭惨死，子孙居然没有遗种。更巧的是，杀了隋炀帝和他三子的人，正是宇文化及（宇文化及和北周皇族同姓不同宗）。

杨坚代周，宇文氏家族中还是有人站出来反击。大象二年（580年）六月，杨坚派人传召宇文泰的外甥尉迟迥入朝，并派韦孝宽前去代理军职。尉迟迥大为恐惧，遂公开起兵反杨，他的侄子青州总管尉迟勤随从起兵，两军

有 10 万之众，河南、河北地区全部响应。尉迟迥起兵的同时派人向江南陈朝请求援助，并派人四处招降，一时间整个太行山以东都不在杨氏控制之内。

同月，杨坚令韦孝宽为元帅，调发关中兵起兵平叛。韦孝宽率大军自洛阳进驻孟县，此时尉迟迥正在围攻怀州。韦孝宽先派军把尉迟迥的围城部队击败，迫使其后撤，两军以沁水隔岸对峙。杨坚派来援军在沁水之上搭建浮桥，孝宽军奋勇进击，大败尉迟迥的军队，迫使其败退逃亡邺城。在这里，尉迟迥父子又集中了 13 万全部兵士列阵，企图和韦孝宽决战。两军大战于邺城之下，韦孝宽的军队起先失利退却，邺城的百姓来到城头观看退军。韦孝宽即派弓箭手向墙头射箭，制造混乱，被射的百姓纷纷逃避，喊声震天。韦孝宽趁势猛攻，尉迟迥逃入城楼，并引弓射杀数人，韦孝宽率领士兵穷追不舍。此时的尉迟迥已经是须发皆白的老将，而韦孝宽也已经年过 70，两人在城楼上对峙。尉迟迥穷途末路，见此情形十分痛心，痛骂杨坚不仁不义，然后挥剑自刎。尉迟迥从起兵至兵败自杀，只坚持了 68 日。

在韦孝宽击灭尉迟迥的同时，杨坚还派兵讨平了湖北和四川响应叛乱的司马消难和王谦。朝廷内外的反对势力全被平定，杨坚取代北周的时机已经成熟，他只要逐步地确立新朝气象就可以了。大定元年（580 年）十二月十二日，北周下诏，鲜卑化时的改姓一律复旧，杨坚才从普六茹坚改回叫杨坚；十三日，杨坚被封为相国，晋爵为隋王。

开皇元年（581 年）二月，北朝最后一幕禅代悲喜剧上演，杨坚代周建隋，是为隋文帝。北周正式灭亡。

三、陈霸先受禅建陈，小朝廷动荡衰乱

太平二年（557 年）十月，陈霸先受禅为帝，是为陈武帝。至此，南

朝的最后一个朝代陈朝建立。陈霸先和宋朝的开国皇帝刘裕相似，都是出身寒微，靠着军功一步一步地升迁。刘裕有平定桓玄之乱和北伐的两件大功，陈霸先有平定侯景之乱和保卫建康的大功，受禅登基都可谓实至名归。这两人登基之后，都是没当几年皇帝就去世了，各自留下一大笔家业。但是这两朝又有很大的不同，刘裕身处南朝之初，南方王朝的国力还稍强于北方，刘宋在和北方的对峙中能讨到不少便宜；陈霸先建立的陈朝运气就要差得多，时至南朝末年，北方的北周和隋朝冉冉升起，他苦心建立的陈朝注定是一个没有前途的王朝。

陈朝立国之初，长江北岸是凶暴的北齐；蜀中和湖北荆襄是北周和西梁；江南内部还有若干不愿与他合作的势力，其中最著名的是王琳。他本是西陵梁元帝手下的大将，但却对萧氏忠心耿耿，对陈霸先的禅代非常不满。陈朝建立之后，王琳就立了一个梁元帝的孙子萧庄做皇帝，公开和陈朝唱"对台戏"。陈霸先派去讨伐的军队都被他打得大败，只是由于王琳的后方屡被西陵骚扰，只得与陈霸先讲和，不然陈朝能否顺利立国，还真是个未知数。

永定三年（559年），只当了三年皇帝的陈武帝陈霸先去世，他的侄儿陈蒨继位，是为陈文帝。王琳再度发兵进攻，陈蒨派出大军前去抵抗，两军在长江上相持达100多天。这时候，北周又来骚扰王琳的后方，王琳十分紧张，急率水军东下企图速战速决。芜湖水战一役，王琳大败，只得只身逃往北齐。陈朝的军队一路进逼，夺回了王琳的领地，还把北周南侵的军队逼回北方，取得了湖北东部地区。至此，陈朝才真正站稳了脚跟。

在平定外患的同时，陈朝内部还发

陈霸先

生了一起骨肉相残的事件。陈霸先的儿子陈昌早年陪侍梁元帝萧绎，西陵陷落时，陈昌连同被俘。北周看重陈霸先的政治前途，就一直好生养护着陈昌，以便将来进行要挟。陈霸先去世之后没有嗣子，只得让皇侄陈蒨即位。北周见到时机成熟，就放陈昌回国，明眼人都知道北周是想给陈朝制造内乱。陈昌回国的路上给当朝皇帝陈蒨写了一封信，据说这封信写得非常无礼，史书的记载是"辞甚不逊"，但我们大概猜得出这封信是指责陈蒨窃国自立，逼迫他赶紧交出皇位。这位身边无兵、无勇的天真皇子就这样一路南行，做着他的皇帝美梦。倒是陈蒨颇有些紧张：这帝位原本该是那位皇子的，一点儿也不错；但他的帝位却绝对不是窃取的，乃是名正言顺继位受取的皇帝，凭什么就该让出啊？陈蒨的心肠还算忠厚，懊恼之余说了一句："太子快回来了，我只好找个地方当藩王去养老。"他边上的心腹大臣侯安都说："自古岂有主动让位的天子？"陈蒨这才醒悟过来，于是决定除掉陈昌。陈昌一入境，陈蒨就下诏让侯安都去迎接。过长江时，侯安都便把陈昌推入长江淹死了，对外则宣布陈昌由于船坏溺死。灵柩运到建康，陈蒨亲自迎接，大哭了一场，并把陈昌风光大葬。这位天真贪心的皇子就这样主动送掉了性命。那位杀人帮凶侯安都也没得到好下场，他自恃有功，不守法度，陈蒨寻了一个借口，将其杀死。

陈文帝在位期间的主要功绩是讨平内部的叛乱，维护小朝廷的统一。陈文帝去世之后，太子陈伯宗即位，皇叔安成王陈顼执政。叔侄两人不和，皇帝陈伯宗想夺安成王的权力，于是联络外将起兵，但兵败被废。安成王陈顼即位，是为陈宣帝。

陈朝立国以来内乱外患不断，积贫积弱，甚至达到卖官敛财的地步。但是新即位的陈宣帝却是位喜欢事功的君主。北齐政局混乱时，他派出大将吴明彻北伐，想一举荡平叛将王琳的威胁。北周正是宇文护执政的时候，其没有进取之心，这使得陈朝的北伐显得格外具有优势，因此连克历阳、合肥、寿阳等地，竟一举收复了淮南。陈朝上下十分惊喜，但是他们却高估了自己的实力。当时北齐处在衰乱时期，又不信任王琳，不给他派兵，又不准他在淮南募兵，还派人去监督他。王琳是梁朝末年的名将，因为忠于萧氏而仓皇北逃，后来竟因为无兵可带而被擒，实在是虎落平阳。吴明彻的军队抓住王琳，他的军队中倒是有很多人认识这位老长官，十分伤感，纷纷恳求吴明彻不要杀他。吴明彻怕闹出事端，还是把他杀掉了。

北齐灭亡的时候，陈朝想趁乱抢劫，夺得淮北地区，于是命令吴明彻进军。他们太高估了自己的实力，不明白此时的对手宇文邕是何等的英雄。吴明彻的军队走的是淮河泗水一线，北周军用铁索联结了几百只车轮放到泗水河道里，堵住了大军的归路。陈将萧摩诃劝吴明彻，趁北周军的部署还没有成形的时候发动进攻，但是不知道什么原因，吴明彻竟然没有听从。等到水路断绝之后，萧摩诃劝吴明彻率领大军突围，他率领骑兵断后。但是吴明彻决定自己亲自断后，让萧摩诃用骑兵冲击。萧摩诃果然冲出了重围，但是吴明彻所属的三万军却全军覆没，吴明彻被俘。不久北周反攻，派出名将韦孝宽一举吞并了淮南全境，陈朝多年来北伐的成果全部拱手相让。

吴明彻的北伐是南朝的最后一次北伐，其成果不可谓小，但却是趁北齐内乱侥幸所得。无奈陈朝君臣没有看到这一点，贪功冒进，损失惨重，实在让人扼腕。

陈宣帝在位14年，在他去世的前一年，北方强大的隋朝建立起来，灭亡南朝的形势已经很清楚了，但是陈朝还处在纷乱的宫廷政变当中。即将嗣位的是太子陈叔宝，但是他的弟弟陈叔陵却对皇位虎视眈眈。在先帝的灵柩前，陈叔宝跪伏哀哭，陈叔陵抽出一柄刀朝太子的颈后砍去，太子受重伤昏倒。幸而太子的生母和乳母极力拉扯保护，陈叔陵弑兄才没有得逞，后陈叔陵欲逃跑，他挣脱出去之后，回到其府上召集府兵，释放囚犯充兵，纠集了近1000人的队伍前去皇宫夺位。宫里得到消息，派人紧急召右卫将军萧摩诃入宫讨贼。萧摩诃带了马步兵士，轻而易举地杀了陈叔陵。那位受伤的陈叔宝这才坐稳帝位，他就是历史上著名的陈后主。

四、风花雪月陈后主，荒嬉误国台城曲

陈朝的最后一个皇帝陈叔宝是历史上著名的亡国之君。陈叔宝（553—604年），字元秀，小字黄奴，吴兴长城（今浙江长兴）人，是南朝最后一位皇帝（582—589年在位），史称陈后主。陈宣帝陈顼嫡长子，母为皇后柳敬言。

陈叔宝颇有文才，诗词曲赋的水平很高，曾写过很多辞情并茂的好作品。后主尤其擅长写艳诗，会谱曲，这样的人当个清客闲人或者富家子弟，大概能有一番成就，可惜他却是一国之君，这些才华反而让他陷入奢侈淫靡的生活里。中国古代史上这样的皇帝真不少见。

陈后主极端宠爱张贵妃、龚贵妃、孔贵妃，为她们建造了临春、结绮、望仙三阁，大量使用沉香、檀香等名贵木材，用金玉珠翠装饰，室外积石

陈后主

成山，引水为池，种了许多奇花异卉。后主自己住临春阁，张贵妃住结绮阁，龚、孔二贵妃住望仙阁，过着穷奢极欲的生活。对于政事，他任用贪敛成性的沈客卿，提高税收，导致商人纷纷破产，史书有"后宫曳绮绣，厩马余菽粟，百姓流离，僵尸蔽野"的说法。

在对待朝臣上，陈后主也极尽荒唐之事。他见到大将萧摩诃续娶的大人任氏妙年丽色，貌可倾城，就唆使张贵妃和任氏交好，然后把任氏诱到宫中与陈后主偷情，陈后主常常留其过夜。萧摩

诃听说妻子与后主有奸，大怒道："我为国家苦争恶战，立下无数功劳，才得打成天下。今嗣主不顾纲常名分，奸污我妻子，玷辱我门风，教我何颜立于朝廷！"后来隋兵南渡，萧摩诃全无战心，兵败被擒。

陈后主在南朝荒淫放纵的消息传到隋朝，刺激了隋文帝杨坚的统一之心。杨坚召集群臣讨论，多无异议，于是下诏讨陈，书写后主 20 大罪，抄写 30 万纸，遍谕江南。大臣们劝说："兵行宜秘，如此大张旗鼓地宣布，恐不相宜。"杨坚说："若他能知而悔败，我也不必如此。我将奉天行诛，何必遮遮掩掩？"于是大修战舰，命令晋王杨广、秦王杨俊、清河公杨素为行军元帅，总管韩擒虎、贺若弼等人率兵 51 万分道直取江南。杨素率领的水军和杨俊率领的水陆军互相配合，斩关夺隘，攻城略地，一下子占领了荆襄长江上游地域，牵制了陈军的 3 万水师。王世积统率的中路水军直下江西地区，燕荣一路水军甚至南下深入迂回，形成对建康的战略包围，高颎率一部水军迫降了护卫京城的陈朝水军。几路水军有力地压制了陈朝各路守军的抵抗，建康失去羽翼，危如累卵。

相比隋朝各路进攻，陈军的防卫则显得非常糟糕。隋朝虽然号称 50 余万大军，但是水军只占一半，和陈朝的 20 万守军在数量上不相上下，若指挥得当，尚可一战。陈朝在建康附近屯兵 10 万，到后来居然无所作为，可见陈朝的军务之坏。

隋军渡过长江，一路深入，各地州郡告急的文书如雪片般传来，陈后主依然赋诗不辍，高歌纵饮。他认为这是边将们在假传情报，笑着说："往日齐兵三次来攻，北周两次来袭，无不败退而去，这次隋兵又算什么呢？"边上的宠臣孔范也说："长江天堑是自古以来隔断南北的界限，隋军岂能飞渡，不过是边将想要邀功，因此妄言危急。我原来做小官时也常嫌官小，也恨不得北骑来攻，这样我就可以官升太尉了。"他的这番诙谐话引得陈后主哈哈大笑，再不理睬边将们的战报。

开皇九年（589 年）正月二十日，隋将韩擒虎所部抵达雨花台地区，

15

守将任忠迎降，引韩擒虎从朱雀门进入建康。几乎与此同时，贺若弼所部也从北掖门入城。陈朝的大臣们全部奔忙散去，陈后主身旁不见一人，只有尚书仆射袁宪站着没走。后主急道："朕从来待诸卿不薄，今天事急，众人皆弃我而去，只有卿留下，不遇岁寒，哪能知道松柏？不是朕无德，都是江东衣冠士族的道义丧尽，这才弃我而去。"到这个时候，陈后主还坚信自己无错，可谓不思悔改。说完之后，陈后主就想找个地方躲藏起来，袁宪拉住他说："北兵进入皇都，料想不会加害。事已至此，陛下何去何从？不如正衣冠，御正殿，依梁武帝见侯景故事。"陈后主哪里有萧衍的定力，一扯衣襟，下榻急走说："锋刃之下，岂有儿戏？朕自有计。"他哪里有什么计策，不过跑到后堂景阳宫，拉上张贵妃、孔贵妃，让内侍把他们三人并作一束，垂入井中。隋兵入宫，抓住内侍问后主藏在哪里，内侍指着井说："这里。"井里漆黑，隋兵向井中呼喊也没有人答应，于是隋兵就假装要往里面扔石头，这时里面才有求饶的声音。隋兵放下绳子准备将人拉出，用绳子向上拉的时候感觉极其沉重，士兵们原以为是后主体胖，拉出来才看到是一束三人，隋兵哈哈大笑。

陈后主荒嬉误国，狼狈被擒，成为千古笑话。关于这段历史，很多诗歌皆有描述。例如杜牧的《台城曲》有诗云："门外韩擒虎，楼头张丽华。谁怜容足地，却羡井中蛙。"这个张丽华就是张贵妃。

隋灭陈之战是中国历史上继晋灭吴之后，第二次大规模的渡江作战。陈朝被灭之后，隋文帝以陈朝宫殿奢华太甚，下令将宫殿楼阁拆毁烧掉。当年尉迟迥叛乱被平的时候，邺城的旧朝皇家建筑也被烧毁。隋文帝自负爱好节俭，厌恶奢华，但在这两件事情上却做得极为出格，可谓罪孽深重。杜牧的《台城曲》里感叹"干芦一炬火，回首是平芜"，感慨颇深。

陈朝君臣被押解到长安后，除了几个奸臣被放逐之外，大部分人都得到善待。隋文帝对后主颇为宽和，问他有什么愿望，后主竟提出"愿得一官号"。隋文帝听了感到很意外，对边上的人说"陈叔宝全无心肝"。

这位优游欢乐的亡国之君和隋文帝杨坚同年去世，新即位的隋炀帝杨广谥之为"炀"。这个"炀"字在古代谥法里是"好内远礼，去礼远众，逆天虐民"的意思，是最坏的评价。讽刺的是，隋炀帝死后也得到了这一"荣誉"称号。

第二章 文帝杨坚

一、父荫妻贵成重臣，天假良机禅北周

1. 胡化汉人，父荫妻贵

隋文帝杨坚（541—604 年），弘农郡华阴（今陕西省华阴市）人。东汉太尉杨震八世孙杨铉之后。据近世史学家陈寅恪的研究：杨铉已是五胡乱华时代的人，其本人曾仕燕，其后人在西魏、北齐、北周任官，可能是胡化汉人。杨坚的祖母盖氏即匈奴羯族人，母吕氏出身寒微，可能是胡化汉女。

杨坚生于长安冯翊畿辅之地般若寺内。据传说生时紫气充庭，不久就有一个尼姑自河东来，对吕氏说："此儿不同凡人，生来高贵，不宜养在俗间。"吕氏就让带去尼姑精舍抚养。长大后，生有异相，额上有五柱骨入顶，目露精光，闪闪外射，手上有纹似"王"字。而且躯体长得上体比下体长一些，性格深沉严肃。初入太学，和同学相处，即使最亲近的人，也总保持一段距离。

杨坚的父亲杨忠帮助宇文泰夺取西魏政权立功，被赐鲜卑姓"普六茹"。北周立国，杨忠被任柱国、大司空，封随国公。所以杨坚 15 岁就受父荫

被封成纪县公。到 17 岁时北周明帝即位，又被晋封为大兴郡公。

有人在明帝前说杨郡公长得一副帝王相，明帝要一位善相的大臣赵昭前往视之。他回来后对明帝说："杨坚的面相，最多做到柱国（国家军队司令）。"他又暗中跑去对杨坚说："明公日后当为天下君，但必经大诛杀而后定，盼善记鄙言。"

周武帝即位时，杨坚 21 岁，被进位大将军，外放随州刺史。后来召还长安，恰巧坚母吕氏卧疾，杨坚侍疾 3 年，昼夜不离左右，被称纯孝。后周武帝聘杨坚之女为太子妃，此时杨坚不但已袭父爵为随国公，而且成为周太子的老丈人，而这时他才 33 岁。事实上他早已是皇亲国戚，他的妻姊是周明帝之后，明帝是武帝之兄，所以杨坚进入壮年，无赫赫功业，已成北周重臣。北周掌实权的太师大冢宰宇文护很嫉恨他，幸有大将军侯伏、侯寿处处匡护。

王弟齐王宇文宪对武帝说："普六茹坚（指杨坚）相貌非凡，臣每见他，不觉自失。恐怕他终非人下，不如早除之。"武帝说："他不过能带兵为将耳。"乌丸将王轨对武帝说："皇太子恐非守社稷之主，杨坚却有反相。"武帝不悦道："天命倘真如此，亦莫奈乎？"杨坚知道后，颇为恐惧，更加小心谨慎。

2. 天假良机，受禅北周

周武帝杀太师宇文护后，始亲掌国柄。他雄才大略，颇有作为，而且性尚节俭，行阵与士卒同甘苦。乃屡兴伐齐之师，杨坚从征，方建军功。历出任定州、亳州总管（州牧），后来周灭北齐，杨坚进位柱国。周武帝以 36 岁壮年，于征突厥时得病，赶返长安而死。传位太子，是为宣帝，才 21 岁，是一位荒唐君主。武帝生前曾杖责过他，留有杖伤痕，父王一死，他抚视杖痕说："死得太晚了。"即位一年中，一反父风，荒淫无道，诛杀宗室及忠臣，还建洛阳为东都，大治宫室。一年后禅位给子静帝，自号天元皇帝。静帝幼冲，天元帝仍问政。那时杨坚特别礼贤下士，位望甚隆，天元帝亦颇忌之。天元帝在杨皇后外另立三后，四后争宠，互相诋毁，天元帝尝怒对杨后说："必诛杀你全家。"有一次果然召杨坚往见，先命左右侍卫说："倘见随国公脸上有怒气，你们就给我推出斩了。"杨坚进谒，任由君王责恼，容色自若，恭敬以对，竟不让抓到把柄，天元帝也只得罢了。一年后天元帝暴卒。那时杨坚正好因足疾，以扬州总管留京未行，用事大夫郑译、刘昉，原是杨坚倾心相结之人，乃矫诏杨坚以国丈之亲，令入朝柄政，都督内外诸军事。那时杨坚40岁，正当盛年，幼帝才8岁，太后是自己的女儿，百官总己以听。算来杨坚得到这机会，说他相貌好，不如说他运气好。如果英明的周武帝不以36岁壮年而死，怎会有那荒唐君主宣帝登位的机会？假如那改号天元的宣帝不以精壮之年（22岁）暴卒，杨坚说不定还得有一番厄运。谁知老天帮了他的忙，让阻挡他好运的一英主、一昏君，都及时而死，杨坚不费吹灰之力，乃有窃篡人家帝位的大好机会，比历代权臣都幸运。王莽、曹氏父子、司马氏祖孙为这机会，都曾煞费经营，应愧不如。

阎立本《历代帝王图》中的隋文帝

杨坚入朝柄政后，得谋臣高颎、李德林，大将韦孝宽、贺若谊、梁睿等之助，不但先后讨平相州总管尉迟迥、郧州总管司马消难、蜀州总管王谦的叛乱，而且立刻大施惠政，清简法令，蠲灭赋役，躬行节俭，使天下悦服。那时周室宗亲，早有惶惑不安之状，杨坚乃以千金公主将迁嫁突厥为辞，征宗室五王入朝，准他们履剑上殿，入朝不趋。又任汉王宇文赞为右大丞相，但只进以美妓而不予实权。这些亲王都是些无能之辈，欲谋刺杨坚，而却泄谋，反被杨坚执杀。太史大夫庾季才以"天象已定"劝进，并州刺史李穆以熨斗为赠，劝以"愿执威柄以熨安天下"。连他的独孤夫人也私下鼓励他说："大事已看得清楚，骑虎之势，必不得下，好自为之吧！"于是周大象三年（581年）杨坚于晋爵随王后五个月受周禅位于长安而称隋帝，改年号"开皇"元年。

杨坚篡周而定中国北方，第九年又驱师灭南方的陈国，于是一统天下，使汉族衣冠文化重光于宇内。他勤政养民，躬自省俭，又外服突厥，拓展疆土，重振华夏声威，开创"开皇之治"。如果他不是因为性格上矜持自囿，以致"有刻薄之资，无宽仁之度"，兼以"素无术学，不能尽下"，"雅好符瑞，暗于大道"，又要"听哲妇之言（指独孤后），惑邪臣之说"，"灭父子之道，开昆弟之隙"，弄到"坟土未干，子孙屠戮……天下已非隋有"（《隋书·高祖纪》），就不致只创立了一个中国历史上另一个短暂的王朝。

二、诛灭宇文开盛世，混一宇内建树多

1. 诛灭宇文，民阜物丰

隋文帝登基后，第一考虑到的是稳固自己的帝位。他有五个儿子，皆独孤皇后所生，长子杨勇立为皇太子，其次杨广为晋王，杨俊为秦王，杨秀为越王，杨谅为蜀王，分镇山西、陕西、江南和四川诸重地。其他如幽州、楚州、庐州、定州，皆派猛将驻守。然而周室的苗裔还在，那静帝虽已降为介国公，年纪

隋文帝

尚幼，但其他年长的宇文氏王公尚多，使他放心不下。因为杨氏世受周室厚恩，今在孤儿寡妇手中夺人天下，岂得人心之平，连自己的女儿周室杨皇后，本性素来柔婉，也愤怨不平。隋文帝心中有愧，把杨皇后迎回娘家，改封为乐安公主，还想把她改嫁，因她尚很年轻，谁知她誓死不从。这和王莽女嫁西汉平帝，曹操女嫁东汉献帝，同样发挥了中国儒教传统从一而终的妇德，让当时的须眉愧对。文帝后来果然尽诛宇文氏王公，使鲜卑拓跋族的宇文氏为之灭族。

隋文帝用高颎、苏威、牛弘等辅政，刑政度支大小，无不与谋，鼎革数年间，天下晏安。帝性严肃，勤于政事，每天上朝，自晨至暮，忘其疲劳，五品以上朝臣随时传见论事，当侍卫的"传飧而食"。有一位御史柳或看不过上谏道："比见陛下留心治道，无辞疲劳，皆因群臣惧罪，不敢自决，乃一唯取判天旨，以至营造细小之事，进出轻微之物，均以奏闻，一日之内，酬答百司，日暮忘食，入夜未寝，动以文簿忧劳圣躬，诚非所宜。伏愿少减烦劳，但决国之大事，其余细务，责成有司。"可见隋文帝奋励为政，达于苛细，勤则勤焉，导致群臣都不敢负责任，失其法度。又本性俭啬，布衣粗食，宫中器御车驾，一任蔽旧，非宴会，食只一肉，后宫所服，都浣洗之衣，既非绮罗，又无金玉之饰，带扣帽簪之类，都只用铜铁角骨。如此提倡俭德，乃使国家仓廪丰溢，户口滋藩。受禅之初，全国民户不满 400 万，到仁寿末年（604 年）时，却已超越 890 万。以五口之家计，那时中国的人口是 4450 万，可称民阜物丰。

2. 混一宇内，建树良多

隋文帝另一大功业，就是征伐南朝陈国成功，使宇内混一，重现秦汉统一之局。他伐陈用高颎之计，早在沿江一带用疑兵及劫粮游击战略，时动而时退，使陈人生惰心，疏于防备。开皇八年（588 年）乘陈后主（陈叔宝）遣使聘隋之际，文帝发水陆大军 51.8 万人，以晋王杨广、秦王杨俊及清河公杨素为三行军元帅，从六合、襄阳、永安、江陵、蕲春、庐江、广陵、东海分八路进军，皆受晋王杨广节制。同时发玺书30万张，历数陈后主荒淫无道20大罪状，遍谕江南，先作宣传攻势。冬十一月誓师，至次年正月初四日，新年方过，陈后主宿酒未醒，隋师贺若弼、韩擒虎的精兵，已分别从蒋山（即钟山）和采石矶攻入建康城，一从北掖门入，一从朱雀门进，韩擒虎在陈宫景阳井中取出躲藏的陈后主和其爱妃张丽华及孔贵妃。陈后主投降，江南乃定。

隋文帝在全国境内推行均田制，使全国成年男丁及丁妇皆有地可耕；又实行兵农合一的府兵制，使全国纳入严密组织。他推行"大索貌阅"，不许隐报人丁。

隋文帝即位之初，就制定了保闾制度，以加强政府对于户口的控制，进而扩大税源。

保闾制度规定，县以下五家为一保，五保为一闾，四闾为一族。设置保长、闾正、族正等职，分级负责检查户口。585年，又下令在全国整顿户籍，要求各州县按照户籍上的资料逐户核对，如有谎报掉队以逃避课役的情况，一经查出，其保长、闾正、族正等都要受到处罚。朝廷鼓励民间互相检举不实的户籍情况。同时，规定自堂兄弟以下都必须分居，另立户籍。这些措施完善了封建的户籍制度，打击了豪强的经济势力，也使国家的赋税大大增加。

隋文帝喜欢亲审囚犯，并规定天下死罪，诸州不得案决，必送大理复判，而且要奏闻三次，方可行刑，可算顾恤民命。但对官吏贪污舞弊，不稍宽贷，小罪常用重典。他脾气峻急，大怒之下，往往在朝廷上亲自杀廷臣。

在建设方面，开通长安到潼关的广通渠，在各地建粮仓，又修筑自灵武到榆林的长城以御外。

这一系列措施中，对后世影响最大的要算建立科举制度了。隋朝以前，政府选用官员用的是九品中正制度，在一定程度上规定了门第出身，名门

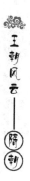
望族的子弟可以被选为上品做高官，庶族寒门出身的人只能被选为下品小官，以致出现了"上品无寒门，下品无士族"的现象。

隋文帝废除了九品中正制，命令京官五品以上，和地方总管、刺史等官员，以"志行修谨、清平干济"两个条件举荐人才，也就是要德才兼备的人。他希望通过这一制度缓和江南汉人的不满情绪，给中下层读书人提供入仕之途。考生不分出身，地位一律平等。到了隋炀帝杨广即位后，又创置了进士科，国家用考试的方法以才取人，考取的就可以到中央或地方政府中做官。

隋文帝的年号是"开皇"，历史上就将隋文帝统治的这 20 年称为"开皇之治"。

三、多措并举固统治，躬行节俭严执法

隋文帝统一全国以后，一面躬行俭朴，一面采取了许多有利于巩固政权的措施。

隋文帝感到自己得国太容易，怕人心不服，常存警戒之心，寻求保国之法。他得出两条保国法，主要的一条是节俭。他教训太子杨勇说："从古帝王没有好奢侈而能久长的。你当太子，应该首先崇尚节俭。"其次的一条是诛杀。他假托年幼时，相面人赵昭曾秘密告诉他说："你将来该做皇帝，必须大诛杀才得稳定。"他实行节俭，因而对民众的剥削大为减轻。他实行诛杀，因而豪强官吏不敢过分作恶，也就有助于节俭政治的施行。隋文帝在位 24 年，这两条贯穿着他的全部行政。《隋书》说他"躬节俭，平徭赋，仓廪实，法令行，君子咸乐其生，小人各安其业，强无凌弱，众不暴寡，人物殷阜，朝野欢娱，二十年间天下无事，区宇之内晏如也"。

1. 奖励良吏，严惩不法

581 年，隋文帝下诏褒扬岐州刺史梁彦光。后来又褒扬相州刺史樊叔略、

新丰令房恭懿。591年，临颍令刘旷考绩为天下第一，擢升莒州刺史。596年，汴州刺史令狐熙考绩第一，赐帛300匹，布告天下。594年，下诏公卿以下各官按品级分给职田，停止放债扰民（旧制，京内外长官都有公廨钱，放债取利息）。州县官直接治民，隋文帝采取奖励良吏，给田养廉等措施，虽然官吏未必就此向善称职，但朝廷既明示改善吏治的方向，对民众还是有益的。

隋文帝对待臣下极严，经常派人侦查京内外百官，发现罪状便加以重罚。他痛恨官吏的贪污行为，甚至秘密使人给官吏送贿赂，一受贿赂，立即处死刑。他的儿子秦王杨俊，因生活奢侈，多造宫室，被他发觉，勒令归第（禁闭）。大臣杨素劝谏，说罚得过重。他说，天子犯法，与民同罪，照你说来，为什么不别造皇子律？任何人犯罪，都得按法律惩罚。600年，他发觉太子杨勇奢侈好色，废黜杨勇，立杨广（隋炀帝）为太子。他把一些左右亲信当作发觉臣下罪过的耳目，这就使得他不能不信谗言、受蒙蔽。杨广奢侈好色，至少同杨勇一样，只因善于伪装，独孤皇后、杨素都替杨广说好话，终于夺得了太子的地位。杨素广营资产，京城和京外大都会，到处有他的邸店、磨坊、田宅，家里有成千的上等妓妾，又有成千的奴仆，住宅华侈，式样模拟皇宫，隋文帝还以为杨素诚孝，信任有加。隋文帝凭个人的权术，以暗察为名，功臣旧人，多因罪小罚重，杀逐略尽，却剩下一个最凶狡的杨素。吏部尚书韦世康请求退休，对子弟说，禄不可太多，多就得早退，年不待衰老，有病就得辞官。这说明当时朝官，有些不愿冒险做官，有些不敢进忠言怕招祸，能做大官并取得信任的人自然只能是杨素一类的奸人。隋文帝考核官吏，严惩贪污是必要的，但考核流为猜忌，严惩流为苛刻，那就无益而反有害了。不过，由于他执法严明，一般的官吏有所畏惧，贪污行为确是减少些，对民众还是有益的。

2. 改良统治，厉行节俭

隋文帝对待民众比较宽平。581年，制定隋律，废除前朝酷刑。民众

有枉屈，本县官不理，允许向州郡上告，最后可上告到朝廷。穷苦人虽未必能到朝廷上告，但在对待官吏极严的当时，也多少起些保护民众的作用。583年，又删削刑条，务求简要。592年，下诏：诸州死罪囚，不得在当地处决，须送大理寺（最高司法机关）复按，按毕，送尚书省奏请皇帝裁定。596年，下诏：死罪囚要经过3次奏请才行刑。《隋书》说他留意民间疾苦。594年，关中饥荒，他派人去看百姓所用食品，是豆粉拌糠。他拿食品给群臣看，流涕责备自己无德，命撤销常膳，不吃酒肉。他率领饥民到洛阳就食，令卫士不得驱迫民人，遇见扶老携幼的人群，自己引马避路，好言抚慰。道路难走处，令左右扶助挑担的人。他这些表现，在帝王中确是罕见，因为他深知要巩固政权，首先必须取得民众对自己的好感。

隋文帝之所以要把节俭当作治国的法宝，是因为他长期生活在上层贵族当中，深切地认识到那种奢侈糜烂的生活，既消磨了人的意志，养成了懒惰享受的恶习，又会对百姓搜刮太凶，激起民众的反对。这些都是导致国家灭亡的祸根。

隋文帝厉行节俭，以身作则，起到了模范带头作用。还是在做辅政大臣的时候，隋文帝就开始提倡节俭的生活了。做了皇帝之后，就更加注意。隋文帝自己居住的地方，就布置得比较简单朴素，不像别的皇帝那样，弄得富丽堂皇，排场奢靡，宫廷中的嫔妃，也都穿着普通的布衣，不允许穿华丽娇艳的服装。隋文帝所乘坐的车子，都已陈旧。即使坏了，他也不换新的，而是让工匠们修理修理，反复使用。平时所吃的饭菜也较为简单，不过是几样素菜。他明确规定，每餐的荤菜只能有一样，多了就须撤掉，还要惩办违反规定的厨师。

有一次，相州（今河南安阳）刺史进宫拜见隋文帝。为了拍隋文帝马屁，就准备了不少绫罗绸缎，献媚地说："皇上，小人特地带了些好衣好料，献给皇上享用。"隋文帝十分生气，大声喝道："朕奉行节俭政策，难道你不知道吗？重打50大板！"两旁随从应命而出，将那刺史按倒在地，狠狠打了 50 大板，打得那家伙屁滚尿流，无地自容。隋文帝仍不解气，又命道："把绢帛全给我烧了。"一把大火就在殿堂上燃烧起来，那些绫罗绸缎转眼之间便成了灰烬。从火光中，人们看到了隋文帝推行节俭政策的决心，看到了他严于律己的精神。

正因为隋文帝带了个好头，底下的人也就不敢违抗规定，表现得都很节约，所以节俭的政策得到了有效的实施。久而久之，就形成了一种良好的风气。当时一般的读书人，平常所穿的衣服都是普通的粗布，佩戴的衣饰也只用些铜铁、骨角之类的东西，而不用金银美玉等贵重物品。从这些细节中，不难看出当时的社会风尚。

隋文帝躬行节俭，能深刻体察百姓的疾苦，对改善政治就有了良好的基础。他每天亲自上朝处理各种政事，从一大早入朝，直到太阳落山才下朝。虽然十分辛苦，但隋文帝始终做得认认真真，不敢有丝毫的放松警惕，把疲倦、劳累丢在了脑后。有时他坐着车子外出视察，只要在路上见到了拿着状纸要去上告的人，他就命随从停下马车，亲自过问一番，打听打听是怎么一回事。有时，他还悄悄地派出一些人，去观察民情风俗、百姓疾苦，考核各地官员的政绩得失，以了解一些社会的真实情况。

有一年，吴中地区闹饥荒。隋文帝听说了，就派人去看看百姓们在吃些什么。派去的人回来报告隋文帝，说百姓十分艰苦，吃的是猪狗一样的东西，然后把收集来的豆皮米糠拿给隋文帝看。隋文帝看后情不自禁地流下了伤心的眼泪。

第二天一上朝，隋文帝就把豆皮米糠拿出来给大臣们看，深深自责地说："你们看看，老百姓吃的就是这种东西，这哪里是人过的日子。我对不起百姓啊！"说着，眼泪又流了下来，大臣们也都很受感动。

隋文帝并不是装装样子，他是真伤心，是确确实实责备自己的过失。为此，他把平时已经较为简单的饭菜又减去了不少，并且不喝酒不吃肉。这样坚持了将近一年的时间。除此之外，他还亲自带领饥民到洛阳去寻食

度日，命令城中的卫兵见到逃荒的人，决不允许驱赶逼迫他们。有时，隋文帝见到扶老携幼的人群，就把马匹赶到一边，让出道来，请百姓们先走，口里还说些"别担心，慢慢走"等有礼貌的话，安慰那些受苦受难的百姓。

隋文帝不仅以身作则，而且对他的几个儿子也要求很严，经常教育他们要节俭朴素。他的大儿子叫杨勇，立为太子，按照古代的规矩就是将来的皇帝。因此，隋文帝对待杨勇，又要更严格一些。他常常告诫杨勇，说："你是太子，应该首先奉行节俭的风尚，养成节俭的品德。这样，你才能承继我的皇位，做个好皇帝。要知道，从古到今，没有哪一个图奢侈好享受的帝王是能够做得长久的！"

杨勇听着父亲的这些教导，口中答应着，心里却不以为然，暗笑父亲迂腐，太过担心。于是他背着隋文帝，照样讲排场，过着骄奢淫逸、醉生梦死的生活。隋文帝发觉了，又是开导，又是训斥，可杨勇总是阳奉阴违，屡教不改。于是，杨勇的太子身份就被隋文帝废了，另立了一个儿子杨广来代替他。

对于那些不节俭讲奢靡的人，无论是大臣百官，还是他的儿子，隋文帝基本上都能做到秉公处置，不讲私情。皇子秦王杨俊背着父亲在外面私自建造了一座华丽的府邸，并且在里面大肆挥霍，无所不为。隋文帝察觉了，就立刻取消了杨俊的爵位，并把他锁在黑房里关禁闭，不许他再出去。

大臣们见隋文帝罚了杨俊，就一起来为他说情："秦王没什么了不起的罪过，就是多花了点钱而已。教训一顿就行了，何必要如此处罚他呢？"宰相杨素也认为罚得过重，劝隋文帝撤回处罚。隋文帝不理会，反而振振有词地说："我是一国之主，必须依照法律秉公办事。王子犯法与庶民同罪，如果皇子犯了法可以不受处罚，那我还怎么治理天上，让大家都信服我呢？"一席话说得大臣们哑口无言。这种执法严明、严惩不贷，甚至不惜杀人的做法，正是隋文帝治国的另一法宝。不过，他有时在用刑上过于苛刻和随便，一旦生起气来，就忘了刑律，而随便杀人。当时有个掌管司法的官员叫赵绰，是个正直的人，能严格按照刑律办事。遇上隋文帝随意用刑时，他便据理力争，不少人因此而免遭枉杀。

那个代替杨勇做了太子的杨广，其实也与他的兄弟一样奢侈浮华，只不过他更狡猾，更善于掩饰自己，蒙骗了隋文帝，登上了太子的宝座。后来，等隋文帝发觉时为时已晚。阴险狠毒的杨广迫不及待地要做皇帝，就动手害死父亲，登上了皇位，就是历史上有名的暴君隋炀帝。

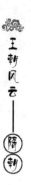

第三章　炀帝杨广

中国历史上有两位大暴君，可说家喻户晓，一是秦始皇，一是隋炀帝。秦始皇的万里长城迄今留有遗迹，成为世界七大奇迹之一。我们现在还能看到八达岭那一段雄伟的气势，平添了国人一份骄傲之感，因此对秦始皇不免产生一些敬畏之意。对于隋炀帝就大大不同，虽然他也留下了贯通南北 4000 余里的世界上最长的运河，但国人们只觉得他是一个荒淫无道的昏暴君主而已。这"炀"字一谥，说明了一切。

一、自负天命装仁俭，原形毕露诬弟兄

1. 自负天命，伪装仁俭

隋炀帝杨广（569—618 年），本名杨英，小字阿㦝，弘农华阴（今陕西华阴市）人。隋朝第二位皇帝（604—618 年在位），隋文帝杨坚与文献皇后独孤伽罗嫡次子。

杨广是次子，原不该他继承帝位的，是他用手段把长兄杨勇的太子职位夺了，才轮到他做皇帝。他和杨勇只差两岁，生来敏慧好学，美姿仪，最得母后独孤氏的欢心。文帝杨坚曾密令善相的来和遍相诸子（文帝有五子），来和说："晋王（指杨广）眉上双骨隆起，贵不可言。"来和又将此结

果偷偷透露给晋王杨广知道，在杨广的下意识中，恐怕早就认为自己会做皇帝，似乎这是老天早已派定的，所谓"真命天子"就是这个意思。

杨广为要博得父皇和母后的欢心，足足花了十五六年的压制工夫，把自己的本性掩饰，在外表上塑造一个仁、孝、恭、俭、贤德的典型，时时展示在父母之前，而且处处要和长兄太子杨勇造成一个对比。杨勇是一个比较率真而任性的人，喜欢什么就是什么，他们兄弟都是生长在富贵之中，从小锦衣玉食，在呵护周至的环境下长大。父亲得天下，是从自己的女儿和稚龄的外孙儿手中篡夺的，又没经过群雄斗争，也未经历妻违子散颠沛流离，像汉高祖刘邦和光武帝刘秀般的艰苦。后来天下底定，杨坚却是一位宵旰勤政的君主，不数年间奠定国家物阜民丰强盛的基业。富室子弟处此景况，都不免玉帛女子声伎，何况帝王之家呢？太子杨勇比较喜欢弦歌鹰犬之娱，杨广偏装着不喜欢这些。晋王府内陈列的琴瑟乐器上积尘不除，弦断不理，让父皇见了，显然觉得太子尚奢，晋王崇俭。太子杨勇依制在妃子外又纳妾侍昭训良娣等数人，这原无不可。但因母后独孤氏奇妒，既禁制文帝另幸宫人，亦厌恶儿子好色。晋王杨广就专守一个萧妃以示不二色。但在伐陈得手之际，杨广以行军大元帅，驰令元帅府长史高颎留下陈后主的宠妃张丽华，这瓜田李下嫌疑可大，要不是高长史把张丽华杀了，杨广这出不二色的假戏，说不定就此演不下去。

2. 原形毕露，兄弟不容

杨广自得杨素、杨约兄弟之助，夺宗之谋才进入行动的阶段。杨素、杨约在太子东宫满布耳目，而且搜寻到似是而非的证据：如说太子马厩养马千匹，如说太子仓库火炬木数千枝用途不明等等，因之，攀附罗织太子谋叛罪名。杨广所扮演的只是在母后前哭哭啼啼，一个处处受兄长欺凌的弱者角色。杨素兄弟布置好一个风声鹤唳的紧张场面，让隋文帝时时提防变生肘腋。到了开皇二十年（600 年）十月隋文帝终于宣诏废太子杨勇，

隋炀帝

改立晋王为太子，还把废太子交给新太子囚在东宫管束。杨勇屡欲自辩申冤，均被杨广所阻，逼得杨勇只好爬到树上呼叫，声闻帝殿，希望获得召见。杨素诬称废太子神思狂乱，为魔鬼所附，卒不得见。杨广受立之日，京师大风雪，且有地震，人民死者百余，天象对杨广似有预警。过了一年，杨广听到四弟益州总管蜀王杨秀，对废立之事有不平之语，就令杨素在文帝前进谗说蜀王习尚奢僭，文帝就征召杨秀进京。仁寿二年八月，独孤皇后病死，太子杨广在文帝和宫人前装得哀恸欲绝，哪知回到私室，竟谈笑自若，而且本应食斋尽哀，他却偷偷令人在衣袍内囊肉食鱼铺以进，杨广的原形开始暴露了。

　　是年十月，蜀王杨秀抵达长安，文帝怒加切责，要以君道治之，杨广还假惺惺地当庭涕泣为弟请命，但背后却令人密埋木偶于华山之下，唆使杨素往挖，布置的木偶缚手钉心，上写皇帝及汉王杨谅（杨广第五弟）姓名，诬为蜀王所为，文帝知道后大怒，废杨秀为庶人。文帝五子，除杨广外，长子杨勇已废为庶人在东宫看管中，三子秦王杨俊早在三年前就因好奢被免并州总管，召回京郁郁病死。四子蜀王杨秀现又被废，只剩幼弟汉王杨谅尚在并州为总管。杨广以蛇蝎之心，对自己的亲兄弟个个都放不下心，但碍于父王还在，对幼弟尚下不了手。到仁寿四年文帝病了，起病的原因是否与暮年接近女色有关，无直接考证。不过两年前独孤后死后，文帝宠幸宣华陈夫人和容华蔡夫人却是事实。两女皆江南佳丽，陈夫人而且还是陈后主之妹。杨广为了多了解文帝宫中近事，也曾在两位夫人身上下过工夫，两夫人对太子的谦恭和风度原也有好感。

二、辣手杀父悖伦常，杀兄废弟尽奢欲

1. 辣手杀父，悖逆伦常

隋文帝在仁寿宫避暑时得了病，病得很重，立刻召尚书左仆射杨素、兵部尚书柳述和黄门侍郎元岩去仁寿宫内殿侍疾，皇太子杨广也入居仁寿宫大宝殿。杨素那时因为过分倾权，已被夺去每日通判之权，国家机要权集吏部尚书兼兵部尚书柳述。那柳述是帝婿，娶兰陵公主。太子杨广仍引杨素为心腹，常和他以密札交通。一次杨素的密札被宫人误送到文帝寝殿，文帝看了大不高兴。又见陈夫人晨出更衣，匆匆奔回，文帝诘问，陈夫人流泪说："太子无礼！"原来杨广看见陈夫人走出内寝时，以通问消息为由，竟对陈夫人加以轻薄。隋文帝气极拍着床沿说："畜生何足托大事，独孤误我！"立刻传呼柳述、元岩要他们召废太子杨勇。两人正在写敕书时，杨素知道了，就和杨广密商，立马矫诏逮捕柳述、元岩，又马上调东宫卫士代替御林卫士，宫门出入俱付亲信宇文述和郭衍指挥。还召太子右庶子张衡进入寝殿侍疾，把后宫宫人全部遣闭别室。之后不久，隋文帝就死了。有说是张衡以毒药强帝喝了死的，也有说张衡捶帝前胸使喷血而

隋代白瓷鸡首壶

死，惨呼之声，尚达户外。

隋炀帝的欲望包天，从他害死亲父隋文帝那天又玷污父王的爱妃宣华陈夫人这件事上，更得证明。仁寿四年（604年）七月隋文帝被张衡弄死时，宣华陈夫人及其他宫人们都被遣闭在别室。帝崩消息传出后，各宫人相顾战栗，宣华陈夫人更是哀痛欲绝。但是傍晚的时候，太子杨广忽遣使者送来小金盒一个，盒上贴封，太子亲签封条，使者说是太子赐给陈夫人的，陈夫人见了惶惧不敢开启，以为盒内必藏鸩毒。在使者催促下，陈夫人启封开盒，盒中置同心结数枚，宫人们看了都说："可以免死了。"陈夫人心中恼恨跌坐一边，众宫人催她赶快申谢，她只好委屈地向使者下拜致谢。那天晚上，太子杨广就宣召陈夫人，加以淫辱了。另一位容华蔡夫人，后来也一并被杨广淫辱。中国传统的伦常观念，在隋炀帝难填的欲壑中，早成为火山口的玉石，灰飞烟灭，踪迹全无。

2. 杀兄废弟，极尽奢侈

隋文帝既死，杨广在仁寿宫即帝位，他第一件急着要办的事，是令杨约（杨素之弟）矫称奉隋文帝诏，驰赴长安赐废太子杨勇死。杨约把那因在东宫的杨勇缢杀后，才在长安为隋文帝发丧，立刻又以新皇帝之诏令，进封杨勇为房陵王，不予立嗣，既推杀兄之责，又收仁厚之名。杨约心狠手辣，做事层次分明，干净利落，博得隋炀帝称赞说："杨素老大之弟，果然才堪大任。"此外把那曾被隋文帝重用的妹婿吏部尚书柳述和其他隋文帝亲信都免官发配南疆，嫁柳述的亲妹

隋炀帝墓出土陶鸡

兰陵公主被迫与夫离异改嫁，公主誓死不从，还要与夫同徙，炀帝大怒不许，后来公主忧愤而死，隋炀帝一点眼泪都未掉。他的幼弟汉王杨谅，对二哥的作为心有不平，就在并州（山西太原）发兵造反，响应的凡十九州郡，声势相当浩大。隋炀帝令杨素讨伐，没多久杨谅兵败投降，被废为庶民，在幽禁中死去。隋炀帝五兄弟，三弟秦王杨俊、四弟蜀王杨秀都已被父王幽废而死，长兄废太子杨勇、幼弟汉王杨谅均在隋炀帝手中杀的杀，废死的废死，隋王朝足以觊觎帝位的全除灭了。在隋炀帝当"真命天子"的前程上，阻碍尽除，就隋炀帝的心理状况来说，他就此可以为所欲为了。

隋炀帝即位时 36 岁，那是仁寿四年（604 年）七月，第二年改为大业元年（605 年）。隋文帝死时，"国家殷富，府库盈溢""赤仄之泉流溢于都内，红腐之栗（积谷太久已经发霉腐烂）委积于塞下"。（《隋书·食货志》）全国开垦的田有 5585 万余顷，人口才 4602 万左右。

这当然是隋文帝轻徭薄赋、提倡节俭 20 多年累积起来的成果，让我们这位心傲志大，自负才智过人，而且欲壑无底的隋炀帝把持了这份基业，自以为可以取之不尽用之不竭了。他第一件大事就是大业元年三月下诏建洛阳为东都。这洛阳原是东汉以来的帝都，但迭经破坏，到北朝齐、周时，已归废败。当时南北统一，在经济上也需要在河洛水陆交通绾毂之地建立一个政治经济的中心。既然理由充分，而且国力正雄，所以他马上任尚书令杨素为总监，将作大匠宇文恺为副监，以长安大兴城（隋文帝所建的新都城）为蓝本，还参考南朝建康城的繁华，建造洛阳东都。在东都西郊河南新安县境方圆 200 里内又筑西苑，苑内凿土为内海，周十余里，海内筑蓬莱、方丈、瀛洲诸山，高出水面百余尺，又广征宇内奇禽异兽珍卉稀草以实园圃，还筑殿阁楼台 16 院。所役民工，盛暑严寒，强迫工作，10 人中死之四五，载尸之车，相望于道。

三、开辟运河巡江都，好大喜功征高丽

1.开辟运河

魏晋南北朝时期，大量的汉人南迁，为江南地区带去了先进的生产工具和技术，使江南的经济有了显著的发展，尤其是会稽郡（今浙江绍兴一带）成了江南最富庶的地区。隋朝定都长安，政治中心在北方，北方经济发展水平虽然很高，但由于关中和洛阳地区的人口激增，当地的出产物已经远远不能满足皇室贵族、官员和军队日益增长的消费需求，需要从其他地区运输布帛粮食和财物，特别是富庶的江淮地区。如果用陆路运输，不但速度慢、运量小，而且费用大，根本无法满足北方的需要。所以开凿沟通南北的大运河，进行水路运输，已经成为当时社会经济发展的迫切需要。

从政治上看，隋朝中央政府为加强对关东地区和江南地区的控制，也需要开通一条南北向的大运河。陈朝虽然已经灭亡，但它的残余势力还很多。终隋一朝，广大南方地区始终都有反隋起义爆发。隋文帝时有597年桂州（今广西桂林）的李光仕起义，600年熙州（今安徽安庆）的李英林起义，601年潮州等五州相继起兵。到了隋炀帝时，613年爆发了余杭刘元进和吴郡人朱燮、晋陵人管崇的起义。由于路途遥远，这些江南地区的起义常常使隋朝鞭长莫及。为了进一步控制江南，隋朝需要开凿一条运河来进行运兵，以便及时镇压当地的反隋起义，加强对江南地区的控制。在江南开凿运河，从迷信的角度讲可以泄掉当地的"王气"。此外隋炀帝屡次派兵攻打辽东，开凿运河还可以快速地向东北地区运兵运粮。

从隋炀帝个人来看，他迷恋江南的繁华，也有开运河乘龙舟到江都（今江苏扬州）看琼花、游江南，达到自己优游享乐的目的。

隋朝经过"开皇之治"，国家的经济有了很大的发展，政府掌握了大

量的粮食、布帛和财富。这为开凿大运河提供了足够的物质基础。605年，隋炀帝下令开凿一条贯通南北的大运河。大运河以东都洛阳为中心，北抵涿郡（今北京），南到余杭（今浙江杭州），共分四段：

（1）通济渠（又叫御河）。605年，隋炀帝征发"河南、淮北诸郡民前后百余万"开通济渠。战国时期，魏国就已经开凿了鸿沟（引黄河水到汴水，再折向南循沙水入颍水）。通济渠是在鸿沟和下游的汴河（今已湮塞）两水基础上，加以疏浚拓宽而成的。通济渠从洛阳西引谷水、洛水到黄河，再从板渚（板城渚口的简称，在今河南荥阳汜水镇东北黄河侧）引黄河水入汴河，又经河南开封东南引汴水入泗水，最后再入淮河。

通济渠

（2）邗沟（又叫山阳渎）。605年，隋炀帝征发"淮南民十余万"疏通邗沟。春秋时期，吴王夫差为了北上争霸中原，下令在长江和淮河之间开凿一条运河。因这条运河流经吴国的邗城（今江苏扬州），所以称之为邗沟。隋朝大运河的邗沟段，就是在春秋时期吴国邗沟的基础上疏浚拓宽而成的。邗沟沟通了淮河南岸的山阳（今江苏淮安）和长江北岸江都，再绕过江都入长江。

（3）江南河。610年，隋炀帝下令开江南河。从京口引长江到余杭，"八百余里，广十余丈"。

（4）永济渠。以上三段是大运河的主体航线，主要用于从江南地区向关中和洛阳漕运布帛粮食和财物。此外还有永济渠。608年，隋炀帝征发河北诸郡壮丁百万，开凿永济渠。男丁不够，就征发妇女补充。永济渠从洛阳的黄河北岸，引沁水、淇水东流入清河（卫河），再到今天的天津附近，最后经沽水（白河）和桑干河（永定河）到涿郡（今北京）。永济渠是专门为对辽东作战而开凿的。

隋代大运河全长2000多千米，河面宽30米到70米不等，北通涿郡，南达余杭，沟通了海河、黄河、淮河、长江、钱塘江五大水系，经过了河北、山东、河南、安徽、江苏和浙江等广大地区，使得南北的物资可直达长安。隋朝大运河与长城一样，是我国最雄伟的工程之一。大运河开通后，成为南北交通的大动脉，促进了南北的经济、文化的交流，维护了国家的统一。但在开凿大运河的过程中，隋炀帝征发了大量民夫，造成了严重的社会危机，是隋朝灭亡的原因之一。

2. 三下江都

隋炀帝当上了皇帝，就开始追求享乐起来。他生性好玩，享乐游玩的兴趣要经常更换，因此频繁出巡。

605年，就是隋炀帝即位的头一年，他就下诏命令黄门侍郎王弘等人到江南造龙舟和各种船只上万艘。几十万人因此被征调去造船，许多民工劳累过度，死在工地上，运载尸体的车子，东至成皋，北至河阳，络绎不绝。同年八月，隋炀帝从洛阳出发游江都，随行的有嫔妃、文武百官、公主王侯和僧道尼姑等几十万人。炀帝乘坐的龙舟高达45尺，宽50尺，长200尺。沿途一些州县的官僚，为了巴结皇帝，不顾百姓死活，狠命敲诈，让百姓为隋炀帝一行准备吃的喝的，叫作"献食"。一些州县甚至强迫农民预交几年的租税，弄得许多百姓倾家荡产。

611 年，隋炀帝第二次巡游江都。这次游幸，又是大肆挥霍。不仅如此，隋炀帝一行到了江都，还大摆酒席，宴请江淮以南的名士，炫耀豪华，向百姓摆威风。

617 年，隋炀帝第三次出游江都时，农民起义的烽火已

隋朝龙舟模型

燃遍大河上下、长江南北，隋王朝的统治已是岌岌可危了。可是隋炀帝只顾个人享乐，根本不顾百姓死活。在游江都之前，停泊在江都的几千艘龙舟全被起义军烧毁了。隋炀帝马上下令重新建造，规格比原来的还要豪华富丽，耗费了大量的钱财，百姓也已穷困到了极点。

隋炀帝的船队从宁陵向睢阳开进时，常常搁浅，拉纤的民夫用尽力气，一天也走不了几里路。隋炀帝十分恼火，下令追查这一段河道是哪个官员负责开凿的。经查问，原来这个河段的负责人是麻叔谋。这时，督造副使令狐达乘机上书告发麻叔谋蒸食婴儿、收受贿金等事。于是，隋炀帝下令查办麻叔谋，并将当时挖这一段河道的五万名民工统统活埋在河岸两旁。

隋炀帝到达江都后，更加荒淫无度，每天都与嫔妃美女一起饮酒作乐。此时，他见天下大乱，心中也常常烦躁不安。一天，他照镜子时对萧皇后说："我这颗头颅将会葬送谁手呢？"他还准备了毒药带在身边，准备在危急时吃。隋炀帝一人出游，几乎是全天下的人民都在为他准备行装、供奉食物。他的游幸，给人民带来了沉重的灾难，以致百姓没有饭吃，只能剥树皮、挖草根，或者煮土而食，有的地方还出现了人吃人的现象。

至此，隋朝江山已处于风雨飘摇之中了。

四、三征高丽无功返，义军云起内宫乱

隋炀帝以秦始皇和汉武帝的功业自许，在对外关系上，他曾运用和亲和讨伐，暂时平定突厥的侵扰，对土谷浑还能加以讨平，因此他要在番邦前夸耀功业，做大皇帝。东方的高丽国王，竟一再地不肯应召朝见，他就三次发兵征伐，劳师动众，都无功而归，引发了天下的骚乱。

1. 三征高丽

隋炀帝役使了中原，又威加四域，可是，他仍不满足，又要征服邻国。他首先看中了高丽。

大业七年（611年）正月，大运河刚刚通航，隋炀帝就乘坐龙舟北上，到了涿郡他发出羽檄，征调甲兵来涿郡集结，准备征伐高丽。

涿郡，辖境约相当于今北京以南，保定市以北，太行山以东，白洋淀以西的地带，郡治在今河北涿州市。飞檄传出，各郡甲士络绎向涿郡进发，河南、淮北赶造的五万辆兵车也辚辚北上，黄河两岸国库中的粮米正装船北运，粮船头尾相接，帆樯千里，江南、淮南、岭南的几万兵丁水手也在长途跋涉。大道上，经常有几十万人疲于奔命，隘道要津被人流堵塞了。路途中破车死牛，比比皆是，死人相枕，秽臭扑鼻。

东莱（今山东莱州市）海口，正在赶造300艘大型战船。官吏限期督办，皮鞭交加，役人纷纷倒毙。帆樯尚未竖起，海底已不知有几多尸骨了。

对内重役，对外用兵，民愤郁积，犹如地下火山，

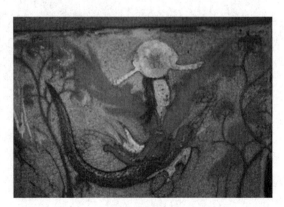

高句丽壁画

迟早要爆发的。

这年，邹平人王薄在长白山（在今山东邹平南）聚众，首举义旗。王薄自称"知世郎"，取世事可知，隋朝必亡的意思。各地饥民纷纷加入，打碎旧王朝的又一场农民战争的序幕拉开了。

大业八年（612年）正月，隋炀帝不顾人民的死活，仍然发布了进军令。远征军分为两翼，各领12军，共计113.38万人，号称200万。远征军依次出发，两军相间40里，日发1军，出发时间就用了整整40天。全军首尾相继，鼓角喧天，旌旗招展，逶迤960里，后面还有御营6军，又排出80里。这样的军队首尾不得相顾，根本不是征伐的格局，实际是千里示威游行。这体现了隋炀帝狂妄的战略思想。原来他以为，高丽小国，不及中国一郡之地，大军一到，准定乖乖投降。但是，出乎隋炀帝所料，高丽人民不畏强暴，举国一致，坚决抵抗。隋炀帝的先头部队30余万，初战小胜，转而大败，死里逃生的只有2700人。

隋炀帝第一次远征高丽，可耻地失败了。

隋炀帝并不甘心，大业九年（613年），又发动了第二次远征。同样，又遇到高丽人民的顽强抵抗。

正当高丽君民困守孤城、危在旦夕的时候，隋炀帝的后院起火，督运军粮的尚书杨玄感起兵反隋。同时，河北、山东、河南等地的农民起义，也正如火如荼地发展着。东都洛阳垂危，隋炀帝只得撤军。

隋炀帝远征高丽，不但使国内阶级矛盾激化，也使统治阶级内部分裂了。

大业十年（614年），局势稍有缓和，隋炀帝犹未死心，又召集百官商议第三次远征。但是，朝堂上却寂然无声。隋炀帝不度时宜，一意孤行，再次向全国发出了征兵令。这次与往次不一样了，不少郡县公然抗命，应征来的士兵又不断逃亡。隋炀帝下令，以逃兵的颈血衅鼓，残酷镇压，然而无济于事，兵士逃亡仍有增无减。隋炀帝无可奈何，只好借高丽求和的台阶，下

令撤兵。

隋炀帝的远征军归来，路经邯郸时，农民起义军一部袭击了远征军的后队，掠获了几十匹战马。

这个小小的袭击，却是个重要的信号。它标志着反隋力量壮大的必然趋势。这时，农民起义的烽火已在全国燃起，一场汹涌澎湃的阶级大搏斗开始了——隋朝覆灭的丧钟敲响了。

2. 末日来临

隋炀帝三次东征，给人民造成一场非常严重的灾祸。大业八年云集涿郡的兵士和民夫大致为 350 万人，如果再加上造船之类的就地征役或逃或死的兵民，数字就更大了。以后连年东征，都是在全国征发，人数也不会少。除了劳役以外，军需的征发也非常严重，常规租调已预支数年。这样扰动全国，弄得强盛的隋王朝"黄河之北则千里无烟，江淮之间则鞠为茂草"（杨玄感的檄文），社会生产力遭到严重的破坏，人民受到无边的苦难。

河北、山东是筹备东征的基地，兵役、力役最为严重。大业七年（611年），这一地区遭到特大水灾，次年又发生旱灾，人民走投无路，起义的战鼓首先就在这里敲响。最早见于记载的是大业七年邹平县民王薄于长白山（今山东邹平南）起义，自称"知世郎"，作《无向辽东浪死歌》号召反抗。这一年还有刘霸道起义于平原东豆（今山东商河、惠民间），孙安祖、窦建德起义于高鸡泊（今河北故城西），鄃县（今山东夏津）人张金称、蓚县（今河北景县）人高士达各在境内起义。后来发展壮大的翟让领导的瓦岗（在今河南滑县南）军和以后南渡长江由杜伏威、辅公祐领导的起义军，也都在这一两年间组织起来。从此直到隋亡，见于史籍的武装反隋力量北至今山西、河北北部，南达岭南，东至山东、江浙、福建沿海，西达河西走廊，大大小小数以百计，其中在今河北、山东、河南的约占半数，起义时间也较早。这些起义队伍经过激烈的搏斗，分并离合，最后大致形成三大起义力量：一是威震全国、据有河南的李密领导的瓦岗军；二是雄踞河北的窦建德领导的夏军；三是自淮南转移到江南由杜伏威领导的吴军。

3. 穷途末路

自大业七年（611年）农民起义爆发时起，隋炀帝就力图用严刑酷法镇压人民的反抗怒火。隋文帝时就经常超越法律，任意加刑，这时更甚。大业七年，隋炀帝命令窃盗以上，不分轻重，随获随杀。九年，又下诏凡为盗者抄没全家。杨玄感被镇压后，朝廷追究党羽胁从，死者达3万多人，凡取过黎阳仓粟者，不管多少，一律处死。秉承隋炀帝意旨，统兵镇压起义军的将领任意屠杀人民。如樊子盖镇压汾、晋间起义军时，大肆烧杀；王世充镇压刘元进领导的起义军时，一次坑杀3万人。但是屠杀只能激起人民更大的愤怒，起义队伍愈加壮大。大业九年（613年）以后，隋军只能据守一些城镇，已不能控制广大农村。隋炀帝命令百姓尽数迁入城内，就近给田，就反映了这一事实。大业十二年（616年），隋炀帝第三次到江都。面对土崩瓦解的形势，他已经感到处境的危险。但为了逃避现实，他整天饮酒作乐，不准人说"盗贼"众多，如有人这样报告，轻则免官，重则处死。那时隋炀帝所能控制的地域已非常狭小，粮仓被占，租调不入，江都粮食供应越发感到困难。一些江南出身的官僚建议隋炀帝南渡。隋炀帝便在大业十三年（617年）下令修筑丹阳宫，

隋朝嵌珍珠宝石项链

准备渡江。

大业九年（613年），第二次征辽时，隋炀帝为了扩充军队，除征发府兵外，又曾募人从军，称为骁果。这次到江都，天下大乱，府兵上番宿卫制度难以维持，只能以骁果代替。骁果中多数是关中人，一向不愿久留南方，往往逃亡。为了安定骁果，隋炀帝竟然搜括江都寡妇和未嫁女子强配给他们，此举并没有收到什么效果。当骁果们知道隋炀帝方谋南渡，就决定劫掠马匹财物，集体西返。

隋炀帝预感到末日就要来临，整天和皇后、妃子寻欢作乐，醉生梦死。他不愿听到失败的消息，禁止大臣向他汇报，对萧皇后说："听说外面有不少人想害我，不管他了，还是快快活活喝酒吧。"有一次，他拿起一面镜子，呆呆地照了半天，叹了一口气说："多好的头啊，不知道谁会来砍它？"萧皇后听了心惊胆战，掩面痛哭，隋炀帝轻描淡写地说："富贵荣辱本来就是不断交替，有什么好伤心的？"

隋炀帝的禁卫军，大多数是关中（今陕西一带）人。他们眼看着隋炀帝的末日将要来临，都想回关中老家，许多人都私下逃走。大业十四年（618年）三月，宇文化及和大将司马德勘利用士兵的这种心理，煽动士兵发动兵变。宇文化及带领兵士，冲入行宫，准备杀死隋炀帝。隋炀帝吓得瘫在大殿上，战战兢兢地对叛乱的士兵说："我犯的什么罪，你们要杀我？"

宇文化及说："你发动战争，穷奢极侈；昏庸无道，杀害忠良；使男子死在战场，妇女儿童饿死他乡，百姓流离失所，你还说自己没罪吗？"

隋炀帝说："我确实对不起老百姓，但是你们这些人跟着我享受荣华富贵，我没对不起你们。今天这样做，是谁带的头？"

宇文化及说："全国的百姓都恨透你这昏君，哪儿是一个人带的头！"

隋炀帝知道今天必死无疑，但他害怕砍头碎尸，于是声嘶力竭地大叫："我是天子，应该按天子的死法去死，不能砍头碎尸！来人哪！拿毒酒来！"叛乱的士兵不耐烦了，齐声拒绝。隋炀帝无可奈何，只好取下了一条丝巾，缠在自己的脖子上,两头交给两名士兵,让他们使劲拉。一代昏君终于死了,统治中国38年的隋朝也就此宣告灭亡。

隋炀帝死后,众人立隋炀帝侄孙秦王杨浩为帝,推宇文智及兄化及为大丞相掌握大权,率众自运河西返,他们来到徐州时,路已不通,就又掠夺百姓的车牛,改从陆道进向东都。

隋炀帝死讯到达东都,群臣立隋炀帝的又一个孙儿越王侗为帝,改元皇泰,史称皇泰主。这年六月,宇文化及兵到黎阳,黎阳早由瓦岗军占领。那时,李密已接受东都官爵,便与化及在黎阳的仓城相拒。宇文化及粮尽北走魏县(今河北大名西),九月杀秦王杨浩,称帝,国号许。唐武德二年(619年)宇文化及于聊城为窦建德所擒杀。

李渊领军进入长安以后,为了安抚民心,稳定局势,隋王朝所有的苛刻法令全部被废除,颁布了有利于社会安定的12条律法,并且将隋炀帝奉为太上皇,让他的孙子杨侑做个挂名的皇帝。李渊听到隋炀帝的死讯,直接废了杨侑自己称帝,建立唐朝。

先前李密击走宇文化及后,想应命到东都去"辅政"。当时,东都发生内讧,反对召李密的王世充专政,发兵攻李密。武德元年九月,李密于偃师战败,降唐。王世充击败李密后,声势很大,遂于次年四月,废皇泰主,称帝,国号郑,改元开明。

到此,三个象征性的隋政权残余全部灭亡。

第四章 / 末世三帝

一、太子被废成庶人，矫诏赐死封房陵

杨勇（？—604年），字睍地伐，隋文帝杨坚长子，隋炀帝杨广的同母兄。母文献皇后独孤伽罗。原本是隋文帝的太子，后来被废为庶人。杨广即位后，立即假拟隋文帝诏书，赐死杨勇。死后追封为房陵王。

杨勇在北周时，因为祖父杨忠的功勋，被封为博安侯。后来杨坚掌政，立杨勇为世子，并拜为大将军、左司卫，封长宁郡公。大象二年（580年）九月，杨勇被任命为洛州总管、东京小冢宰，总领统管北齐之地。后征召回京，进位上柱国、大司马，领内史御正，管理宫禁防卫。

开皇元年（581年）二月十四日，其父杨坚受禅登基，建立隋朝，是为隋文帝。二月十七日，隋文帝立杨勇为皇太子，军国政事等皆令杨勇参与决断。

杨勇容貌俊美，生性好学，善于词赋之道，个性宽厚温和且率真，为人不矫揉造作。他的朋友包括明克让、姚察、陆开明等，都是当时的文人。杨勇曾经文饰一件蜀铠，隋文帝担心他染上奢侈的恶习，特地告诫一番。

到了那年冬至以后，百官朝见杨勇，而杨勇也高兴地接受他们的祝贺。隋文帝问臣下说这是哪种礼节，太常少卿辛亶表示，东宫应该只能用贺，

而不能用朝见。隋文帝认为杨勇违反礼制，于是下令臣下不得再以朝见礼去见杨勇，并且对杨勇的宠爱也日益消减，反而增加怀疑之心。后来隋文帝选侍卫官时，将武力强者都选到自己身边，高颎便进谏表示这样恐怕保护东宫太子的侍卫官就显得太弱了，这让隋文帝相当不高兴，认为高颎是因为其子高表仁是杨勇的女婿才帮他说话，从此对他就更提防。

　　杨勇生性好色，喜爱奢侈，有许多妾侍、珍宝，其中有位云昭训，因姿色姣美，特别得到宠爱，并生下三个儿子，受到的待遇甚至与正室不相上下，这让杨勇的母亲文献皇后独孤伽罗相当不满。杨勇的正妻元妃不得宠爱，气出了心病，没两天就死了，杨勇随即让云昭训主持太子宫。独孤伽罗认定是杨勇与云昭训合谋害死嫡妻，不但责备杨勇，又派人去暗查。晋王杨广知道母亲对兄长有不满，便假装自己没有什么姬妾，且只和萧妃厮守。于是独孤伽罗更讨厌杨勇，并对杨广的德行大加称赞。独孤伽罗每次抱怨云氏专宠、感叹元氏夭亡时，杨广也跟着痛心疾首，让独孤伽罗更加喜爱杨广，有意废黜杨勇的太子之位而立杨广为太子。杨勇为此感到害怕，却又没有办法；隋文帝知道他内心不安，便派杨素去观察他，结果杨素却故意激怒杨勇，使杨勇说出抱怨的话，从此隋文帝更怀疑他了。独孤伽罗与杨广等人都在观察他的一举一动，向隋文帝进谗言，加上杨勇多有埋怨之言语，隋文帝于是废杨勇为庶人，改立杨广为太子。

　　很多大臣都认为杨勇罪不至被废，而且废立太子是大事，但隋文帝不听。杨勇也自认罪不至

隋文帝

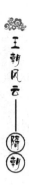

被废，屡屡要求面见隋文帝，想要告诉隋文帝有关自己的冤屈，但都被皇太子杨广给拦下，无法达成他的心愿。情急之下，杨勇爬到树上，大声呼喊隋文帝，希望隋文帝听见后可以见他一面。杨素趁机向隋文帝进谗言说："杨勇已经心神丧失了，被妖魔附身，魂都收不回来了。"隋文帝也这么觉得，因此杨勇终究无法与隋文帝见面。杨素诬陷杨勇，方式与罪名也大都如此。

直到隋文帝卧病于仁寿宫时，皇太子与隋文帝姬妾皆随侍在侧，《资治通鉴》《隋书》载宣华夫人被太子杨广"无礼"之事。宣华夫人将此事告诉隋文帝后，隋文帝始知冤枉了杨勇，并大骂独孤皇后与杨广，派人召杨勇进宫，准备废杨广而复立杨勇为太子，但是此事被杨广拦截，随即隋文帝便暴崩，杨广即位，立即假拟隋文帝诏书，赐死杨勇。隋炀帝后来追封杨勇为房陵王，但是子嗣不得继承其位，全部流放济南，后来多数都被杨广杀死。

二、元德太子性谦和，英年早逝福命薄

杨昭（584—606年），弘农华阴（今陕西华阴市）人。隋朝宗室大臣，隋文帝杨坚之孙，隋炀帝杨广嫡长子，母为萧皇后。

杨昭是隋炀帝杨广的长子，母皇后萧氏（萧皇后），开皇四年正月初五日（584年2月21日），出生于大兴宫。杨昭出生后，其祖父隋文帝杨坚就把他养在后宫之中。杨昭三岁时，在玄武门的石狮子旁玩耍，隋文帝与文献皇后独孤伽罗到了那里。隋文帝正患腰疼，举起手搭在独孤伽罗肩上。杨昭看见了，回避在一边，像这样做了几次。隋文帝感叹说他天生来就有长者的心性，是谁教他这样做的？因此对他感到很奇异。隋文帝曾对杨昭说要为他娶妻。杨昭应声哭泣。隋文帝问其缘故，他回答说："汉王杨谅未结婚时，总在您这里。一朝娶妻，就出外去了。我怕离开您，因此哭泣。"隋文帝感叹他有至性，特别钟爱他。

开皇十年（590年）二月十六日，隋文帝封杨昭为河南王。

开皇十七年（597年）二月二十五日，杨昭纳娶行军总管崔弘度弟慈州刺史崔弘升之女崔氏为河南王妃，隋文帝为此大宴并按等级赏赐群臣。

仁寿元年（601年）正月十三日，因晋王杨广被立为太子，隋文帝以杨昭进袭其父前爵为晋王，授任内史令，兼任左卫大将军。

仁寿四年（604年），转任雍州牧。

隋朝四系瓷罐

同年七月，隋文帝去世，杨昭的父亲隋炀帝杨广即位。十一月初三日，隋炀帝巡幸洛阳宫，留下杨昭守卫京师长安（今陕西西安）。

大业元年（605年）正月初五日，隋炀帝立杨昭为皇太子。杨昭有武力，能拉强弓。他生性谦和，言色平静，未曾发怒。即使有深嫌可责的人，他也只会说"大不是"。杨昭进膳不要很多食品，帷布、席子都极其节俭朴素。臣下有年老父母的，他都要亲自询问是否安好，逢年过节都有恩赐。

大业二年（606年），杨昭从长安到洛阳（今河南洛阳）来朝见隋炀帝，几个月后要返回长安。他想乞求允许再留住一些时间，隋炀帝不同意，杨昭跪拜请求无数次，他身体本来就很胖，因此得病。隋炀帝让巫者看他，巫者说是房陵王杨勇的鬼魂作怪。同年七月二十二日，杨昭去世，时年23岁。隋炀帝下诏让内史侍郎虞世基写哀策文，深深地追悼，谥号"元德"。杨昭去世不到一个月，隋炀帝便将他的三个年幼的儿子封为亲王。后来，隋炀帝在杨昭的陵墓庄陵旁建造寺庙，追念他。义宁元年（617年），其子隋恭帝杨侑即位，追谥他为孝成皇帝，庙号世宗。

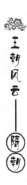

三、杨侑被逼禅皇位，杨浩被废遭毒杀

1. 隋恭帝杨侑

隋恭帝杨侑（605—619年），弘农华阴（今陕西华阴市）人，隋朝第三位皇帝（617—618年在位）。隋炀帝杨广之孙，元德太子杨昭第三子，母为韦妃。

杨侑自幼聪明，气度非凡。大业三年（607年），被封为陈王。后改封为代王，食邑一万户。隋炀帝亲征高句丽时，命杨侑留守长安（今陕西西安）。

大业十一年（615年），杨侑跟从隋炀帝巡幸晋阳（今山西太原），拜太原太守。不久，镇守京师。

大业十三年（617年）五月十五日，李渊在晋阳（今山西太原）起兵，同年十一月初九日，攻入隋都大兴（今陕西西安西北）。大业十三年十一月十六日（617年12月18日），李渊遥尊隋炀帝为太上皇，拥立杨侑为皇帝。当日杨侑在大兴殿正式登基，改年号为"义宁"。

杨侑名义上是皇帝，但实际不过是李渊扶立的傀儡。只是夺位称帝的

隋恭帝陵

时机尚未成熟，李渊才未敢贸然行动而已。

义宁二年（618年）三月，隋炀帝死于江都兵变。消息传来，李渊见称帝时机已成熟，遂于同年五月十四日（618年6月12日），逼杨侑退位，自行称帝，改国号为唐，李渊即唐高祖。降杨侑为酅国公，闲居长安。杨侑在位仅177天。

武德二年（619年）五月十二日（《新唐书》《资治通鉴》皆作八月初一日，即公元619年9月14日），杨侑病死（一说遇害），年仅15岁，谥号恭皇帝，葬于庄陵（今陕西省乾县阳洪乡乳台村南500米处）。

隋恭帝杨侑死后，没有子嗣，以族子杨行基袭封酅国公爵位。

2. 隋废帝杨浩

杨浩（约586—618年），弘农华阴（今陕西华阴市）人。隋朝皇帝，隋文帝杨坚之孙，秦孝王杨俊长子。

母亲王妃崔氏，毒杀父王杨俊。杨浩因罪连坐，取消世子资格。隋炀帝即位，继承秦王爵位，授河阳都尉。左卫大将军宇文述讨伐杨玄感作乱时，有所结交，坐罪免职。

大业十四年（618年），宇文化及发动江都之变，弑隋炀帝，拥立杨浩为帝。即位后，拜宇文化及为大丞相，总揽朝政。后率军返回长安，为瓦岗军李密所败，终为宇文化及废黜并毒杀。

四、洛阳拥立皇泰主，被迫禅位王世充

杨侗（604—619年），字仁谨，弘农华阴（今陕西华阴市）人。隋朝皇帝，隋炀帝杨广之孙，元德太子杨昭次子，母为刘良娣。

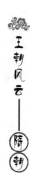
1. 苦撑东都，被立为帝

杨侗仪表堂堂，生性宽厚。大业二年（606年）八月初九日，杨侗被封为越王。

隋炀帝每次出外巡幸，杨侗常常留守东都洛阳（今河南洛阳）。

大业九年（613年）六月初三日，礼部尚书杨玄感在黎阳起兵反叛。杨侗与民部尚书樊子盖抵拒叛军。杨玄感的叛乱平定后，杨侗到高阳朝见隋炀帝，被授任为高阳太守。不久又以本官身份，留守东都。

大业十二年（616年）七月初十日，隋炀帝巡幸江都，命杨侗与金紫光禄大夫段达、太府卿元文都、代理民部尚书韦津、右武卫将军皇甫无逸、右司郎卢楚等人总管留守后方的事宜。

大业十三年（617年），二月初九日，瓦岗寨首领李密、翟让等攻占兴洛仓。杨侗派虎贲郎将刘长恭、光禄少卿房崱进攻李密等人，反被他们打败，十分之五六的官兵战死。

大业十四年（618年）三月，宇文化及弑隋炀帝。太府卿元文都、武卫将军皇甫无逸、右司郎中卢楚等人提议，认为杨侗元德太子杨昭之子，与皇室血缘最近，于是在洛阳共同拥立他为皇帝，大赦天下，改年号为皇泰，史称其为皇泰主或皇泰帝。追谥隋炀帝为明皇帝，庙号世祖，追谥元德太子杨昭为孝成皇帝，庙号世宗。尊其母小刘良娣为皇太后。以段达为纳言、右翊卫大将军、代理民部尚书，王世充也任纳言、左翊卫大将军、代理吏部尚书，元文都为内史令、左骁卫大将军，卢楚也任内史令，皇甫无逸任兵部尚书、右武卫大将军，郭文懿任内史侍郎，赵长文任黄门侍郎。委托他们以机密要务，并制作金书铁券，藏在宫廷里。当时洛阳人称段达等七个人为"七贵"。

2. 李密请降，世充掌权

杨侗继位不久，宇文化及立秦王杨俊之子杨浩为皇帝，并带兵来驻扎在彭城，他们所经过的城邑，大多背叛朝廷，追随逆党。杨侗惧怕，派使者盖琮、马公政招降李密。李密于是派使者来请求投降。杨侗很高兴，很礼遇他的使者。随即授任李密为太尉、尚书令、魏国公，让他抵抗宇文化及。杨侗派遣使者下诏给李密，李密见到使者，很高兴，向北面拜伏于地，人臣之礼很恭谨。李密于是向东抵抗宇文化及，凡是打了胜仗李密就派遣使者向朝廷报捷，人们都很高兴。

皇泰元年（618年），王世充对他手下的各将领说："元文都那帮人，写写划划文官而已，我看事态的趋势，一定会被李密抓起来。再说我的部队多次跟李密作战，杀死他的父兄子弟，前前后后已经很多，一旦成为他的下属，我们这些人就没有生路了！"王世充说这番话是为了激怒他的将士们。元文都知道后非常恐惧，跟卢楚等人商议，趁王世充上朝的时候，布下伏兵杀掉他。纳言段达平庸怯懦，害怕此事办不成功，就派他的女婿张志把卢楚等人的计谋告诉了王世充。当天夜晚王世充带领人马包围宫城，将军费曜、田阇等人在东太阳门外迎战，费曜战败，王世充夺取城门冲了进去，将军皇甫无逸只身逃脱，王世充抓住卢楚将他杀了。这时皇宫大门紧闭，王世充派人敲着宫门对杨侗说："元文都他们要挟持皇上投降李密，段达得知后告诉

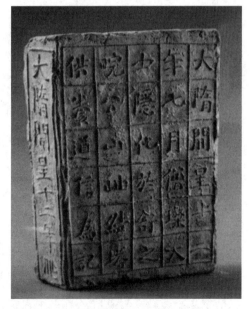

大隋开皇十二年砖文

了我，我不敢背叛朝廷，是来讨伐背叛朝廷的人。"开始，元文都听到发生变故，来到乾阳殿伺候杨侗，指挥部队保卫，命令将士们凭借城池抵御兵变。段达诈称杨侗的命令捉住元文都押送给王世充，一到就乱棍打死。段达又诈称杨侗的命令，打开宫门迎接王世充，王世充派人换下了宫中的全部警卫人员，然后拜见杨侗向他道歉，说："元文都等人犯下说不完的罪行，阴谋制造内乱，情况紧急才采取这种办法，我是不敢背叛国家的。"王世充道歉时言辞、表情都很哀苦。杨侗还认为他很忠诚，让他上殿，王世充披发为盟，发誓没有二心。当天，升任王世充为尚书左仆射，总管监督朝廷内外各项军务，从此王世充独揽朝政大权。

3. 禅位被幽，惨遭杀害

杨侗因元文都等人被王世充所杀心中愤愤不平，于是与记室陆士季谋划除掉王世充，事情没有结果，便就此作罢。到王世充破败李密之后，众望更加归向王世充。

王世充有一次在杨侗跟前吃他赏赐的食物，回家大吐一场，怀疑是食物中毒造成的，从此以后不再朝见杨侗，跟他不打照面了。他派遣云定兴、段达向杨侗禀奏，要求他为王世充加九锡之礼。皇泰二年（619 年）三月，杨侗不得已下诏任命王世充为相国，统管百官，封为郑王，加九锡之礼。

皇泰二年（619 年）四月，段达、云定兴等 10 人入见杨侗，说王世充功德很大，希望杨侗效法尧舜禅位于王世充。杨侗一听，十分震怒，说："天下是隋文帝的天下，东都是隋炀帝的东都。如果我隋朝的气数还没有衰竭，这种话就不该讲，如果天意要改朝换代，那还谈什么禅让不禅让？你们各位都是先帝的老臣，竟然说出这种话，我真的很失望啊！"杨侗说的时候神色凛然，侍卫莫不吓得流汗。退朝以后，杨侗对着其母小刘良娣哭泣。王世充又让人对杨侗说："现在海内未定，需要君长。等天下安定后，再恢复你的帝位，一定像以前向你发誓说的那样，在道义上不违背你，不辜负你。"杨侗不得已，禅位于王世充，王世充将他幽禁在含凉殿。

王世充即皇帝位后，降封杨侗为潞国公，食邑5000户。

皇泰二年（619年）五月，礼部尚书裴仁基以及他的儿子左辅大将军裴行俨、尚书左丞宇文儒童等几十人计划谋杀王世充，再次拥立杨侗为皇帝。因事情泄露，王世充将他们全部杀死，并灭他们的三族。六月，王世充的兄长王世恽趁机而鼓动王世充杀掉杨侗，以便断绝人们复辟的念头。王世充于是派他的侄儿王行本带着毒酒到杨侗处，让杨侗喝了毒酒。杨侗知道难免一死，请求与他的母亲小刘良娣相见，王行本不允许。杨侗于是以布为席，焚香拜佛，说从今以后，望再也不生在帝王之家。于是喝了毒酒，不能应时绝命，王行本又用布帛将他缢杀。王世充谥杨侗为"恭皇帝"。

第五章 / 后宫秘闻

一、宣华夫人入隋宫，仁寿宫变遭淫辱

宣华夫人陈氏，是南北朝时期南朝陈宣帝陈顼之女，陈后主陈叔宝的同父异母妹，母施氏（封号不明，《南史》称为施姬）。陈宣帝一生子女众多，史载其有子42人，陈氏封号为宁远公主，有同母兄弟临贺王陈叔敖、沉陵王陈叔兴。

1. 国破家亡，入宫受宠

陈氏大约两三岁时，与陈朝隔江对峙的北朝发生了隋杨代周的政变。其父陈宣帝出兵隋朝失败，急怒攻心下病发去世，太子陈叔宝即位。后主陈叔宝自恃有长江天险，笃信无亡国之危，便荒废朝政，沉溺于纵情享乐，其代表作《玉树后庭花》也成了著名的亡国之音。

隋开皇八年（588年）年底，晋王杨广统率隋朝水陆大军50余万挥师南下，在开皇九年（589年）年初平定南陈，完成了华夏统一。陈后主从井底被捞起来投降后，包括宁远公主陈氏在内的陈朝皇室成员跟随后主作为俘虏和战利品，从江南的建康城来到位于西北的隋朝京城大兴。之后，陈国皇室男性成员被隋文帝分散到隋朝偏远地区，在隋政府的监视下种田

干活自力更生，陈宫佳丽包括部分公主被赏赐给平陈有功的大臣和隋朝亲贵，刚刚十来岁的陈氏则配入掖庭成了宫女。

隋文帝的皇后独孤氏性尤妒忌，有一次隋文帝见尉迟迥的孙女尉迟氏有美色，于是私幸了她，独孤皇后知道后趁皇帝上朝之时将其杀死。隋文帝一气之下离家出走，在左右仆射高颎、杨素的劝解下回宫，独孤皇后流涕拜谢，两人和好。尽管隋文帝的后宫形同虚设，然而唯独陈氏能够得到宠幸。史书记载陈氏"性聪慧，姿貌无双"。

宣华夫人

晋王杨广想争夺太子之位，于是经常送礼给宫人们以笼络人心，为己所用。杨广送金蛇、金驼等物给陈氏，而陈氏确在皇太子废立之际为杨广出过不少力。

独孤皇后去世后，陈氏进位为贵人，受专房之宠，掌管后宫事务，六宫无人能与之相比。隋文帝病危之时，拜为宣华夫人。另有蔡氏也得到宠幸，拜为贵人，参断宫掖之务，地位与陈氏相当，隋文帝卧病时加号容华夫人。

2. 仁寿宫变，香消玉殒

仁寿四年（604年）年初，隋文帝精力不济，把政事托付给皇太子杨广之后很快便卧床不起，到七月份时已病入膏肓。据《隋书》《资治通鉴》等记载，当隋文帝重病于仁寿宫时，皇太子杨广与宣华夫人等皆跟随侍疾。有天宣华夫人出去更衣时，杨广欲非礼她，被其抗拒。她回到寝宫后，神

色有异，隋文帝感到奇怪，问她原因，她哭着说："太子无礼。"隋文帝得知实情后大怒："这个畜生怎么担得起大任！独孤真是害了我！"说完便叫兵部尚书柳述、黄门侍郎元岩召回废太子杨勇，打算废掉杨广。杨素知道后，将这件事告诉太子，太子便矫诏囚禁元岩、柳述，把皇宫宿卫换成东宫心腹，并遣使者进入皇帝寝殿，把宫人们都赶到别处，很快就传出隋文帝驾崩的消息。宣华夫人与宫人们知道事情不对劲，相当恐惧。不久，太子派使者送一金盒给她，并亲自加上签名封条。她收到后很害怕，担心太子送毒药来赐死她，于是不敢打开。使者一直催她，她才打开盒子，发现里面放的竟是好几枚同心结。宫人们于是都安下心来，认为总算保住了性命。但宣华夫人为此相当不乐，不肯答谢，宫人们逼着她，她终于向使者答谢。

隋文帝去世后，宣华夫人遵从妃嫔守节的制度，出居仙都宫，但之后又被隋炀帝召入皇宫，一年多便去世了，终年约29岁。隋炀帝十分伤感，为其写下《伤神赋》（今已佚）。

二、"二圣"临朝功业著，东宫易储丧基业

独孤伽罗（544—602年），河南洛阳人，汉化鲜卑人，北周卫国公、关陇集团重要成员独孤信嫡女，母清河崔氏。隋文帝杨坚皇后。

1. 出身名门，助夫建业

独孤伽罗生于西魏一个名门大家，祖籍云中，北周的时候寄籍洛阳。她的父亲独孤信是北周的大司马，由于功绩卓著被封为河内公，是当时北周的"八柱国"之一，掌管兵权，位高权重。独孤信有6个儿子和7个女儿，长女就是北周明帝宇文毓的皇后，第四个女儿嫁给了唐国公李昞。李昞的儿子李渊，就是后来的唐高祖。独孤信一家在北周的权势炙手可热。独孤信的第七女，就是独孤伽罗，于北周孝闵帝元年（557年），14岁的独孤

伽罗嫁给了 26 岁的杨坚。

独孤伽罗嫁给杨坚之后，夫妻二人的感情非常好。他们生有五男五女。长女杨丽华，嫁给周宣帝，被立为"天元皇后"，深得宠爱。这样一来，独孤伽罗的姐姐是皇太后，女儿是皇后，杨坚一家的势力骤然增长，成为北周权势最大的家族。

此后杨坚因为功勋卓著被封为上柱国将军，掌握全国兵马，在朝中威望日重，逐渐地引起了周宣帝的猜忌。杨丽华成了皇后，杨坚作为国丈，皇室对他的猜忌却没有因此而有所减轻，宣帝甚至对皇后杨丽华说："你父亲如果惹火了我，我也会诛杀你全家的。"

大象二年（580 年），周宣帝和杨丽华之间发生争执。周宣帝很生气，但是杨丽华却神色自如，一点也没有认错的意思。周宣帝大怒，下令将杨丽华赐死。杨家上下一片混乱，在这紧急关头，独孤氏亲自入宫面见周宣帝，显示出了长远的眼光。她在宫殿前叩头求饶，为女儿请罪，额头都磕破了。

隋文帝夫妇合葬地太陵

周宣帝无奈收回成命，不再计较此事。其实，周宣帝只是想借这个事情试探杨家的态度，独孤氏看到了事情的紧迫，采取了隐忍不发的策略，保住了女儿的性命，也使得杨氏一门的权势和地位得到了保全。

同年，正值青春年华的周宣帝因病死去，新继位的静帝宇文阐只有9岁，不能料理朝政。杨坚就在众人的拥戴下以大丞相的身份辅政，总揽朝廷内外的军国大事，国家大事都由他来决断。这时候的杨坚在朝中的势力已经无人能及了，朝堂上下都是杨坚的亲信人等。这时国家的政治不稳，杨氏代周的谣言四起。杨坚虽然有代周自立的心思，但是仍然担心有人趁机作乱，所以一直犹豫不决。杨坚的很多属下都劝说杨坚代周自立，唯有独孤伽罗认为反对的势力还比较大，称帝的时机还没有成熟，竭力劝说杨坚暂时不要代周自立。

正当杨坚犹豫不决的时候，果然不出独孤伽罗所料，相州的总管尉迟迥举兵反叛，其余还有一些人响应。杨坚调兵遣将，率兵讨伐，很快就消灭了这些势力。剿灭了这些军队之后，杨坚听说尉迟迥的起兵与宇文氏诸王的怂恿有关，于是就在剿灭叛军后软禁了那些宇文氏的王侯。这样一来，杨坚就独霸了朝政，再也无人敢过问了。这时候，杨坚虽然还没有称帝，但实际上已经和皇帝没有什么区别了。由于这次叛乱，杨坚对独孤氏的建议更加重视了。

静帝迫于形势封杨坚为随王，允许杨坚带剑上殿，上朝的时候也可以不下跪，废除了先前的许多朝廷礼节。后来，在杨坚的要求下，静帝又赐给他只有皇帝才能戴的十二旒王冕和天子才能使用的旌旗，这些都已经超过了臣子所能享受的最高礼节的限度。大臣们也都知道幼帝懦弱，而杨坚的文治武功又得到了广泛的颂扬。这时候，独孤伽罗密切地关注着天下的舆论，她看到多数人对杨坚并不反感，就认定这是个有利的时机，于是就派人给在外带兵的杨坚送去消息，说："天下已经是这样了，大家都觉得你会代周自立，既然已经是骑虎难下了，不如干脆就这样做算了，大丈夫处世就是要建功立业，夫君一定要抓住这个机会啊！"正是独孤伽罗的支持，使得杨坚最终下定了代周自立的决心。北周大定元年（581年），杨坚终于废掉了年幼的周静帝，自称皇帝，改年号为开皇，建立了隋王朝。这期间独孤伽罗的深谋远虑对杨坚成功地建立隋王朝起了巨大的作用。三天后即册立独孤伽罗为皇后，从此夫妻呕心沥血为隋帝国的强大发展倾注了毕生的精力心智与心血，独孤皇后也是中国历史上罕见的对君主终生保持有强烈影响力的后妃。

2. 帝后"二圣"，功不可没

独孤皇后通达书史，聪明过人。每次隋文帝上朝，她必与之同辇而行，至殿阁而止，派宦官跟随而进沟通联络，"政有所失，随则匡正，多有弘益"。待到文帝下朝，她早已在等候，夫妻"相顾欣然"，一起回宫，同起同居，形影不离。在平常生活中，她一有闲暇便手不释卷，学问不凡。隋文帝对这位爱妻是既宠爱又信服，几乎是言听计从，宫中同尊帝、后为"二圣"。所以，开皇年间的政治决策，很难分得清哪些是隋文帝的主意，哪些是独孤皇后的主意，而她的政治影响力也不仅限于影响隋文帝而已。

高颎的父亲原来是独孤信家的宾客，在独孤家落难时，高家依然和独孤皇后保持了亲密的联系，高颎的才干和品德都很得独孤皇后赏识，故大力推荐给隋文帝。所以，当隋文帝建隋之初，就立即委以重任。而高颎位居首辅十余年，经历多次政治风浪，始终履险如夷、不动如山，一个最重要的原因就是他有独孤皇后这一坚强靠山，以至隋文帝把他当家人看待。高颎地位的稳固，对隋朝具有重大的意义。换言之，高颎能够在复杂的政治局面下最大程度地施展抱负、发挥才干，固然有赖于他强大的个人能力，但是，独孤皇后在宫中的支持与协助，应当也是重要因素。

在爱妻独孤伽罗的辅佐和支持下，隋文帝迅速稳定了政局，领导着以高颎为首的能臣干将们开始了一系列大刀阔斧影响深远的全面改革。他

首先恢复汉制，建立起以汉文化为主导的意识形态理念；北破突厥，重新建立起以中原王朝为核心的东亚国际政治新秩序；南平陈朝，统一了分裂将近400年的中华大地，并且使政治上长期分裂导致经济、文化分裂的南北方初步开始融合；改革官制，正式确立分工明确的以三省六部为主体的中央官僚体系；开创科举制度，开始了打破世家门阀垄断政治、文化资源第一步；修订律法，废除大量酷刑，制定出影响之后整个中国封建社会法制建设的《开皇律》，首创死刑三奏而决制度；休养生息，减轻农民负担，文帝时期朝野丰足，隋朝国富程度历代瞩目……隋文帝完成的这一系列定万世之基、成富国强兵的宏大伟业，在职官、礼法、经济、文化、军事、公共工程等各个方面都有突出表现，深远地影响了之后的唐朝以及未来1000多年封建王朝的发展，史称"开皇之治"，独孤皇后对此功不可没。

隋文帝杨坚能顺利登极，独孤伽罗积极地参与谋划，功不可没。独孤皇后平日生活俭朴，不好华丽，专喜读书，知古通今。隋文帝治政稍有不妥之处，她就衷心苦劝，做了很多有益之事。当时突厥与隋朝通商贸易，有一盒明珠值800万，幽州总管殷寿让她买下，她婉言谢绝，并说："如今外敌屡次侵犯，将士征战疲劳，不如把这800万奖赏给有功的将士。"此举立刻朝野传闻，受到百官称赞。独孤皇后异母兄弟独孤陀因为酒后逞凶残害百姓，曾受过独孤皇后指责，故而怀恨在心，常以猫鬼诅咒皇后，按律当斩。独孤皇后虽然气得三天没有进食，但最后还是请求隋文帝赦免其罪，独孤皇后说："如果独孤陀蠹政害民，妾不敢为其说情。但如今独孤陀是因为诅咒我而犯罪，所以我敢请求赦免他。"于是独孤陀被免去死罪。

独孤皇后还暗中派遣宦官监察朝政，若有她认为不妥的地方，等隋文帝退朝后，她就婉言进谏，隋文帝也常常采纳她的意见。她曾劝隋文帝从西域商人手中买下价值10万两黄金的宝玉，理由是"有了这笔巨资，将来可以养活1万名士兵"，仅从这一点，就能确信独孤皇后是位才智过人的女性。独孤皇后对外戚要求尤为严格。大都督崔长仁是独孤皇后的表兄，奸淫妇女，触犯国家王法，按律当处以斩刑，隋文帝看在皇后情面，有意赦免其罪。独孤皇后进谏说："国家之事岂可顾私。"遂将崔长仁处以死刑。

3. 把持夫君，严治后宫

在政治大事上，独孤皇后可谓贤良明智。但独孤皇后不单是不许自己的丈夫纳妾，也不准朝中大臣们娶小老婆，是标准的一夫一妻婚姻制度的崇尚者。隋文帝后宫佳丽很多，独孤皇后对此的整治很是严格，她对隋文帝管制的严格程度在过去的皇后中也是少有的。

隋文帝杨坚称帝的时候已经 40 多岁了，这时的独孤皇后也已经 37 岁了。此前，他们的女儿杨丽华也做过宣帝的皇后。隋文帝和独孤皇后对前朝政治的得失有很深切的体会，认为北周政权之所以没落，其主要的原因就在于浮夸不实。所以隋朝建立之后，隋文帝就开始改革官仪，并大力地整顿朝纲，一心想要建立一个圣明繁华的新朝。而独孤皇后作为隋文帝杨坚的贤内助，目光也同样深远，她明白后宫家事处理得是否得当，对隋文帝治理国家有重大的影响。因而，她当了皇后之后，并不安心于享受母仪天下的荣华富贵，却开始了自己严治后宫的计划。独孤皇后的这一做法有很多显著的表现。

南朝陈的亡国在独孤皇后看来就是由于女色所诱。陈后主不思进取，一味沉浸于美色，最终亡国，落了个阶下囚的下场，这些对独孤皇后来说都是记忆犹新的事情。红颜祸水，如何不再重蹈陈亡国的覆辙，保住隋朝的长治久安，独孤皇后首先想到的就是要坚决杜绝后宫

隋朝陶兽

的内讧以及争宠。她开始大力地整饬后宫。她首先废除了三妃六嫔的旧例，提倡简朴的生活，不但禁止后宫中的那些女子们穿华丽的服饰，禁止她们有艳丽的妆饰，同时对她们的言行举止也都有十分严格的规定。独孤皇后命令，嫔妃们不得随意地亲近皇帝。整个后宫就都处在独孤皇后的把持之下了，一时间，后宫里一片肃杀。后宫中的众多嫔妃对独孤皇后的这个做法心中十分不满，但是却都惧于独孤皇后至高的地位和强硬的手腕，即使心中不快也不敢不服从命令。

独孤皇后意识到只有不断地加深与丈夫之间的感情，才能够使隋文帝不被别的美色所诱惑，从而专心于朝政。所以，她凭借自己的柔情，体贴照顾隋文帝，丝毫也不敢懈怠。每天早上天亮上朝之前，独孤皇后都会细心地侍候隋文帝洗漱穿戴，然后一同坐车送他上朝。隋文帝上朝的时候，她就在殿下静静地等候着，一直等到散朝之后，才又同隋文帝一起乘车返回内宫，小心翼翼地服侍隋文帝的饮食起居。就这样，独孤皇后事必躬亲，不厌其烦地坚持着，日复一日。正是这样，隋文帝杨坚从不敢怠慢朝政，每天上朝退朝的时间都很严谨。不但如此，独孤皇后还不顾自己皇后的身份，亲自过问丈夫的衣食，小到隋文帝每一顿饭的食谱，每天具体的装束等，这些事她都要亲自过问，并妥善安置，使隋文帝能够全力以赴地处理朝廷的政务，而不必为后宫的饮食起居操心。此外，独孤皇后还常常与隋文帝一起回忆往年的情谊，细述夫妻多年来的恩爱，努力通过这些感情上的因素来牢固地牵住隋文帝的心。

独孤皇后还很注重双方感情的专一性，她要求隋文帝一生要矢志相爱永不变心，还要求隋文帝不能与别的女子生孩子，这一点在古代的后妃中几乎是绝无仅有的。隋文帝也马上答应了与她的誓约，事后还常常拿这件事情向大臣们夸耀。隋文帝有五子，都是独孤皇后所生的。此外，独孤皇后之所以限制文帝与别的女子生孩子，还有一个很重要的考虑，就是提防异母之子夺位争权的事情发生。这在历朝历代的宫廷斗争中都是存在的，所以独孤皇后的这个考虑不无道理。隋文帝杨坚也这么认为，他曾对臣下说我这五个儿子一母同胞，是真正的亲兄弟呀。隋朝建立之后，隋文帝全力以赴地致力于国家大事，也没有更多的精力眷顾后宫，贤惠干练的独孤皇后为他所做的这些事情，也正与他的朝政改革密切配合，因而隋文帝也十分地支持。

奇妒的独孤皇后，不容别的女人接近杨坚，因此隋宫里面虽然美女如云，杨坚却只能空望着咽唾，终不能够让他开怀一下。虽然隋文帝出于对国政大事的考虑，对独孤皇后严治内宫的种种制度表示认可和服从，但是自古以来皇帝嫔妃众多的惯例对他的影响也是很深的，时间久了之后，尤其是随着国家政局的渐趋平静，隋文帝也开始对独孤皇后的清规戒律厌烦起来。

开皇十一年（591年）秋，独孤皇后生病，在中宫调养。一天，隋文帝一时兴起，留宿宫女尉迟贞。第二天早上隋文帝醒来的时候，天已经大亮了，超过了平时上朝的时间。但是，隋文帝依旧命人准备车马，匆匆起身赶往朝阁，处理政事。

独孤皇后见隋文帝一夜未归，心里很是疑惑，又听两个心腹的宫女说隋文帝没有准时早朝，就更加生疑。得了杨坚留宿在仁寿宫的消息，独孤皇后顿时气得咬牙切齿，不顾自己病体未愈，抱病带着一群宫女赶往仁寿宫。仁寿宫的宫女素日也都知道独孤皇后的威严，谁也不敢阻拦，任皇后和众多宫女直闯入内室。尉迟贞顿时花容失色，娇躯发抖，再也站立不住，忙双膝跪倒。独孤皇后命手下宫女把尉迟贞从床上捉起来，严厉地斥责她说："你竟敢施展狐媚伎俩蛊惑君心，乱我宫中雅化，绝不能容你偷生！"当即就下令把尉迟贞乱棍打死，独孤皇后仍然余怒未息。

这时杨坚早朝完毕，到独孤皇后的宫中探病，听说皇后率了众多宫女不知上哪儿去了。杨坚赶忙来到仁寿宫。瞥见独孤皇后怒颜高坐，地上的尉迟贞已经死去。杨坚不禁又痛又恨，顿觉失意之极，心中很是郁郁，觉

得独孤皇后管得太宽，自己堂堂一朝天子却保护不了一个女子！不禁心下一横，返身便走。

独孤皇后也觉得自己这件事情做得太过分，于是就带领宫女们在宫门里苦苦守候，等待隋文帝回来，痛哭流涕向隋文帝认错。杨坚到了此时，也已无可奈何，念及夫妻两人早年的患难之情，又想独孤皇后此举无非也是为了能使自己勤政爱民，不致因为贪恋后宫美色而误国，于是也就不深加责罚了。从此独孤皇后的行为也有所收敛。有时任凭杨坚与宫人沾染，也装作不知，只是不容许杨坚太过分。

独孤皇后不但严治后宫，她还竭力地干涉大臣们的生活，要求大臣们对原配夫人一定要忠诚。高颎是隋国的开国元老，很早就追随隋文帝，在朝中任相国，德高望重，而且高家先前与独孤家已经有很深厚的交情。高颎与自己的夫人感情很好，后来其夫人因病去世，身为相国的高颎非常伤心，他曾经忧伤地对独孤皇后说："夫人此去，我以后就只有吃斋诵经了。"表示自己的心迹。独孤皇后听了之后非常感动，常常在隋文帝的面前赞叹高颎的品行，还常常派人赏赐给他东西。没想到，过了没多长时间，高颎的相国府中锣鼓喧天，独孤皇后派人打听。去打探的人回来报告说，相国高颎的一个爱妾生了一个孩子，隋文帝和朝中的大臣们都去祝贺了。独孤皇后听了之后顿时火冒三丈，认为高颎这个人表里不一，表面上显得很想念亡妻，谁知道暗地里却宠爱自己的小妾，竟致小妾生子。这件事情过后，独孤皇后就一改先前对高颎的看法，常常在隋文帝面前诉说高颎的不是，要求隋文帝将他革职。开始的时候，隋文帝还不情愿，但是时间久了，隋文帝在独孤皇后的影响下，对高颎也开始有了不好的看法。终于，过了一段时间，隋文帝就找了一个机会，以"表里不一，不堪信任"之名罢免了当政20年、功绩显赫的相国高颎。

独孤皇后对后宫的严格治理，使隋文帝能够专心于政事，对隋文帝时期国家的强盛有很大的帮助。她追求一夫一妻的婚姻，要求夫妻互相忠诚于对方，致使隋朝后宫佳丽三千形同虚设，文帝"惟皇后当室，旁无私宠"。她不单是不许自己的丈夫纳妾，也不准朝中大臣们娶小老婆，是一位标准的一夫一妻婚姻制度的崇尚者，这在古代是不多见的。正因为如此，独孤皇后在后人的眼中成了一个十足的"妒妇"。

4. 东宫易储，酿成大祸

隋文帝杨坚与独孤皇后患难与共，他也坚信，普天之下，最值得自己信赖的人只有结发妻子独孤皇后一人而已，所以，长期以来，隋文帝对独孤皇后都是言听计从，百依百顺的。独孤皇后也竭力成为隋文帝的"贤内助"，料理隋文帝的生活，并不时地对政事进行规谏，显示出了自己的贤德，但是在东宫立储一事上，独孤皇后却"聪明一世，糊涂一时"，错误地选择了杨广，最终断送了隋朝的大好基业。

杨坚称帝后，按惯例立长子杨勇为皇太子，其余四子也都封了王：杨广为晋王、杨俊为秦王、杨秀为越王、杨谅为汉王，诸王子都是独孤氏所生。但是隋文帝最终改立杨广为太子，酿成了大错，在这个过程中，独孤皇后也多受蒙蔽，对易储之事起到了很大的推动作用。

独孤皇后对太子杨勇的期望很大，为了使他即位之后能够成为天下的表率，她亲自为杨勇选定了元氏作为太子妃，并按照仪制另立云氏之女为昭训。元妃是元魏宗室元孝矩的女儿，出身名门，而且生性温婉贤淑，端庄而有礼仪。独孤皇后非常喜欢，坚信她将来一定可以母仪天下，因而对她很是器重。隋文帝也很看重她的门第，所以也很支持。昭训云氏门第低微，但她活泼乖巧，相貌俏丽，相比之下，显得仪态不足，独孤皇后嫌她失于轻佻，因此并不喜欢。本来在立她为昭训的时候，独孤皇后就不太愿意，后来勉强同意了，但她还是暗示太子尽量少接近她。

太子杨勇生性率直，其情感与独孤皇后的期望不同。元妃虽为太子妃，但是杨勇对她更多的是敬重，却不是亲密，反而对云昭训十分宠爱，平时多半也是与云氏缠绵一处。元妃独守空房，心中也很不是滋味。独孤皇后为此多次向杨勇示意，要求他亲近元妃，但是收效甚微。于是，独孤皇后对他也就越来越厌恶，每当杨勇入宫面见她的时候，她也不给好脸色看。

杨坚对太子杨勇本来十分信任，常委以重任，努力培养他的才能，并常拿国家大事和杨勇一起商量，杨勇提出的意见，隋文帝也很乐于采纳。但是独孤皇后对杨勇的看法很快就影响到了隋文帝，隋文帝也就渐渐失去了自己的主张，开始讨厌起杨勇了。有一年冬至的时候，百官都到太子宫中称贺，杨勇命令张乐受贺，结果无意中超出了礼制的规定。这件事情传到了独孤皇后那里，她就对隋文帝说："太子勇率性任意，动多乖张，今日冬至，百官循例进宫，他却让张乐受贺，圣上尚需劝诫他一番才好。"隋文帝听说了这件事情之后，心中也很是不快，于是就下诏群臣，令此后不得擅自朝贺东宫。隋文帝对于太子杨勇也渐渐有了猜忌之心，宠爱大不如前了。

太子杨勇处境困窘，元妃也常常担心焦虑，忧虑成疾，后来抱憾离开了人世。而云昭训又是一个不甚操心政事的女子，整日与杨勇醉心于儿女之情。元妃死后不久，云昭训生下了一子，很得杨勇喜爱。元妃的死本来是很正常的事情，但是独孤皇后却横加猜忌，以为是太子有意谋害了元妃，如今偏妃生子也就成了太子杨勇的罪孽，使独孤皇后对他大为不满。独孤皇后也就有了废去太子杨勇的意思，并将这些报告给隋文帝，准备等待合适的时机，废去杨勇的太子之位，另立新太子。

隋青釉杯

晋王杨广生性诡谲，是个很狡诈的人，善于矫饰逢迎，早就觊觎太子的位置。他见杨勇不得独孤皇后的欢心，于是就一味迎合独孤皇后。杨广的正妻是萧妃，他知道独孤皇后不喜别人宠幸姬妾，为了取悦独孤皇后，他不惜将其他姬妾所生的骨肉都命人掐死，只有正妃萧氏所生的孩子才禀告父母。这样一来，就正中了独孤皇后的心意，以为杨广与原配萧妃厮守终身，所以对他很是喜欢。有一次隋文帝和独孤后一起到杨广的晋王府去，杨广知道隋文帝和独孤皇后都素性节俭，最恨奢华的行为，于是就预先命人将王府中的那些美姬都藏了起来，只留下几个又老又丑的宫女当作侍役，穿的也全都是粗布的衣服。杨广与萧妃两个人也都穿得很朴素，屋子里的一切华丽陈设都撤去，换上了简陋的装饰，架上的诸般乐器也都积满了灰尘，望上去就好像已经长久都没有动过了的样子。隋文帝和独孤皇后到晋王府看到这些，心里很满意，对杨广也极有好感。从此之后，独孤皇后对杨广更是另眼看待。独孤皇后遣亲信左右到晋王府第探视时，杨广也总是小心伺候，不论来使的身份是贵是贱，都亲自与萧妃到大门外迎接，设宴款待，并送以厚礼。时间久了，说杨广好话的人就越来越多了。独孤皇后改立杨广为太子的心思就越来越强烈，常常拿这件事情与杨坚商量。

杨坚虽然有改立杨广的意思，但是太子杨勇也没有大的过错，觉得很不好施行，一直犹豫不决。杨广这时候镇守扬州，不到半年他就请表回朝。杨广对朝臣们谦和礼让，恭敬有加，宫廷内外，对杨广都是交口称赞。过了几天，辞行还镇的时候，杨广面见独孤皇后，献谄言说杨勇忌恨自己，假装很害怕的样子。独孤皇后不知就里，想起先前杨勇的诸般不是，就愤然道："我为他娶元氏女，竟不以夫妇礼待之；元氏女向来身体健全，竟会一旦暴亡，他却毫不悲伤，反与妖姬云氏淫乐。我也疑惑元氏被他所害，只是暂时容忍。现在他却越发狂妄，竟想加害你！我活着他已是如此，往后真不堪设想了。"独孤皇后废杨勇改立杨广的想法更加坚决了。

大臣杨素看到独孤皇后对杨勇不再宠爱，也常向隋文帝谗言太子失德。

内外交谗，隋文帝也动了废立太子的主意。不久，宫廷内外就都知道了废立的消息。消息传到了东宫，杨勇心中慌乱，竟秘密地叫巫师来府中作法。结果这个消息被人探听了去，报告给隋文帝和独孤皇后，当晚隋文帝就命杨素到东宫探虚实。杨勇心无城府，以为杨素真心好意到府中慰问，便口无遮拦，言语之中露出怨愤之气。杨素回宫将这些报告给隋文帝，隋文帝大怒，决定第二天就宣诏废掉杨勇。开皇二十年（600 年）十月，年届花甲的隋文帝在独孤皇后主张下将嫡长子杨勇废为庶人，十一月立次子晋王杨广为皇太子。

东宫易储之事开始于开皇中期，先后近 10 年的时间，在开皇末年终于结束。在这个过程中，隋文帝虽然是直接的执行者，但是独孤皇后在其中所起的作用是很大的。

仁寿二年（602 年）八月，独孤皇后病逝永安宫中，终年 59 岁，葬于太陵。从此之后，隋文帝失去了一个贤内助，也没了严厉的约束，开始宠幸宣华、容华二位夫人。由于年纪老迈，且纵欲无度，时间不长，到仁寿四年（604 年）秋七月，杨坚便病卧仁寿宫了，病情渐趋加重。这时候，他才想起了独孤皇后，叹息道："假使有皇后在，我不会这样啊。"不久，杨广开始显出顽劣的本相，并且趁机调戏宣华夫人，隋文帝听说后哀叹道："畜生何足托大事，独孤皇后误我大隋。"然而此时已于事无补。不久，杨坚去世，杨广即位，也就是历史上最荒淫无道的隋炀帝。继位后短短的十几年时间，隋炀帝就葬送掉了其父隋文帝苦心经营数十年的隋帝国。

隋文帝皇后独孤伽罗是生活在中国南北朝至隋朝时期的一位杰出女性政治人物，为隋文帝朝政治系统核心人物。在皇后积极参与和协助下，隋文帝北御突厥、南平陈朝，一统华夏，使得社会安定、国家富强，动荡分裂近 400 年的南北双方在政治、经济、文化等各个方面逐步融合发展，从而开启了隋唐盛世。

但是在东宫易储的事情上，她受到杨广的蛊惑，最终与隋文帝杨坚选择了错误的继承者，致使隋朝的大好基业毁于一旦。

三、杨丽华周旋暴君，父夺国改封乐平

杨丽华（561—609 年），北周宣帝皇后，后为皇太后。隋文帝杨坚长女，隋朝时封乐平公主。

杨丽华是杨坚的第一个孩子，作为长女往往要承担更多的责任，她也因此成了父亲通向帝位的垫脚石。杨丽华是不幸的，她的痛苦主要来自精神上，丈夫和父亲都给她带来太多的伤害。

杨丽华的父亲杨坚当时是北周最尊贵的八柱国之一，母亲独孤伽罗是同为八柱国的独孤信之女。生于如此门第，杨丽华注定要嫁给一位显赫的贵族子弟。建德二年（573 年）九月十九日，北周武帝宇文邕为皇太子宇文赟纳娶杨丽华为皇太子妃。就在杨丽华入宫前三个月，宇文赟就已经喜得贵子，孩子的母亲是比太子大十多岁的宫女朱满月。杨丽华刚做新嫁娘就要打起精神参与到东宫的争宠中。

宣政元年（578 年）六月，宇文邕去世，宇文赟即皇帝位，是为北周宣帝。闰六月初三日，宇文赟册封杨丽华为皇后。周宣帝荒淫酒色，暴虐昏庸，即位之初，先一口气封了五位皇后，杨坚之女杨丽华便是五皇后之首的"天元大皇后"。

宇文赟是个不恤政事、荒淫无道的皇帝，他生性嫉妒，周武帝在世时，对他严加管教，并挨过杖打，为此，宣帝对父皇不满，耿耿于怀。在武帝死时，他不但没有悲伤，反而怨恨地说："这老家伙死得太晚了！"在武帝发丧期间，他仍然若无其事地与后宫的嫔妃们游狎作乐。武帝死后不到半年，他就大搞鱼龙百戏，大臣们劝谏，他不但不听，反而又令在殿前夜以继日地演，以庆贺太平。他又广集天下美女，塞满三宫六院，天天恣意酒色，左拥右抱，挥霍无度。他十天半个月不上一次朝；朝中

有事，全由宦官代为处理。

宇文赟立杨丽华为皇后之后，先拜杨坚为上柱国、大司马，旋迁大后丞、右司武等要职。宣帝每出巡，令杨坚留守都城。随着杨坚的地位越来越高，皇族对杨坚的猜疑日重，周宣帝对杨坚也产生疑心。大象元年（579年）二月二十日，宇文赟传位给太子宇文阐。他自称天元皇帝，封杨丽华为天元皇后。后来，相继立了三位皇后：天元帝后朱满月、天中皇后元乐尚、天右皇后陈月仪，将杨丽华降为四后之一，准备等杨坚提出异议时，则以抗旨罪名把他杀死。杨坚应召上朝，从容自若，没有流露出丝毫不满，使周宣帝无从下手。杨丽华也不是那种心胸狭窄的女人，遭到如此对待，依然个性柔和，对其他女子都不抱妒忌之心，后宫诸嫔妃反而对杨皇后产生了好感。

宇文赟为了扩大占有欲，满足虚荣心，就下令在洛阳大修宫殿，广泛收罗天下美女充实宫中。他又担心宫殿规模不对，亲自监督，携带四位皇后到洛阳巡幸，跟随的人员不下千人。皇帝新御驿马，令四位皇后骑马并驾跟随其后，稍不同步，便加责骂。回到都城长安（今陕西省西安市）以后，宣帝又增设一位天左皇后尉迟繁炽。立五位皇后时，宣帝曾征求大臣辛彦之的意见，辛彦之回答说："皇后与天子各成一体，只能立一个皇后，不应该立五个皇后。"可是太学博士西城郡何妥却迎合说："古时的帝喾有四妃，虞舜有二妃，先代帝王都这样，为什么现代帝王不可有五后呢？"宇文赟听后很高兴，对何妥大加赞赏，对辛彦之不满，就把他罢免了。

隋代玉饰件

宣帝夜夜欢歌，力尽精竭，于是就开始吃金石仙丹，不料搞得神经错乱，喜怒无常。他发明了一种刑法，名曰"天杖"，一打就是120大板。宫内官员侍从无不提心吊胆，惶惶不可终日，就连五位皇后也难免遭受此刑。杨皇后苦口婆心地进行劝说，没想到反而激怒了宣帝，招致天杖。杨丽华仍然一派安闲，毫无惊恐之貌，使宇文赟大怒，要赐死她。杨丽华的母亲独孤氏听闻此事，立刻赶到宇文赟面前谢罪，叩头到头破血流，才使宇文赟免去她的死罪。

北周大象二年（580年），宇文赟病重，于是刘昉、郑译假诏让杨坚领受遗命辅政。后来宇文赟逝世，而北周静帝宇文阐还很年幼，朝政遂由杨坚把持。杨丽华虽然原本并没有加入这场夺权计谋当中，不过一想到皇帝年幼，如果由别人掌政，恐怕不利于己。得知刘昉与郑译的举动之后，心里曾经有些高兴。后来杨坚将自己的意图展露出来之后，杨丽华反而言行举止中都表达出她的愤愤不平之气。开皇元年（581年），静帝禅位给杨坚，杨丽华极为愤怒，悲痛惋惜不已。杨坚既不能表面上谴责她，私底下也对她感到相当惭愧，便在隋开皇六年（586年）封她为乐平公主。后来又一度要她改嫁，她誓死不从，于是才停止改嫁的计划。

杨丽华与宇文赟的女儿宇文娥英，到了婚嫁的年龄，其外祖父隋文帝下旨为她选婿，奉皇帝的命令到弘圣宫聚集，等待相女婿的贵公子弟，每天都有数以百计的人。杨丽华亲自在帷帐之中，让参加选婿的贵公子弟们做自我介绍，并试他们的技艺。选不中的，就让他们出去。到幽州总管李崇之子李敏入试时，被杨丽华相中，选为女婿。

李敏假借一品的羽仪，其礼就如娶皇帝的女儿。后来将要侍奉隋文帝饮宴，杨丽华对李敏说："我把天下都给了皇上，只有一个女婿，我当为你求柱国之职。皇上如授你当别的官，你千万别致谢应承。"等到进见隋文帝时，隋文帝亲自弹琵琶，让李敏歌舞。隋文帝十分高兴，对杨丽华说："李敏现任何官？"杨丽华回答说："他只不过是一个白丁罢了。"隋

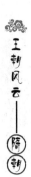

文帝对李敏说："现在授你仪同之职。"李敏不应承。隋文帝说："不满你的意吗？现在授你开府。"李敏又不应承致谢。隋文帝说："乐平公主对我有大功，我又何必对其女婿吝惜官职呢！现在授你柱国之职！"李敏这才拜谢隋文帝，隋文帝于是就在龙座上写诏书授任李敏为柱国，以本官身份在皇宫值班。

隋炀帝大业五年（609年），杨丽华陪隋炀帝到甘肃张掖出巡，病死于酒西（今甘肃省武威县），时年49岁。临终前向隋炀帝嘱托说："我没儿子，唯有一女。我不怕死，只是深深怜爱女儿和女婿。我现有的食邑，乞求转赐给李敏。"隋炀帝答应了她。炀帝返回京城时，把她的棺木带了回来，附葬于周宣帝的定陵。

杨丽华不过是父亲巩固权势的工具，嫁给宣帝后，却不受宠爱。后来，宣帝死后，她的亲生儿子宇文阐即位，她父亲杨坚辅政。岂料，正是她的父亲，夺了她儿子的皇位，建立了隋朝，把她由太后变成了公主，却终身拒绝再嫁。

历史学家蔡东藩评价说："杨后丽华，柔婉不忌，周旋暴君，接御妃嫔，颇有卫风硕人之德，及乃父受禅，愤惋不平，虽未能保全周祚，以视盈廷大臣之卖国求荣，相去固有间也。"

四、愍皇后身不由己，历五主恩宠不衰

隋炀帝愍皇后萧氏（567—647年），南兰陵人（今常州武进万绥乡人）。出身中古政治文化世家兰陵萧氏，梁朝昭明太子萧统曾孙女，父西梁孝明帝萧岿，母张皇后。

萧氏出生于二月，由于江南风俗认为二月出生的子女实为不吉，因此由萧岿的六弟东平王萧岌收养。萧岌夫妇收养萧氏不满一年，便双双去世。萧氏遂转由舅父张轲收养。张轲虽然为安平王萧岩僚属，但家境贫寒，因

此贵为公主的萧氏亦随之操劳家务。

开皇二年（582 年），隋文帝夫妇为次子晋王选妃于梁国，因为梁国诸公主的占卜结果皆不吉，于是从张轲府中迎回萧氏，占卜为吉，封为晋王妃。

年轻的晋王夫妇婚后琴瑟和谐，夫妻恩爱。成婚不久，晋王妃萧氏便随丈夫前往晋阳赴任。开皇四年（584 年）正月，晋王妃生下长子杨昭，即后来的元德太子。

开皇五年（585 年），晋王妃又生下次子杨暕。开皇六年（586 年），晋王妃生下长女，即后来的南阳公主。

杨广坐镇江南、大力拉拢江南士族和佛教高僧时，晋王妃梁朝皇室的出身和佛教信仰的背景为其在江南加分不少。

在晋王杨广决心夺嫡的时候，王妃萧氏亦全力支持。杨广想与心腹郭衍商讨夺嫡之计，又怕无故往来招人非议，便借口晋王妃萧氏为郭衍之妻治病，郭衍夫妇方能往来江都。

每当独孤皇后派遣宫人前往探视晋王夫妇时，王妃往往与宫人同寝共食，借以讨好独孤皇后。

此时杨勇已被立为太子，却因冷落了太子妃元妃引起了严治后宫的母亲独孤皇后不满。杨广借机而入，在母亲面前极力装出一副仁孝的样子，还有意做出疏远萧妃专心政务的姿态。聪明识大体的萧妃也在一旁积极配合他，还时常到独孤皇后那里哭诉杨广只顾政务冷落了自己。如此一来，他们夫

萧后凤冠

妻二人终于打动了独孤皇后，最终废除杨勇太子之位，将杨广推上了太子的宝座。开皇二十年（600年），杨广终于如愿以偿被册封为太子，王妃萧氏亦随之成为太子妃。

一年后，独孤皇后病逝，隋文帝摆脱了妻子的严厉约束，开始沉溺于酒色，无心朝政，把行政大权交给了太子杨广。事实上，从仁寿二年（602年）以后，太子杨广就开始掌有皇帝之权了。一次隋文帝看到宠姬宣华夫人仓促从外面进来，神色异常，便询问她出了何事。陈氏痛哭流涕道："太子无礼！"隋文帝大怒："畜生！何足付大事！独孤误我！"于是命兵部尚书柳述、黄门侍郎元岩拟诏，要召回废太子杨勇。岂料消息败露，柳述、元岩二人被抓，杨广派亲信右庶子张衡入皇帝寝殿侍奉。仁寿四年（604年），隋文帝崩于仁寿宫，杨广登基为帝，次年改元"大业"，并册封萧氏为皇后。

宣华夫人听到隋文帝驾崩的消息后，顿时战栗失色，她失去了保护伞，曾被她得罪的杨广定不会放过她。当日薄暮时分，杨广派人送来一只锦盒，宣华夫人以为是让她自尽的鸩毒，迟迟未敢打开。经不住使者的一再催请，她双手颤抖地打开锦盒，里面竟是盛着一个五彩丝线编成的"同心结"。宣华夫人明白了杨广的心意，宫人们纷纷向她道喜，她自己的心情却杂乱如麻。此时，太子

《隋朝窈窕呈倾国之芳容图》

杨广已经在宫灯的引导下，悄悄前来会见宣华夫人。

隋炀帝觊觎已久的皇位终于到手，再也没有谁能约束于他了，因此，他彻底露出了他那贪欢好色的本来面目。萧皇后已与他做了十余年夫妻，他本是喜新厌旧之人，这时他又想到了宣华夫人。于是，他每日下朝后，便到宣华夫人处寻欢作乐，把个同舟共渡十余年的萧皇后冷落一边。萧皇后自然咽不下这口气，她利用皇后的权力逼迫宣华夫人迁往偏僻的仙都宫，断绝她与隋炀帝的来往。

自从宣华夫人远离后，隋炀帝惘然若失，整日郁郁寡欢，脾气也越来越暴躁，对萧皇后置之不理。萧皇后见此情景，知道采取这种强硬的方法并不能唤回隋炀帝的心，不如索性成全他们，自己也能讨得炀帝的欢心，反正自己已居后位。于是，她诚恳地对炀帝说："臣妾因笃念夫妻之情，才劝陛下遣去宣华夫人，岂料陛下如此眷恋，倒把妾看作是妒妇而不可理喻，是妾求亲而反疏也。不如传旨，召宣华夫人入宫，朝夕以慰圣怀，妾也能分享陛下之欢颜。"

隋炀帝听后大喜，急忙派人前往仙都宫宣召宣华夫人。使者回来时，没召来宣华夫人，却带回夫人所写《长相思》词一阕：

红已稀，绿已稀，多谢春风著地吹，残花离上枝。
得宠疑，失宠疑，想象为欢能几时，怕添新别离。

隋炀帝看了以后，明白宣华夫人的心思，她心中顾忌萧皇后，同时也想乘机断绝与自己的关系，以明旧志。隋炀帝当然不会就此罢手，当即依韵和词一阕：

雨不稀，露不稀，愿化春风日夕吹，种成千万枝。
思何疑，爱何疑，一日为欢十二时，谁能生死离。

　　他的爱意跃然纸上，又遣快马送往仙都宫。盛情难却，宣华夫人只得重施脂粉，再画娥眉，再入宫去。可惜美景不长，半年之后，宣华夫人一病不起。炀帝伤心欲绝，整天长吁短叹，再也打不起精神。萧皇后见状劝解道："宣华虽死，何不更选佳者，天下之大，难道就没有国色天香的丽人吗？"

　　一语惊醒了沉醉于旧梦中的隋炀帝，他只是贪恋宣华夫人的美色，只要另有美人填补，他便可以忘却伤心。于是他一边下诏广征天下美女，一边派遣匠作大将宇文消总管营建东都洛阳，先建显仁宫，后修西苑，广泛搜罗海内外奇材异石，佳木珍草充实其中，准备安置好美女后，他便可以在那里尽享人间乐趣了。

　　纵然萧皇后有天仙般的美貌，但隋炀帝早已司空见惯，不以为奇了，所以一心征选新的美女入宫。而萧皇后深知这个风流的皇帝丈夫，不会像他父亲那样容易就范，自己也不具备独孤皇后那样的专制本事，皇帝拥有三宫六院、成群嫔妃又素有古制。因此只好放宽心思，睁一只眼闭一只眼地随机识趣了。其实，不能不说萧皇后这是明智的举措，位极至尊的皇帝反正也管不了，不去惹他反而保全了自己。正因为萧皇后的忍让大度，所以沉湎于酒色的隋炀帝对她一直十分礼敬，自己享乐也不忘了萧皇后。

　　西苑的16院已建成，但尚且缺少美女主持其中，于是隋炀帝与萧皇后一道，从应征而来的天下美女中，选出品端貌妍的16人，封作四品夫人，分别主持各院，这16院分别为：景明院、迎晖院、栖鸾院、晨光院、明霞院、翠华院、文安院、积珍院、影纹院、仪凤院、仁智院、清修院、宝林院、和明院、绮阴院和降阳院；接着又选出320名美女学习吹弹歌舞；次一等的则分为10人一组，分配到各处亭台楼榭充当职役。

　　隋炀帝偕同萧皇后在西苑泛舟湖上，在亭榭里赏花，在海山殿上饮宴并欣赏歌舞，在嫩草如茵的草坪上驰马追逐嬉戏，其乐融融。然而，待到华灯初上之时，16院的女主人，个个打扮得花枝招展，由宫女簇拥着站在院门前由隋炀帝挑选，隋炀帝与萧皇后同辇流览，隋炀帝看到中意的便下辇到该院留宿，与该院主人欢度良宵；此时，萧皇后就独自乘辇知趣地离开，回到海山殿独守幽苑。

隋炀帝即位后，多有失德，萧皇后多次婉谏无果。杨广曾数次下江南，萧皇后必随行，史书中也记录有许多杨广对萧氏所说的话。对于杨广的暴政，萧皇后因为惧怕而不敢直述，而作《述志赋》委婉劝诫。萧皇后正位中宫之后，兰陵萧氏作为外戚，获得了不少恩遇，《隋书》记载："琼之宗族，缌麻以上，并随才擢用，于是诸萧昆弟，布列朝廷。"萧皇后的亲人也得到了隋炀帝不少关照。

在隋炀帝放荡酒色之际，萧皇后却冷冷清清地度过一个又一个寂寞的长夜。不久，海山殿的护卫校尉宇文化及年轻英俊的身影深深映入了她的眼帘，她心生爱慕，施以恩爱。其实宇文化及也早就被这位美丽而孤独的皇后迷住了，但碍于她的身份，并未表达心中所想。这次皇后主动示爱，他当然要抓住时机。从此，宇文化及借其职位之便，乘隋炀帝梦醉迷宫时，悄悄与萧皇后相会。

为了饱览江南秀色，隋炀帝下令凿通了连及苏杭的大运河，然后带领萧皇后及众多佳丽浩浩荡荡游幸江都。隋炀帝下江南时，只见运河中舳舻相接绵延二百余里；骑兵沿岸护卫，旌旗蔽野；龙船摇橹拉纤的都是年轻的宫女，柳腰款摆，姿态曼妙，让隋炀帝大饱眼福，谓之"秀色可餐"。而宫女们梳妆洗下的脂粉流满了运河，香气数月都未散尽。大业六年，扬州壮丽的离宫落成，隋炀帝偕同萧皇后再次游幸江都，炀帝还写下了著名的《春江花月夜》一诗：

暮江平不动，春花满正开。

流波将月去，潮水带星来。

夜露含花气，春潭漾月晖。

汉水逢游女，湘川值二妃。

然而，这种艳丽奢侈的享受，不知搜刮了多少的民脂民膏，民怨四起。大业十二年（616年），杨广带领后妃、文武百官第三次下江都，至此，隋王朝统治陷入分崩离析，因杨广长期滞留江都，臣下大都怀有贰心，有宫女禀告皇后说："在外听说人人都想要造反。"萧皇后说："你去奏报陛下。"于是宫女向杨广禀告了这件事，杨广大怒说："这不是你该说的话！"将宫女处斩。后来又有宫女来对萧皇后说："宿卫们三三两两地商议谋反。"萧皇后说："天下大事到了这个地步，大势已去，无法挽回。何必禀告呢，徒令陛下增添烦恼而已！"从这以后没有人再说这事。

第三次来到江都之时，可惜江都的繁花已开尽，隋炀帝又想东游于会稽，便命人开凿通会稽的江南河，谁料运河尚未凿成，天下已经大乱。太原留守李渊攻下长安，宇文化及与兄长宇文智及在扬州起兵造反。大业十四年（618年），江都政变，身在行宫的杨广被叛军宇文化及等所弑。

此时，宇文化及已经升迁为右屯卫将军了，好几年不曾单独与萧皇后相处，这次杀死隋炀帝，也

隋代陶塑

多半出于迫不及待地要与萧皇后相会的心愿。萧皇后万万没有想到领兵作乱的贼子是宇文化及，她责备他恩将仇报，愤怒地要求他为隋炀帝按天子之制举行厚葬。宇文化及满足了她的要求。之后，萧皇后无可奈何地成了宇文化及的偏房。宇文化及沉迷于美色，很快便忘了自己的政治扩张。这时，窦建德在中原一带起兵，并节节胜利，直捣江都。宇文化及抵挡不及，节节败退，最后带着萧皇后退守魏县，并自立为帝，萧皇后遂成为淑妃。

没过多久，魏县又被攻破，宇文化及仓皇退驻聊城，窦建德率军乘胜追击，最终攻下聊城，宇文化及被杀。此次距隋炀帝之死，还不过一年之久。取得胜利的窦建德又被萧皇后的美色迷住，将其收为己妾，在乐寿地方纵情于声色之娱。

无奈窦建德的原配妻子曹氏是个狠角色，她对窦建德迷恋萧皇后一事从中横加干涉，常在二人浓情蜜意之时不期而至，撒泼发怒。此时北方突厥人的势力迅猛地发展壮大，有直逼中原之势。原来，远嫁给突厥可汗和亲的隋炀帝的妹妹、萧皇后的小姑义成公主，听到李渊已在长安称帝，又打听到萧皇后的下落，就派使者前来到乐寿迎接萧皇后。窦建德不敢与突厥人正面发生冲突，就只好乖乖地把萧皇后交给来使。

战乱中的萧皇后经历了一次又一次的感情波折，她的心被伤得已是千疮百孔。比起这个伤心之地，她更愿意远走大漠，以结束自己对命运的嗟吁婉叹，更希望在一个新环境下，自己有一个新的生活。

然而，萧氏的命运并未像她期许的那样。突厥可汗见到萧皇后的风采，顿感天下之美都集于此女一身，迫于无奈，萧氏便由隋天子的皇后变成了番王的爱妃。时势至此，命运已经不能由她自己掌握，那也就只有听天由命吧！

后来，老番王死了，由颉利可汗继位，按突厥人的风俗，老番王的妻妾——义成公主与萧皇后姑嫂二人遂被纳入新任番王的帐下。10年之后，也就是唐太宗贞观四年（630年），唐朝大将李靖大破突厥，迎回了萧皇后。再次回到中原的萧皇后已经60多岁了，到达长安以后，受到唐太宗的礼遇，"赐宅于兴道里"。萧皇后在长安又生活了十多年，贞观二十一年（647年），81岁的时候去世。唐太宗以后礼将萧皇后葬于炀帝之陵，上谥愍皇后。

第二编

风云人物

　　隋朝存在的时间不是很长，只有几十年，跟有几百年的不能比拟。可是守护隋朝几十年的人物都不是一般的人物。在这么一个短短的朝代，为了这个朝代付出的功臣名将，他们要才华有才华，要武力有武力。也许他们没有唐朝名将的名气，但是没有一样输给这些有名之人。隋末乱世，农民起义、地方割据的枭雄，也可谓是一个接一个，上演了一幕幕英雄传奇。

第一章 功臣名将

一、左右时局堪大任，时运不济屡遭贬

李德林（532—592 年），字公辅，博陵安平（今河北安平县）人。隋朝开国元勋、史学家，唐朝宗正卿李百药之父。

李德林生活于封建时代由分裂走向统一的社会动荡时期，一生入仕北齐、北周和隋三朝，特别有功于隋。在隋朝的统一进程中，从杨坚入总朝政、平定三总管之乱以至平陈战争等各个环节，李德林于幕后策划一些具体的行之有效的军事行动方略，起到了左右时局的重大作用，是隋朝统一的积极推动者之一。

李德林出身赵郡李氏汉中房，博览群书，善于属文，幼称神童，孝闻天下。举秀才出身，初仕北齐，累拜中书侍郎，掌管机密。北周灭齐后，周武帝以为内史上士，负责诏令文书，礼遇有加。后来，辅佐隋文帝即位，拜内史令，策划平陈方略，封柱国，封安平郡公。

开皇十二年（592 年）去世，时年 61 岁，追赠大将军、廉州刺史，谥号为文。著有文集 80 卷和《齐史》。

李德林于北魏孝武太昌元年（532 年）出生于一个官宦世家。其祖父李寿，曾任湖州（今浙江湖州）户曹从事。父亲李敬族，历任太学博士、

镇远将军，并于东魏孝静帝时出任内校书，参与朝廷机密。富贵安逸的家庭环境使李德林从小就有机会饱读诗书，并在达官贵人中显示自己的才华，为日后的飞黄腾达铺平了道路。由于李德林早已声名远播，因此，想招揽他的大有人在。先是定州（今河北定县）刺史王湝把他召入州馆。

天保八年（557年），他通过推举秀才到朝廷参加考试的方式，把李德林作为秀才送到

隋朝武士

了都城邺京。王湝还亲自写了一封书信给尚书令杨遵彦，称赞李德林的才华和贤德。杨遵彦见王湝如此推崇李德林，也怀着好奇心想见识一番。当即要李德林写一篇《让尚书令表》，李德林下笔如飞，一气呵成，连文句都不用修改。杨遵彦看了李文赞叹不已，又把文章拿给吏部郎中陆印观赏，陆印看完后，也是极为推崇。陆印断定李德林必成大器，要儿子陆义多与他交往，当时，尚书令杨遵彦主持考试选官，要求十分严格，参加考试的秀才很少有能选入一等甲科的。李德林在骑射、治国方略等五项考试中，样样名列前茅，得以选入甲科。因此，朝廷授给他殿中将军之职。这个官职只是一个既没有实权也没有具体事情可做的散官职位，当然不合李德林的心意。他满怀希望而来，却遭到冷落，于是一气之下，称病辞官回乡，闭门读书侍奉老母，过起了逍遥的生活。

北齐皇建元年（560年），孝昭帝高演下诏搜寻天下英才，李德林被选中送到晋阳（今山西太原）。得意之时，他即兴写了一篇《春思赋》，其文

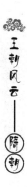

构思巧妙，文辞优美，被时人誉为文章典范。当时，长广王高湛为宰相，知道李德林是个人才，就把他召回邺京，与散骑常侍高元海等人共掌机密，授丞相府行参事之职。不久，高湛继位为帝，将李德林升为员外散骑侍郎，仍然让他掌管朝中机密。

天统元年（565年），北齐后主高纬继位，李德林又升为给事中，直中书，掌管诏书文件。不久，又升为中书舍人。武平元年（570年），李德林又升官至通直散骑侍郎，受命与中书侍郎宋士素、副侍中赵彦深一起共掌机密。武平三年（572年），朝廷任命李德林为中书侍郎，负责修订国史，后来，齐主认为他的文章写得漂亮，又把他调入文林馆，与黄门侍郎颜之推共同管理文林馆。武平五年（574年），李德林因业绩升为通直散骑常侍兼中书侍郎，后又被授予仪同三司的礼遇。

不久，北齐灭亡，李德林的人生又揭开了新的一页。

具有雄才大略的周武帝在灭北齐的过程中，很注意收揽人才。由于李德林早已名声在外，当然也在被招揽之列。周武帝进入北齐都城邺京后，当天即派小司马唐道和到李德林家中传谕圣旨："朕灭北齐最大的收益，就是能得到您这样的人才。我很担心阁下跟着齐王向东逃跑。现在听说您还在家中，朕感到十分欣慰，请您赶快来与朕相见。"李德林受此恩宠，大为感激，当即跟随唐道和到行辕中参拜武帝。一番寒暄之后，周武帝免不了要向李德林询问治国方略。李德林对答如流，其真知灼见令武帝十分佩服。武帝又让内史宇文昂向李德林询问，了解北齐的政治制度、教育制度、人物善恶和风俗等状况，两人在内省之内一直谈了三天三夜，李德林才回家。周武帝对北齐故地进行了一番安排之后，起驾返回长安。李德林也随他前往，被授予内史上士，负责处理草拟诏书、文告以及选用原北齐人才为官等事项。从此，李德林又成了北周的宠臣，其受宠的程度远远超过了他在北齐的境况。宣政末年（578年），李德林升为御正下大夫，周静帝大象元年（579年），旋又被赐封为成安县男爵。

正当李德林准备大展宏图之时，北周的统治者却越来越荒淫无道。导致了社会矛盾的激化，政局动荡不安。外戚杨坚借机搜罗党羽，形成了一个庞大的统治集团。周宣帝死后，杨坚受命辅佐年轻的周静帝，控制了北周的军政大权。

大象二年（580 年），杨坚任辅佐大臣之后，马上把李德林召入府中，同他商议大事。此后，李德林屡献奇谋，成为杨坚的重要谋士之一。开皇元年（581 年），杨坚担当大丞相之后，李德林出任丞相府属，加仪同大将军的荣誉，参与丞相府的所有机密要事。同年，周静帝被迫退位，禅位于杨坚，杨坚登上皇帝宝座，改国号为隋，建元开皇。在演绎"禅让"这出戏的过程中，有关通知全国的文告、玺文、诏书以及杨坚身着龙袍登基的礼仪文章等，全部都出自李德林的手笔。李德林在杨坚代周立隋的过程中立下了大功，所以，杨坚立隋称帝后，即任命李德林为内史省（决策机构）的内史令，使他与掌管尚书省的左仆射兼门下省长官纳言的高颎、内史省内史监兼尚书省吏部尚书的虞庆则同为宰相。

开皇元年（581 年），李德林与高颎、苏威等人重新修订律令，制成《开皇律》。《开皇律》颁布实施后，律令的主要制定者苏威多次提出要对其中的某些条文加以修改。李德林每次都加以反对。他认为：法律条文一旦颁布实施后，应该在一定时期内保持它的稳定性。即使有小小的疏漏，只要不危害国家、祸及百姓，最好是不要朝令夕改，以免让老百姓无所适从。由于杨坚手下第一权臣高颎同意苏威的建议，认为李德林过于迂腐固执，不切合时宜，于是杨坚尽数采纳了苏威的建议，而李德林却落了个专与苏威作对的名声。

杨坚自立国以后，一直想征讨南陈，完成统一大业。李德林也多次向杨坚进献灭陈的计谋。开皇八年（588 年），杨坚在完成对南陈作战的部署后，前往同州（今陕西大荔县）土地庙拜祭，李德林因病未能随行。灭陈战役打响后，杨坚又经常派人向李德林询问计策，然后转交给晋王杨广。统一

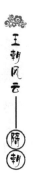

江南之后，杨坚论功行赏，准备加授李德林上柱国，爵位升为郡公，还赏给了他大批土地财物，连诏令都由晋王杨广代为宣布了。这时有人对高颎说："灭南陈，是由皇上一手策划、晋王杨广和诸位将士齐心协力、奋勇杀敌的结果。现在把功劳都归于李德林，诸位将领必定愤愤不平。您自己的功劳也被李德林掩盖了。而且，在后人看来，您不成了无所作为、白白随军一场的人了吗？"高颎本来就排斥李德林，于是禀告杨坚，力陈不应重赏李德林，没想到杨坚真的听信了高颎的言论，下令收回对李德林的赏赐。李德林多年未得到升迁，心中早就不满，这次南灭陈国，自己献计献策，立下大功却得不到丝毫赏赐，免不了心中不满，却又无可奈何，从此便郁郁寡欢。不久，杨坚就在朝堂斥责李德林屡屡与自己作对，藐视皇上的权威，随即任命他为湖州刺史。李德林已年届 60，不想离开自己长期生活的京城，只得叩头谢罪，杨坚无情地拒绝了他的请求，只是由湖州刺史改派为怀州刺史。

李德林到怀州就任刺史时，正好赶上当地发生大旱，李德林想干出点成绩来，就督促州里百姓四处挖井，想借此解决灌溉问题。谁知此举根本就于事无补，反而劳民伤财，使百姓怨声载道。因此，李德林受到了考司官员的严厉责备。担任刺史一年多后，李德林在忧愤伤感中死去，享年 61 岁。

二、灭陈活捉陈叔宝，驻屯金城御胡人

韩擒虎（538—592 年），原名韩擒豹，字子通。河南东垣（今河南新安县）人，后迁居到新安。隋朝著名将领。

韩擒虎的父亲韩雄，以勇猛有气节而闻名，在北周做官，官职到大将军，洛阳、虞州等八州刺史。韩擒虎身材高大，气力过人，武艺娴熟，又很喜欢读书，经史百家都能略知一二。北周周武帝时，韩擒虎劝降齐将，击退南陈对光州（今河南光山）的进攻，平定合州（今安徽合肥），多有战功。

杨坚为丞相时，韩擒虎受命迁任合州刺史。陈将甄庆、任蛮奴、萧摩诃等常有侵扰，屡被韩擒虎所挫。

北周大定元年（581年），杨坚取代北周，建立隋朝。隋文帝怀有灭掉陈国、实现全国统一的志向，于是他遴选了有才能的军事将领，驻守江淮。杨坚素知韩擒虎具有文才武略，于是拜为庐州（今安徽合肥一带）军事总管，并委以平陈重任，整军经武，训练士卒。

韩擒虎

隋开皇八年（588年）十月，杨坚调集50余万军队南下伐陈。韩擒虎率所部几万人马于年底抵达长江北岸的横江一带（今安徽和县东南），伺机发起渡江战役。陈朝驻防长江的将领飞骑报警，但是，荒淫无道的陈朝皇帝陈叔宝却不以为然，竟然不做战斗准备，照旧在皇宫里花天酒地，纵情玩乐。为了庆祝元会（即春节），他还下令坐镇九江、京口（今江苏镇江）的两个儿子，率领沿江战船回建康过年。韩擒虎侦知这一情况后，决定充分利用陈军的麻痹情绪，采用偷渡的方式于元会之夜突破长江天险。

开皇九年（589年）正月初一半夜，韩擒虎亲率500精兵从长江北岸的横江渡口出发，利用夜色作为掩护，乘轻舟向南岸的控制长江的战略要点——采石驶去。陈军对此地也进行了重点防范，驻有5000人马。但是，防守采石的陈军将士，谁也没有想到隋军会在过年的时候发动进攻。正当他们开怀畅饮年夜美酒之时，韩擒虎的偷袭船队毫无阻碍地驶达南岸。韩擒虎以迅雷不及掩耳之势，胜利占领了江防重地采石。韩擒虎袭占采石后，随即命令主力部队渡过长江。接着，挥军向东，逼近建康。因韩擒虎对俘

获的陈军将士全都优待或释放，有效地瓦解了陈军斗志，沿江陈军大都望风而降。

建康地势险要，一向有"虎踞龙盘"之称，陈朝在建康城内外尚有10万余人马。昏聩愚蠢的陈叔宝不采纳大将提出的闭城固守、袭击隋军后路的主张，竟然儿戏似的命令陈军统统出城迎战。这样一来，建康城内部就完全空虚了。善于出奇制胜的韩擒虎迅速抓住了陈军的这一致命弱点，果断决定，趁城内空虚之机，以精兵突入建康，杀进皇宫，捉拿陈叔宝，促使城外陈军不战自溃。

正月二十日，正当隋军同陈军激烈战斗之际，韩擒虎将大军交给副将指挥，自率500精锐骑兵首先插到了城南的石子冈（今南京雨花台），准备从正南门入城。正在这时，陈朝大将任蛮奴带着几名亲骑到石子冈向韩擒虎投降，他立即令任蛮奴带路，直奔正南门。在任蛮奴的引导下，韩擒虎兵不血刃,迅速进入陈朝的皇宫。经过搜查,从一口枯井中俘获了陈叔宝。数万陈军闻知天子已被韩擒虎俘虏，军心顿时瓦解，纷纷放下武器向隋军投降。

正月二十二日，杨广进入建康，他令陈叔宝写了一道命令各地陈军向隋军投降的手诏，以此招降了长江上游及江南各地的陈军余部。西晋末年以来长达300年的分裂局面终于结束了。

战后，贺若弼妒忌韩擒虎活捉陈叔宝的功劳，韩擒虎也不谦让，两人因争功还动起了兵刃。等到回到京城，贺若弼和韩擒虎又在隋文帝面前争功。

贺若弼说："我在蒋山殊死作战，打败敌人精锐的部队，活捉敌人的勇将，威风大振，于是平定陈国。韩擒虎并不怎么与敌人交锋，怎么能与我的功劳相比！"

韩擒虎说："我奉晋王的指示，让我和你的军队合在一起，来攻打陈国都城，你贺若弼竟敢在我前面冒险出兵，一遇到贼人就展开战斗，致使将士们死伤很多。我带领精锐的骑兵 500 人，武器不沾血，就攻下金陵，使任蛮奴投降，捉住陈叔宝，占据他们的府库，把他们的巢穴都倾覆了。贺若弼到晚上，方才叩响北掖门，我打开城门接纳他。他连补救罪过都来不及，怎能与我相比！"

杨坚无法，只好采取和稀泥的办法，说他俩的功劳一般大，拜二将为上勋，晋升韩擒虎为上柱国，赐绢 8000 段。

开皇十一年（591 年），杨坚另封韩擒虎为寿光县公，食邑千户，授凉州（今甘肃武威）行军总管，驻屯金城（今甘肃兰州），以防御胡人侵扰边疆。不久，韩擒虎回到长安。开皇十二年（592 年）病逝，时年 55 岁。

三、将门虎子虞庆则，创隋元功退突厥

虞庆则（？—597 年），本姓鱼，字庆则，京兆栎阳（今陕西省西安市阎良区）人。北周隋朝时期名臣。

1. 将门虎子，创隋功臣

东汉末年，在黄巾农民大起义的沉重打击之下，汉廷中央统治日益衰微，各地官吏和地主豪强势力展开了割据和兼并混战，边地的各少数民族势力亦乘机内犯，参与竞争，大有问鼎中原之雄心。一些民族或割据一方，或统一局部，纷纷建立了自己的政权。

这其中，匈奴族的一个分支铁弗部率先大量内迁，并在西北地区建立"大夏"政权——虞庆则的祖先正是因为侍奉铁弗部赫连氏，举家入籍灵武，其家族世代都是北方的豪强。北周时，其父虞祥出任灵武（今宁夏吴忠境内）太守，后迁居京兆栎县（今陕西临潼北）。

虞庆则出身豪强，幼年便表现出英武刚毅，性情洒脱豪爽，身高八尺，胆识过人，能披重铠，挂两袋箭，在奔跑的马上左右开弓，此外还精通鲜

卑语，当地的豪杰对他是又敬又畏。

虞庆则起先以打猎为业，不久后树立气节而读书，仰慕傅介子、班仲升的为人，从此文武双全。不久，便在北周任中外府行参军，慢慢升至外兵参军事，袭封爵位沁阳县公。

宣政元年（578 年），被北周武帝授予仪同大将军，出任并州（今山西太原）总管长史。

大成元年（579 年），又被授予开府。当时，稽胡多次反叛，越王宇文盛、内史下大夫高颎讨伐平定、准备撤军之际，商议此地应由一位文武干略兼备者镇守，于是上表请求任用虞庆则。

由此，虞庆则被任命为石州总管。他在任上，威严而有惠政，境内清静整齐，稽胡中仰慕他的义气前来归附者，超过 8000 户，诚不负高颎付托之重。

暴虐的北周宣帝死后，其天元大皇后杨丽华之父杨坚，以外戚之势夺权称帝，是为隋文帝。杨坚即将称帝前，虞庆则力劝杨坚将北周皇族宇文氏尽数消灭，高颎、杨惠也支持其看法。隋文帝于是采纳他的意见，诛杀北周皇族。

等到北周禅位于隋的当天，虞庆则担任司录，并请求设祭坛于东边的府第，全程参与禅位之礼。

开皇元年（581 年），虞庆则被升为大将军，并被任命为内史监、吏部尚书、京兆尹，封彭城郡公，并担任营建新都的总监，一身而兼三要职，其见重之深，由此可知。

2. 击退突厥，出使突厥

隋初，突厥可汗沙钵略（名摄图）早有南下野心，其妻即原北周的千金公主，亦对隋文帝杨坚以隋代周怀恨在心，故极力鼓动沙钵略对隋朝用兵。

开皇二年（582 年），沙钵略率 10 多万突厥大军，分东西两路齐头并进，同时越过河南、河西地区，并从木峡吴（今宁夏固原西南）和石门关（今宁夏固原西北），向隋朝的京畿腹地进犯。一时间，武威、天水、安定、金城、上郡、弘化、延安等地皆被袭掠，对刚刚建立不久的隋朝政权构成极大的威胁，虞庆则被任命为元帅之一，抗击突厥。

朝廷命令右仆射虞庆则率军驻防弘化（今甘肃庆阳境内），防备敌军从灵州道、原州道内犯。当两地失守后，隋文帝再命令虞庆则领兵出原州道，河间王杨弘领兵出灵州道，左仆射高领兵出宁州（今甘肃宁县），各为元帅，分别迎击来犯之敌。虞庆则的部将韩僧寿、杨洗等在鸡头山（今六盘山）和原州（今宁夏固原市）大败来犯之敌。

但是，由于部署不当，士卒因为严寒被冻掉手指有 1000 多人。其部偏将达奚长儒的骑兵 2000 多人在侧翼阻击突厥被围，形势危急，虞庆则却紧闭营门不救，致使达奚长儒重伤五处，其部下死者有百分之八九十，代价惨痛。然而，隋文帝却并没有责罚他，不久之后更是升任其为尚书右仆射，荣宠至极，在当时，与高颎、杨雄、苏威并称为"四贵"。

南犯失败后，突厥内部出现分裂，达头可汗等称雄于西部，称西突厥，

隋·敦煌壁画·牛车马、山林

并经常对摄图所据东方的东突厥进行侵犯。东突厥国主摄图见隋朝政局渐趋安定，国力渐长，欲借隋朝之力对抗西突厥而想要归附隋朝。于是，请求朝廷派一名重臣前往谈判。开皇四年（584年），虞庆则出使突厥。

虞庆则到达突厥后，摄图依仗自己强大，开始想与隋朝分庭抗礼。虞庆则以过去的事责问他，摄图不服，虞庆则的随使长孙晟最终说服突厥国主。摄图及其弟叶护于是拜受诏命，称臣朝贡，愿永为藩附，并对虞庆则赠马千匹，并把自己的女儿嫁给他，以结盟好，并于次年率部众内迁，寄居到白道川（今内蒙古呼和浩特市北部白道溪一带），对隋朝进贡不绝，使得北方摆脱了战乱，广大边民得到了一定程度的休养生息。

虞庆则使突厥时，隋文帝曾对他说："我要存立突厥，他们要送马给你，你可以接受五三匹。"然而，虞庆则在这次出使劝降中违背隋文帝杨坚的旨意，其所接受的马匹超过隋文帝所限的200倍；而且他同时接受摄图可汗嫁女，虽然可视为摄图对隋文帝称臣之意，亦难免在隋文帝心中，留下虞庆则擅作威福的阴影。但是，隋文帝以其劳苦功高，未加深究，反而拜授他为上柱国，晋爵鲁国公，食邑任城县1000户，并诏令将彭城公授予他的次子虞义。

3. 同僚倾轧，平叛枉死

开皇四年（584年），检校潭州总管桂州人李世贤作乱，时任右武候大将军的虞庆则与行军总管权武率军平叛。

开皇九年（589年），隋文帝平陈之后，到晋王府设酒宴招待群臣。高颎等大臣为杨坚举杯祝酒，杨坚说："高颎平定江南，虞庆则降服突厥，功劳都非常大。"杨素说："都是因为皇帝的威德所致的结果。"虞庆则说："杨素前番出兵武牢、硖石，如果不是皇帝的威德，也没有克敌的可能。"于是二人互相揭短。御史想要弹劾他们，隋文帝说："今天以计议功劳为乐事，不宜弹劾。"等到观看宴射时，虞庆则说："臣子蒙皇帝赐酒食，令我们欢乐。

但是御史在侧，恐怕最后失态被弹劾。"杨坚于是赏赐御史酒食，让他出去。虞庆则为皇帝祝酒，君主非常高兴，对群臣说："饮完此番酒，愿我与诸公及其子孙像今天这样，永享富贵。"于是，改封其为右卫大将军，不久又改为右武候大将军。

开皇十二年（592 年），虞庆则与蜀王杨秀查办尚书右仆射苏威朋党一案，致使苏威被免职。

开皇十七年（597 年），岭南南宁一带的李贤，占据本州举兵反隋。隋文帝商议准备讨伐，诸将多人请求前往，隋文帝皆不许，独对虞庆则说："官位是宰相，爵位是上公，国家有贼人作乱，却没有出行的打算，这是为什么？"虞庆则惶恐请罪，于是隋文帝派他出征，任命他为桂州道行军总管，率军征讨李贤。

虞庆则此番南征，以他的内弟赵什柱为随军长史。而赵什柱暗中与虞庆则的爱妾私通，他经常担心事发，于是就散布流言说："虞庆则不想出征。"流言很快被隋文帝获悉。以前，朝臣大将出征，皇帝都要设宴送行，赏赐礼物而后出发。等到虞庆则南征向隋文帝辞行，隋文帝脸色不悦，虞庆则于是也怏怏不乐，颇不得志。等到李贤之叛被平后，虞庆则来到潭州临桂镇，观察形势眺览山水后说："此地确实险固，如果粮食充足，若有得力的人镇守，一定攻不下来。"于是他命赵什柱赴京报告军中事务，借机观察皇帝的态度。但是赵什柱到京后，却诬告虞庆则谋反。隋文帝察验之后，诛杀虞庆则，并拜赵什柱为柱国。

四、杨处道英杰之表，助夺宗宠遇无比

杨素（544—606 年），字处道，弘农郡华阴县（今陕西华阴市）人。隋朝权臣、诗人、军事家。北魏谏议大夫杨暄之孙、北周骠骑大将军杨敷之子。

　　杨素历经魏、周、隋三朝，处于南北分裂、大动荡到大统一的年代。他的政治生涯可分为前后两个阶段。他在前半生曾帮助周武帝伐齐统一北方，入隋后协助杨坚平定陈，而后又多次击败入侵的突厥，捍卫了隋朝的北部边疆。在消除南北分裂、统一中国的战争中，他充分发挥了军事才能，建立了不朽的丰功伟业。他的后半生，也就是从52岁起登上相位，特别是高颎被罢相，由他一人独揽相权的最后8年里，他嗜杀成性，嫉贤妒能，尤其是后来，他擅权误国，废太子杨勇而立杨广，并帮助杨广篡夺帝位，使自己堕落成奸雄。

　　杨素颇具军事才能。作为名将，他善于用兵，以严刑酷法治军而著名。每次作战，他必令一二百人冲锋，取胜则封赏士卒，失败则一律处死。因此，将士在战场上都能以死相拼，令敌方胆战心寒。加之赏罚分明，士卒都愿意为他用命。周武帝亲征北齐，杨素为先锋。杨素不负众望，一路过关斩将，攻克河阴、晋州，并协同周军其他各部攻占了齐都邺，消灭了北齐政权，由此深得皇帝的赏识。后周右大丞相杨坚与杨素同族，为拉拢杨素，拜杨素为大将军，将他倚为亲信。

　　以后，尉迟迥曾起兵反对杨坚，杨素率军打败了尉迟迥的部队，为杨坚称帝扫除了障碍。建立隋朝后，杨坚为统一中国，派杨素、韩擒虎、贺若弼三位名将统率主力军直指南方陈朝的都城建康。杨素率水军所向披靡，历经40余战，一举亡陈。隋文帝杨坚为表彰杨素的功绩，任命他为

杨素

尚书右仆射，与尚书左仆射高颎共掌朝政，时年 52 岁。

　　杨素虽以军功而官至宰相，但政治才能上却远不及高颎。为维护自身利益，杨素施展权术，屡屡讨好隋文帝，甚至受命为隋文帝监造仁寿宫，从而获得了"忠孝"的美誉，使隋文帝对他深信不疑。

　　隋文帝晚年时，发生了争夺太子之位的事件。太子杨勇有治国之才，但喜好声色犬马，且不善掩饰，多次受到隋文帝的批评。隋文帝次子杨广，觊觎太子之位已久，为取得隋文帝的信任，就刻意矫饰自己的行为，还贿赂宫中官吏，上下皆称杨广"仁孝"。于是隋文帝欲废太子杨勇而立杨广为太子。此事遭到宰相高颎的反对。高颎因此而被罢官。杨素对废太子之事沉默不语，欲坐收渔翁之利。及至独掌相权，便成为废立太子的关键人物。他与杨广的生母独孤皇后勾结，罗织杨勇的罪名，使隋文帝偏听偏信，将太子杨勇废为庶人。隋文帝废勇立广，最终导致隋朝在他死后不久便分崩离析。而这个恶果与杨素的助纣为虐具有直接关系。

　　杨素在独掌相权的 8 年里，权势膨胀，其族人虽无军功政绩，却官至柱国、刺史。他利用废立太子问题，大肆排斥政治异己。朝野上下阿谀奉承之徒得到重用；仗义执言或有违杨素之意者，却遭诛杀、流放。隋文帝的第四子蜀王杨秀对废太子之事不满，杨素便在隋文帝面前诋毁杨秀，杨广也乘机与杨素合谋，作伪证陷害杨秀企图谋反，隋文帝遂将杨秀废为庶人，囚禁在内侍省。

　　名将史万岁、贺若弼、韩擒虎都是开国名将，杨素害怕他们威胁自己的地位，视他们为眼中钉，多次在隋文帝面前进行离间活动，诬他们为"秀党"，以致史万岁被杀，贺若弼被囚。杨广执政后，将贺若弼与高颎一同杀害。尚书右丞李纲刚直不阿，不愿与杨素同流合污，杨素对他怀恨在心。当交州（今广西及越南境内）俚帅李佛子叛乱时，杨素就推荐瓜州（今甘肃瓜州县）刺史刘方为交州道行军总管，又向隋文帝建议，让李纲为行军司马。接着，杨素又授意刘方任意凌辱李纲，几乎置李纲于死地。杨素以莫须有

的罪名残酷迫害那些威胁自己相位的大臣，其阴险残忍令人发指。

杨素还利用自己的权势，肆无忌惮地兼并土地，霸占了无数田产、房屋。此外，他还巧立各种名目，横征暴敛，积聚钱财，使他成为隋朝最大的官僚地主。杨素的家中，有数千家童供其役使，家藏娇妻、美妾、侍婢、艺妓数以千计。他的宅第，足可与皇宫媲美。

杨素帮助杨广篡夺帝位后，杨广为报答他，任他为尚书令、太子太师，次年又进位司徒，成为隋朝独一无二的宰相。但隋炀帝杨广在自己地位稳固后，也开始对杨素日益膨胀的权势感到恐惧。

有一次隋炀帝邀请杨素一起钓鱼，并打赌二人同钓，先得者为胜，迟得者罚一杯酒。

过不多时，隋炀帝接连钓了两条鱼，并向杨素炫耀。杨素向来争强好胜，此时面上微有怒色，便说道："燕雀安知鸿鹄之志。待老臣试展钓鳌之手，钓一个金色鲤鱼，为陛下称万年之觞何如？"隋炀帝见杨素说此大话，全无君臣之礼，心中不悦，借口上厕所，起身回了后宫，满脸怒气。

隋炀帝的皇后萧氏问为何怒愤还宫，隋炀帝道："杨素这老贼，骄傲无礼，在朕面前，十分放肆。朕欲叫几个宫人杀了他，方泄我胸中之恨。"萧后忙阻道："杨素乃先朝老臣，且有功于陛下；今日无故杀了，其他人必然不服；况他又是个猛将，几个宫人，如何杀他？而且他兵权在手，一旦刺杀不成将有后患。"隋炀帝觉得有道理，便回到了杨素身边。

隋炀帝见杨素坐在垂柳之下，风神俊秀，相貌魁梧，几缕如银白须，趁着微风，两边飘起，恍然有帝王气象。隋炀帝看了，有些妒忌。恰巧杨素这时钓上了一条一尺三寸的金色鲤鱼，向隋炀帝炫耀道："有志者事竟成，陛下以老臣为何如？"隋炀帝只好勉强作笑，实际上心中已经开始忌惮这个昔日功臣了。

隋炀帝的疑虑溢于言表，使精于权谋的杨素预感到灭顶之灾即将来临，因此忧郁成疾，不久，抑郁而终。

杨素死后，长子杨玄感继承了他的爵位。后来杨玄感起兵事败，遭到诛杀，杨素的家族也因受杨玄感的牵连都被诛夷。

唐朝宰相魏徵曾评价杨素前期"足为一时之杰"，后期"以阴谋智诈自立"。特别是在他登上相位后，不行仁义，做尽坏事，以招致万人唾骂。杨素集人杰、奸雄于一身，从功臣宿将走向乱国的奸臣，充分表现出这一历史人物的特殊性。

五、南下灭陈第一功，开皇盛世助推手

在隋代有一位名将，被史学家誉为"有文武大略"，他就是身居相位兼统帅的高颎。

高颎（541—607年），一名敏，字昭玄，渤海蓨（今河北景县）人。出身于官宦世家。父亲高宾先仕东魏，后投奔西魏，官至骠骑大将军、开府仪同三司、襄州总管府司录。

高颎"少明敏,有器局,略涉文史,尤善词令"，17岁步入官场。北周时，杨坚专断朝政，发现高颎"强明，久习兵事，多计谋"，引为心腹，委以重任。尉迟迥起兵反对杨坚。高颎自请率兵讨伐，大破之，因而升任柱国大将军，迁丞相府司马，"任寄益隆"。

隋文帝取代北周，建立隋朝，任命高颎为尚书左仆射、纳言，即宰相之一；同时兼任左卫大将军。高颎出任宰相所做的第一件大事是，领新都大匠，主持建造新的国都大兴城。大兴城规模宏大，布局严整，一年内主体竣工。高颎因功，又拜左领军大将军。

隋文帝开国后，在政治、经济、军事方面，实行了一系列的改革。高颎作为丞相，具体执行和落实各项改革措施，取得了显著的成效。他能文能武，明达政务，竭诚尽节，引荐贤良，苏威、杨素、贺若弼、韩擒虎等，都是由他推荐，而担任军政要职的。

高颎

开皇二年（582年），隋文帝命高颎节制诸军，准备攻灭南方的陈朝，统一全国。恰逢陈宣帝病死，高颎出于礼不伐丧的考虑，建议暂缓发兵，以争取民心。隋文帝询问灭陈之策。高颎说："江北江南气候不一样，庄稼成熟时间也不一样。我们可趁江南收获季节，扬言出兵掩杀，陈朝必定屯兵防御，足以废其农时。这样坚持数年，对方懈怠，那时我军齐集，登陆而战，事半功倍。"隋文帝采用这一计策，接连数年，果然使陈朝穷于应付，疲惫不堪。

开皇九年（589年），隋文帝命次子晋王杨广为统帅，统领大军伐陈。高颎任元帅长史，"三军皆取决于颎"。就是说，杨广只是名义上的统帅，而实际指挥作战的则是高颎。高颎精于军事，水陆并进，调度有方，一举攻克建康，俘虏了陈后主陈叔宝及其宠妃张丽华等。张丽华雪肤花颜，天姿国色。杨广贪恋其美貌，想留她一命，占为己有。高颎严正地说："周武王灭商，戮妲己；今灭陈国，不宜取张丽华。"他果断下令，将张丽华斩首。此举激怒了杨广，埋下了杨广仇恨高颎的种子。隋军班师，隋文帝封赏功臣，高颎升任上柱国大将军，封齐国公。

高颎功高权重，必然招致一些人的嫉妒和仇恨。包括杨广在内，暗放冷箭，攻击和诋毁高颎，诬称他有反心。隋文帝当时还算英明，真诚地告诉高颎说："公灭陈后，人云公反，朕已斩之。你我君臣道合，非小人所能离间也。"尽管如此，仍有人喋喋不休，中伤高颎。隋文帝大怒，把那些中伤者统统贬官。他说："高颎是一面镜子，每被磨莹，皎然益明。"一次，隋文帝让高颎和将军贺若弼讲述攻灭陈朝的详细情况。高颎非常谦虚，只顾推崇贺若弼，说："贺将军先献十策，后于建康城外苦战破贼。臣乃文吏，岂敢与猛将论功？"

其后，北方突厥侵犯隋朝边境。高颎出任元帅，深入大漠，予以回击。又有人放出流言，声称高颎意欲谋反。隋文帝尚在犹疑，高颎得胜还朝，流言不攻自破。开皇后期及仁寿年间，隋文帝变得不那么清醒了，武断多疑，猜忌功臣宿将。他听信谗言，决定废黜太子杨勇，改立杨广。高颎坚决反对这样做，跪地叩头说："长幼有序，万不可轻易废立太子。"杨广矫情饰行，得到母亲独孤皇后的支持。先前，高颎死了夫人，独孤皇后曾跟隋文帝说："高丞相老矣，而丧夫人，陛下何以不为之再娶？"隋文帝把这话转告高颎。高颎流涕说："臣已年老，退朝惟斋居读佛经而已。虽陛下垂哀至深，至于纳室，非臣所愿。"不久，高颎爱妾生了个儿子。独孤皇后抓住把柄，恶意挑拨说："陛下还信任高颎吗？当初，陛下欲为他娶夫人，而他心存爱妾，面欺陛下。现在，他的诡诈终于显露出来了。"隋文帝细想，似乎是这么个理，从此开始疏远高颎。

辽东发生叛乱。隋文帝决定发兵征讨。高颎认为正值秋雨连绵季节，不宜用兵。隋文帝一意孤行，以儿子汉王杨谅为统帅，高颎为元帅长史，率兵出征。结果正如高颎所言，因淋涝疾疫，兵败而还。独孤皇后趁机进谗，说："高颎开始就不愿出征，陛下强之，妾固知其无功矣。"杨谅推卸兵败的责任，危言耸听地说："我没被高颎杀害，就算很幸运了。"隋文帝糊里糊涂，欲治高颎之罪。大臣贺若弼、薛胄、柳述等，一起进谏，都说高颎无罪。这样一来，隋文帝更加恼怒，认为朝中有高颎私党，断然罢免了高颎的所有官职，只保留齐国公的爵位。"自是朝臣莫敢言"，开放的言路断绝。

隋文帝有时还想着高颎的功绩，一次召高颎参加一个宴会，说："朕不负公，公自负朕也。"高颎唏嘘沉默，不知该怎样回答。隋文帝转而对侍臣说："朕于高颎，胜过父子，虽或不见，常似眼前。作为臣子，不可以身胁君，

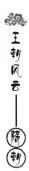

自云第一。"原来，他是担心高颎权势过大，威胁自己的皇位。不久，有人告发高颎之子高表仁，称他曾对高颎说："从前司马懿托疾不朝，遂有天下。父亲现在如此，安知非福！"这一告发非同小可，触动了隋文帝的敏感神经。他勃然大怒，说："高颎与子言，自比司马懿，此何心乎？"他命将高颎逮捕下狱，由内侍省审讯。内侍省请求将高颎处斩。隋文帝权衡利害，未予批准，只将高颎除名，贬为平民。经此事件，高颎认识到了官场的险恶，"欢然无恨色"，以当一介平民而为庆幸。

可是，隋炀帝杨广登基后，又起用高颎为太常卿。高颎性情耿直，对于隋炀帝滥用民力、沉湎声色、穷兵黩武的荒淫行径，屡屡提出非议，甚至说："近来朝廷殊无纲纪。"隋炀帝因当初张丽华被斩一事，耿耿于怀，现在有了报复的机会，遂给高颎安了个"讪谤朝廷"的罪名，将其斩首，诸子连坐，流放边地。

高颎自公元581年担任尚书左仆射到公元599年被谗免官，在连续任相执政长达19年的时间里，不仅"以天下为己任"，竭尽全力地为治理朝政、发展经济、巩固国防出谋献策，而且还充分发扬"伯乐"精神，举荐大批贤臣良将为国效力。文臣如尚书右仆射苏威，武将如杨素、贺若弼、韩擒虎等人，都是由高颎举荐而成为各尽其用的一代名臣良将，为隋朝的统一与巩固做出了积极贡献。至于为高颎所荐而能建功立业者，诚如史载："高颎立功立事者，不可胜数。当朝执政将二十年，朝野推服，物无异议，时致升平，颎之力也。论者以为真宰相。及诛，天下无不伤惜，至今称冤不已。"

六、战功著位极人臣，宇文述荣冠世表

宇文述（547—617年），本姓破野头，字伯通，代郡武川县（今内蒙古武川县）人。隋朝名将，北周上柱国宇文盛之子，宇文化及之父。

1. 击败叛军，战功卓越

宇文述年少时就很骁勇，熟习弓马。北周武帝时，宇文述因父亲宇文盛的军功，开始担任开府。宇文述生性谦恭严密，北周权臣、大冢宰宇文护非常喜爱他，因此让他以本官身份担任自己的亲信。

北周武帝除掉宇文护，自己掌握政权后，召宇文述担任左宫伯，累功升任英果中大夫，赐封爵位博陵郡公，不久改封濮阳郡公。

北周大象二年（580年）五月十一日，北周宣帝宇文赟病死。北周静帝宇文衍年幼，左丞相杨坚专政。杨坚为预防北周宗室生变，稳固其统治权力，以千金公主将嫁于突厥为辞，诏赵、陈、越、代、滕五王入朝；因尉迟迥（北周文帝宇文泰外甥）位望素重，恐有异图，遂以会葬北周宣帝为名，诏使其子尉迟惇召尉迟迥入朝；并以韦孝宽为相州总管赴邺城取代尉迟迥。

六月，尉迟迥恐杨坚专权对北周不利，公开起兵反对杨坚。时杨坚挟幼帝以号令中外，结好并州李穆，送千金公主与突厥和亲，以消除北方之患；加强洛阳守御，作为进讨尉迟迥的战略基地；并令计部中大夫杨尚希先发精兵3000镇守潼关，防其偷袭。七月十日，杨坚调发关中兵，令韦孝宽为行军元帅，率军讨伐尉迟迥。宇文述以行军总管率步骑3000，从韦孝宽击之。

七月末，大军自洛阳进驻河阳（今河南孟州市）。尉迟迥部将李俊正围攻怀州（治野王，今河南沁阳），宇文述奉韦孝宽之命将其击破，遂率军东进至永桥镇（今河南武陟西南）东南。随即宇文述又与诸将在武陟之战中击败尉迟惇，宇文述在作战中冲锋陷阵，俘敌甚众，每战有功。平乱之后，宇文述被破格拜上柱国，进爵褒国公，赐缣3000匹。

时陈永新侯陈君范自晋陵（今江苏常州）投奔萧瓛，与其合军共拒宇文述军。见宇文述军至，萧瓛大惧，遂在晋陵城东立栅设营，又绝塘道，

并派部将王褒守御吴州（治今江苏苏州吴中区），自率大军进入太湖，欲从背后袭击宇文述军。

2. 击灭陈朝，俘虏萧瓛

北周大定元年（581年）二月，大丞相杨坚受禅登基，是为隋文帝，年号开皇。开皇初年，拜右卫大将军。

隋文帝立志击灭陈朝，统一南北。开皇八年（588年）十月，集中水陆军51.8万，东至大海，西到巴蜀，旌旗舟楫，横亘千里，自长江上游至下游分为8路攻打陈国。宇文述任行军总管，领兵3万准备南渡。

十二月，隋军发起进攻。开皇九年（589年）正月十七日，宇文述率所部3万人渡江，当时韩擒虎、贺若弼两军夹攻丹阳，宇文述进占石头城（今南京城西清凉山），以为声援。二十日，隋军攻入建康（今南京），俘虏陈后主，陈朝灭亡。

隋军攻占陈都建康、灭掉陈朝后，陈朝吴州刺史萧瓛拒不降隋，拥兵自立，吴地人共推他为主。东扬州刺史萧岩也据州拒降。二月初，隋文帝杨坚派宇文述统行军总管元契、张默言等率军讨伐，水陆并进。隋青州刺史落丛公燕荣率水军从东海赶来，亦归宇文述指挥。隋文帝下诏说："公鸿勋大业，名高望重，奉国之诚，久所知悉。金陵之寇，既已清荡，而吴会之地，东路为遥，萧岩、萧瓛，并在其处。公率将戎旅，抚慰彼方，振扬国威，宣布朝化。以公明略，乘胜而往，风行电扫，自当稽服。若使干戈不用，黎庶获安，方副朕怀，公之力也。"

宇文述率军击破晋陵城东敌军营栅，随即回兵攻打萧瓛，大败萧瓛所部，斩萧瓛司马曹勒叉。另派兵一部袭陷吴州，王褒弃城逃走。萧瓛收拾余部退保包山（今太湖中洞庭西山），又被燕荣率水军击破。萧瓛带领左右数人藏于民家，被人抓获。随后，宇文述率军进至奉公埭（今浙江绍兴附近），萧岩、陈君范以会稽（今浙江绍兴）降隋。萧瓛、萧岩被送往长安斩首。宇文述平定三吴（今江苏太湖以东以南和浙江绍兴等地）之地，为日后统一岭南奠定了基础。宇文述因功拜一子开府，赐物 3000 段，拜安州总管。

3. 辅助夺嫡，灭吐谷浑

杨坚登基之后，按惯例将其长子杨勇立为皇太子，同时将其余四子封为藩王：次子杨广为晋王，三子杨俊为秦王，四子杨秀为越王，五子杨谅为汉王。开皇二十年（600 年），晋王杨广镇扬州，与宇文述交往密切，为进一步拉拢宇文述，便奏请其为寿州刺史总管。杨广此时已有夺太子之位想法，便请宇文述为他出谋划策。宇文述带了大量财宝进京，联络杨素之弟杨约。

杨约当时为大理少卿，杨素凡有所为，都先与他商量，然后再去做。宇文述回京后，多次宴请杨约，酒酣之际，宇文述拿出所带珍奇宝玩，让杨约观赏。杨约为人贪财，见如此多的珍宝，爱不释手。宇文述提出与杨约赌博，乘机将珍宝输与杨约。杨约所得既多，便觉得有些不好意思，于是便将宇文述介绍给杨素。结果与杨素一拍即合，从此，杨素常与宇文述密谋策划此事。

宇文述的京都之行，为杨广夺取太子之位铺平了道路。从此杨广与宇文述的交情远胜于他人，并将长女南阳公主许配给宇文述的次子宇文士及，前后赏赐给宇文述的财物不可胜数。在宇文

宇文述墓志

述与杨素兄弟的谋划下，终于在同年（600年）十一月，隋文帝下诏改立晋王杨广为皇太子。杨广随即以宇文述为左卫率。按规定，率官在当时为四品，隋文帝因宇文述是太子的亲家，地位尊贵，遂将率官提升为三品，足见隋文帝对宇文述的重视。

仁寿四年（604年）七月，隋文帝病逝后，太子杨广即位，是为隋炀帝。大业元年（605年）正月，隋炀帝拜宇文述为左卫大将军，改封许国公。大业三年（607年），又加开府仪同三司。

大业四年（608年）七月，黄门侍郎裴矩游说铁勒进攻吐谷浑。吐谷浑战败，可汗伏允率部退入西平郡（治湟水，今青海乐都）境内，遣使向隋王朝请降求救。隋炀帝令宇文述兵屯西平临羌城（今青海湟源东南），观德王杨雄出浇河（郡治河津，今青海贵德），以接应吐谷浑降众。伏允可汗见隋军强盛，惧不敢降，又率众西逃。宇文述遂引鹰扬郎将梁元礼、张峻、崔师等追之，在曼头城（今青海兴海北）大败吐谷浑，杀其众3000余人，乘胜又攻占了赤水城（兴海东南）。吐谷浑残部再次退守丘尼川，隋军继续追击，在丘尼川再次大败吐谷浑，俘虏其王公、尚书、将军共200人，部落前来归降者有10余万口，伏允可汗南奔雪山（今青海鄂陵湖南）。吐谷浑东西4000里，南北2000里的疆域，皆为隋朝所有，隋在此设鄯善、且末、西海、河源四郡。

大业五年（609年），宇文述随隋炀帝西巡至金山（今托赖山），登燕支山。由于地处戈壁，为防止发生意外，宇文述每次都亲自率侦察兵出巡。时吐谷浑攻张掖，宇文述又率军将其击退。

4. 参与朝政，首次东征

回到江都宫后，隋炀帝敕宇文述与左光禄大夫苏威常典选举，参与朝政。宇文述当时飞黄腾达，地位与苏威平等，而且更受隋炀帝的亲爱。隋炀帝每收到各国的贡品或美食，便立即派人送往宇文述府中与之分享，以致往返送礼的人常常在路上相遇。同时宇文述也善于逢迎，"俯仰折旋，容止便辟，宿卫者咸取则焉"。宇文述还善于精巧的构思，"凡有所装饰，皆出人意表。数以奇服异物进献宫掖，由是帝弥悦焉"。

此后，宇文述更得隋炀帝的宠爱，一时权倾朝野，隋炀帝对他的话也是言听计从。时任左卫大将军张瑾与宇文述官职相同，曾评论宇文述，偶然说出他不中听的话时，宇文述便张目叱之，使张瑾惶惧而走，文武百官也莫敢与之相违忤。宇文述为人还贪婪卑鄙，以至"知人有珍异之物，必求取之"。一些富商大贾和陇右诸胡人的子弟争相送金银宝物，宇文述皆将其封官进级，并呼之为儿。从此这些人更争相贿赂宇文述，以至金银财宝堆积如山，数不胜数。宇文述自家后庭的宠妾美女也有数百人，家童更达千余人，同时还养着许多良马。宇文述荣华富贵之盛，在当时无人能比。

大业七年（611年）二月十九日，隋炀帝巡幸至涿郡（今河北涿州市南），二十六日以高句丽不遵臣礼为由，下诏征讨高句丽，命天下兵卒，不论远近，都到涿郡集中。

大业八年（612年）正月，应征士兵全部集中于涿郡，号称200万。初二日，炀帝下诏分水、陆两路向高句丽发起进攻，宇文述被任命为扶馀道军将。

三月，隋军强渡辽水，在辽水（今辽河）东岸大败高句丽军，死者万计，并乘胜进围辽东城（今辽宁辽阳市）。五月，高句丽军几次出战受挫，乃据城固守。每当情况危急、城池将陷时，守军便声言请降。因隋炀帝在出征前曾下令："凡军事进止，皆须奏闻待报，毋得专擅"，"高丽若降，即宜抚纳，不得纵兵。"故诸将只得停止进攻，派人驰报隋炀帝。待隋炀帝旨令传回军中，高句丽守军已将城池加固，防御调整完毕，即拒降，隋军不得不重新开始攻城。如是者再三，隋炀帝仍不醒悟，致使辽东城久攻不破。隋军长期顿兵坚城之下，人困马乏，士气和战斗力大减。

六月十一日，隋炀帝亲至辽东城南观战，斥责诸将不肯效命，亲督诸

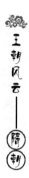
军继续攻城，同时命宇文述等人率9军共30.5万人，自怀远镇（在今辽宁辽中附近）渡辽水，越过高句丽诸城，向鸭绿江挺进，与水军配合攻打平壤。

宇文述等九军自怀远、泸河二镇出发时，令全军士卒携带百日粮秣，加上排甲以及衣资、戎具、火幕等器具，每人负担三石以上，无法承受。军卒们不敢违背"遗弃米粟者斩"的命令，在晚上宿营时，于幕帐中挖坑掩埋。待九路军马行至半路时，粮草已所剩无几了。宇文述欲还师，诸将多异同，宇文述又拿不准隋炀帝的心思，犹豫不决。

高句丽大臣乙支文德见隋军将士面带饥色，遂继续采取疲敌战术。每与隋军交战，一触即退，使隋军一日之内连获7次小胜。隋军为暂时的胜利所迷惑，被高句丽军诱渡过萨水（今朝鲜清川江），深入距平壤只有30里的地方，依山为营。

乙支文德又遣使诈降，声称："若旋师者，当奉高元朝行在所。"宇文述鉴于将士疲劳已极，不可再战，平壤城又险固难攻，便顺其诈，答应还师。后撤的隋军编成方阵行进，沿途不断遭到高句丽军的四面袭击，只得且战且退。七月二十四日行至萨水，高句丽军乘隋军半渡时，即向后军发起猛攻，担任后卫的辛世雄战死，其余诸军皆溃，仓皇逃窜。高句丽军乘胜追击，宇文述等退到辽东城，据说仅剩2700余人，物资器械损失殆尽。隋炀帝见大势已去，乃于七月二十五日率军撤退。在平壤附近海域待机的来护儿水军，亦急忙从海路退回。

本次讨伐高句丽大败而归，隋炀帝大怒，遂将宇文述下狱。宇文述因平时得宠于隋炀帝，并且其子宇文士及娶隋炀帝之女南阳公主，所以隋炀帝不忍诛杀宇文述。十一月，隋炀帝将宇文述与于仲文等皆除名为民，并斩刘士龙以谢天下。

5. 二次东征，镇压叛乱

隋炀帝不甘心第一次征高句丽的失败，于大业九年（613年）正月，下诏再征天下兵集于涿郡，并募民为骁果，置折冲、果毅、武能、雄武等郎将率领之。

隋炀帝为派得力的将领出征高句丽，遂于二月下诏，将宇文述官复原职，待之如初。诏曰："宇文述以兵粮不继，遂陷王师；乃军吏失于支料，非述之罪，宜复其官爵"。不久又加开府仪同三司。

三月初四，隋炀帝从洛阳出发，再次御驾亲征高句丽。行至黎阳（今河南浚县东北），留礼部尚书杨玄感于此督运粮草。四月二十七日，隋炀帝的车驾渡过辽水。二十九日，隋炀帝命宇文述和上大将军杨义臣率军由北路疾趋平壤。炀帝亲率主力进围辽东城（今辽宁辽阳），并派左光禄大夫王仁恭领兵出扶馀道进攻新城（今辽宁抚顺北）。由于隋军兵强马壮，计划周密，准备充分，所以作战非常顺利。正当辽东城指日可下之际，杨玄感忽然在黎阳起兵反隋，隋炀帝大惊，乃于六月二十八日夜二更密令诸将撤军，并令宇文述率军急赴河阳，发诸郡兵讨杨玄感。

杨玄感是杨素之子，好读书，善骑射，为官严正，甚得时人尊敬。杨玄感见隋炀帝率隋军主力远在辽东前线，后方兵力空虚。于是，便抓住取隋代之的这一良机，于六月起兵反隋。

由于杨玄感采取了长期屯兵坚城之下的错误战略，使隋军得以及时回军。宇文述和右候卫将军屈突通驰援东都。在东莱的来护儿也停止进攻高句丽，还师西进，对包围洛阳的杨玄感形成反包围态势。杨玄感军处于四面受敌的不利局面。杨玄感知隋军援军将至，心惧。七月，屈突通引兵屯河阳，宇文述继

隋朝双体船模型

之。二十日，杨玄感接受李子雄、李密的建议，解除了对东都的包围，率军西进，准备夺取关中。至弘农宫（在今河南陕县），被弘谷太守杨智积用计牵制，耽误了宝贵的三天时间。及杨玄感军到达阌乡（今河南灵宝西北文乡）时，宇文述与刑部尚书卫文升、左御卫将军来护儿、右候卫将军屈突通等各路隋军将其追上，杨玄感且战且退，一日内三败。

八月初一，隋军与杨玄感在皇天原（即董杜原，在今河南灵宝市西北）列阵决战，宇文述与来护儿列阵当其前，遣屈突通以奇兵击其后，大破之，杨玄感仅率十余骑逃往上洛（今陕西洛南东南）。杨玄感自知大势已去，乃命杨积善将自己杀死，杨玄感叛乱遂被镇压。宇文述因功被赐物数千段。

隋炀帝镇压杨玄感叛乱后，不顾内外危机四伏。大业十年（614年）二月二十日，下诏再次征召全国军队，百道俱进，三征高句丽。宇文述奉命东征，军至怀远而还。

6. 曲意逢迎，得病去世

大业十一年（615年）八月，隋炀帝出塞北巡，于雁门为突厥始毕可汗（咄吉）几十万骑兵所围，时雁门守军仅万余人。宇文述劝隋炀帝率数千精锐轻骑突围，但此举遭到了众人的反对。由于众人一致反对，隋炀帝没有听宇文述之言，后来各路援救到达，突厥退走，隋炀帝最终得以解围。

九月，隋炀帝车驾至太原，大臣们多劝隋炀帝回京师，隋炀帝面有难色。唯独宇文述善于察言观色，便说："从官妻子多在东都，便道向洛阳，自潼关而入可也。"隋炀帝从之。十月，隋炀帝至东都。

大业十二年（616年）七月，江都新作龙舟成，送至东都。宇文述看出隋炀帝还想巡游，便提议到江都游玩，隋炀帝闻后大悦。是月，隋炀帝至江都，在此尽情玩乐。

不久，宇文述一病不起，隋炀帝不断派人探问病情，并打算亲自去看望，后被大臣苦劝乃止。隋炀帝遂遣司宫魏氏问宇文述："必有不讳，欲何所言？"时宇文述二子宇文化及、宇文智及都因罪被削职为民，闲在家中。宇文述此时对魏氏说："化及，臣之长子，早预藩邸，愿陛下哀怜之。"隋炀帝闻后潸然泪下，道："吾不忘也。"

大业十二年十月初六日（616 年 11 月 20 日），宇文述去世。隋炀帝为之罢朝，并赠司徒、尚书令、十郡太守，班剑 40 人，辒辌车，前后部鼓吹，谥号为恭。

七、两朝权贵不倒翁，末隋遗老难入唐

苏威（540—621 年），字无畏，京兆郡武功县（今陕西省武功县）人。北周至隋朝大臣，西魏度支尚书苏绰之子，大冢宰宇文护之婿。

苏威的父亲苏绰，曾任度支尚书。北周建立后，大冢宰、皇叔宇文护执掌朝政。他非常欣赏有才有德、老成持重的苏威，要把亲生女儿嫁给他。但宇文护独断专权，从不把皇帝放在眼里，与这样的家庭联姻，即使能带来荣华富贵，也并不是一向稳重的苏威所愿意接受的。为了逃避婚姻，他躲入山中，栖身古寺，专心读书，倒也显得逍遥自在。但宇文护是得罪不起的，苏威的叔叔派人四处寻找，要他不要因为个人的好恶而损害家族的利益。无奈之下，苏威只好接受这门亲事，成了宇文护的乘龙快婿。他也因攀龙附凤很快得到了升迁，被封为使持节、车骑大将军，怀道县公，又按三司级别给他配备了仪仗，给了他很高的待遇。周武帝杀宇文护亲政后，赐封他为稍伯下大夫。所有的这些赐封，他都以身体有病为由，全部推辞不受。

苏威有一堂妹，嫁给了元氏家族的元雄。元雄一家以前曾和突厥发生过冲突，使突厥在侵扰中受到了不少的挫折。突厥派使者到北周，声称只要将元雄一家送到突厥为人质就愿意臣服北周。北周当权者居然同意了这

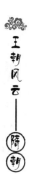
一无理要求。苏威知道后，对别人说："蛮夷之人贪图利益，可以用钱财贿赂他们，让他们改变主意。"当即标卖自己的田产房屋，准备倾家荡产赎回元雄一家。此举一时被传为美谈，人人都称赞他的义举。苏威一直有官不做，有爵不就，而是隐居山林，以吟诗作画、讽议时事为乐。但他并不是一个甘于清贫的隐士，而是在择明主，待机而动。

机会终于来了。大丞相杨坚图谋大业，正在四方招揽人才，心腹干将高颎多次向杨坚推荐苏威，称赞苏威是个贤德之人，杨坚也早有耳闻，于是私下召见苏威。二人一见如故，交谈十分投机，大有相见恨晚之感。苏威觉得找到了明主，心情十分舒畅，就在杨坚府内住了下来。一个多月后，杨坚、高颎等人将准备代周立隋的事情告诉他，使他觉得左右为难。一方面，跟着杨坚，能干一番大事业，享受荣华富贵不说，还能名垂青史，这是所有的人都梦寐以求的；另一方面，他毕竟是宇文家族的女婿，北周皇帝待他不薄。他是一个十分注重名节的人，考虑到直接参与这样的行动，恐怕会遭受他人的唾骂，有损自己忠义孝顺的名节，于是他就选择了一个折中的办法，从杨坚府中不辞而别，悄悄跑回家躲了起来。

公元581年，杨坚自立为帝，改国号为隋，改元开皇，征召苏威为太子少保，并追赠他父亲苏绰为邳国公，接着，又让苏威兼领门下省纳言、民部尚书的职务，官居宰相之位。他为官施政的第一件大事就是向杨坚奏请减轻百姓的租赋徭役，一切务必从轻，好让久经战乱的老百姓有一段喘息的时间，从而稳定局势。杨坚全部采纳了他的建议，下诏除去一切苛政。一次，苏威看到宫中挂帐幔的钩居然是用白银做的，立即用严肃的口吻向杨坚陈述节俭之美的宏论，令杨坚肃然起敬，马上下令将宫中一切奢华的布置装饰，全部撤换或毁掉。

经过几年的努力，隋朝已天下太平，万物丰盛，呈现一派盛世之象。这期间，苏威出任过刑部尚书、民部尚书、吏部尚书等要职。与尚书左仆射高颎一起革新政治，重订典章制度。苏威做得最有影响的事情就是主持修订刑律。鉴于北周"刑政苛酷，群心崩溃"的教训，开皇三年（583年），杨坚令高颎、苏威、牛弘等人重新修定刑律。苏威等人参照魏晋、北齐和南梁各朝的旧律，以宽简为原则，汲取其精华，删除某些严刑酷法，经过一年的时间，制定出了对后世产生很大影响的《刑律》。由于苏威熟悉前代各朝的法律制度，因此，整个《刑律》的体例、章节、条文，几乎都出自他之手。所以说，《刑律》的制定与颁布，苏威的贡献最大。开皇九年，苏威官拜尚书右仆射，正式升为宰相。

隋炀帝杨广继位之初，为装饰门面，颇为重用苏威、高颎、贺若弼等一些老臣。苏威由原来的大将军晋封为上大将军。也许是对新君充满了希望，他又开始敢作敢为了。隋炀帝要征收徭役，修筑长城，他出面劝阻，认为新君即位，应首先稳定局势，不宜加重徭役赋税，以免引起混乱。隋炀帝还真的听了他的劝谏，暂时停止了修筑长城的举动。然而隋炀帝是一个刚愎自用、好大喜功，而又迷恋奢华生活的暴君。随着皇位的巩固，他开始为所欲为，再也听不进任何反对他的意见了。高颎等人因看不惯他的所作所为，时常流露出不满情绪。隋炀帝干脆下旨将他们杀掉，苏威也跟着受到牵连，被罢免了官职，他再一次失望了。

隋炀帝本人喜欢玩乐，无心朝政。尽管不希望有苏威这样德高望重的要臣在自己面前碍手碍脚，可他宠爱的那些谄媚之徒都是些无德无才之人，他需要有人帮他处理朝政，而这个人又不至于对他形成大碍，于是胆小谨慎的苏威就成了最佳人选。所以，大约一年后，苏威又被隋炀帝征召回朝，主持朝政，官拜太常卿、

白釉武士俑

左光禄大夫、纳言等。苏威看到隋炀帝荒淫无度，滥杀无辜，害怕祸及自身，只得唯唯诺诺，随波逐流，小心从事，再也不敢在君王面前据理力争了。这反倒符合隋炀帝的心意，于是给他加官进爵，委以重任。他与左翊卫大将军宇文述、黄门侍郎裴矩、御史大夫裴蕴、内史侍郎虞世基四人共掌朝政。当时人们称他们为"五贵"。苏威又跟随隋炀帝几次下辽东远征高丽，虽然没建立什么功业，却在不断升官进爵，先后做过左武卫大将军、右御卫大将军、光禄大夫；爵位先是宁陵侯，后又进为房公。苏威也知道这样的官做得没有什么滋味，想告老还乡，但是被拒绝了。

隋炀帝的暴政导致百姓饥苦不堪，各地义军纷纷揭竿而起，就连统治集团内部也有人想乘机夺取隋朝天下。大业九年（613年），隋炀帝第二次远征高句丽，杨玄感、李密等人乘机在黎阳（今河南浚县）起兵反隋。起义的消息很快传到高句丽前线，正在前线的隋炀帝惊恐不安，非常害怕，急忙把苏威召入帐中，问他："杨玄感聪明能干，他会形成气候，给我大隋形成祸患吗？"苏威看到隋炀帝害怕的样子，急忙为隋炀帝宽心："所谓聪明，是指能辨明是非，审视成败。杨玄感目光短浅，才识有限，算不得是聪明人，成不了大气候，不必为此焦虑。"接着，他又乘机委婉地劝谏隋炀帝："如果不及时改弦更张，采取有效措施，将来肯定要出大乱。"意指隋炀帝横征暴敛，才导致百姓生乱，劝其悬崖勒马，革新朝政。可隋炀帝根本不理睬他的话，急忙回师平叛，苏威也跟着到了涿郡（今北京西南一带）。战乱后安抚百姓的工作，在当时的隋朝，大概也只有苏威才有能力完成。于是，隋炀帝命他前往关中镇抚，并让他的孙子苏怀给他当副手。恰巧，苏夔此前已到关中出任简黜大使，这样，祖孙三人共同坐镇关中，在朝臣中传为美谈。当时已经天下大乱，隋朝江山岌岌可危。苏威心里很担忧，他虽知道隋炀帝已经不可救药，也不敢犯颜谏上，就抱着做一天和尚撞一天钟的态度混天度日。而隋炀帝身旁的几位宠臣如裴蕴、宇文述等人早就对苏威看不顺眼了，就乘机要一个叫张行本的人参了苏威一本。说他当年在高阳（今河北高阳县）为朝廷挑选人才时，私受贿赂，滥授官位，出使突厥时又畏怯害怕，有损国威。于是苏威再一次被削职为民。不久，苏威又跟随隋炀帝巡游江都（江苏扬州），隋炀帝还想重新起用苏威，但身边的几位宠臣如裴蕴之流却极力反对，说他年老昏花，已经没有什么用了，隋炀帝也就作罢了。

武德元年（618年），宇文化及在江都发动兵变，绞死了隋炀帝。苏威也正在江都，宇文化及命他做光禄大夫。宇文化及被瓦岗军打败后，苏威又依附李密。李密被王世充击破后，他又到东都洛阳再次做了上柱国、邳公；王世充称帝后，他又充当了太师。当唐军攻下洛阳时，他又请求李世民召见。

李世民不耻他的为人，对他非常反感，就派人给他回话说："阁下身为隋朝的宰相，朝政危难却不能尽力拯救，造成天下大乱，生灵涂炭，君王被杀，国家灭亡。而你居然又丧失气节，先后拜倒在李密、王世充的脚下。你现在既然年老多病，也就不必经受劳累让我召见了。"李世民回到长安后，他又跟着追到了长安，在门外请求接见，也被李世民无情地拒绝。他只得回到家中，过上了平淡的生活，没活几年，就在寂寞中默默地死去，享年82岁。

八、四朝元老封四贵，雍容闲雅安德王

杨雄（540—612年），本名杨惠，字威惠，弘农华阴（今陕西华阴市）人。隋朝宗室将领，北周大将军杨绍次子，母为兰胜蛮。

杨雄长相漂亮，为人有器度，雍容典雅，举止有度。北周武帝宇文邕在位时，杨雄担任太子司旅下大夫。

建德三年（574年），北周武帝巡幸云阳宫，当时卫王宇文直在都城长安（今陕西西安），趁机举兵谋反，率领同党袭击肃章门，杨雄率军迎战将其击败。叛乱平定后，杨雄因功升任上仪同，封爵清水县子，食邑1000

户。后来多次升迁至右司卫上大夫。

宣政元年（578年），北周武帝去世，太子宇文赟继位，是为北周宣帝。杨雄改封武阳县公。

大象元年（579年），北周宣帝进封杨雄为邘国公，食邑5000户。

大象二年（580年），杨雄的族父杨坚担任丞相，雍州牧、毕王宇文贤谋划造反，杨雄当时担任宇文贤的别驾，知道宇文贤的阴谋后，便告诉杨坚。因此宇文贤遭到诛杀，杨雄因功授任柱国、雍州牧，仍然兼任相府虞候。

大象二年（580年）五月，北周宣帝去世。同年七月，将要安葬北周宣帝时，杨坚为了防备诸王有变，命令杨雄率领6000骑兵护送北周宣帝的灵柩到定陵安葬，后升任上柱国。

开皇元年（581年）二月，杨坚受禅登基，建立隋朝，是为隋文帝。杨雄任左卫将军，兼任宗正卿。不久升任右卫大将军，参与朝政。同年五月初十，隋文帝进封杨雄爵位为广平王，食邑5000户，另封他的一个

隋代武士俑

儿子为邘公。杨雄请求封他的弟弟杨士贵为邘公，朝廷同意。当时有人上奏高颎结朋党，隋文帝在朝廷上询问杨雄可有此事。杨雄说："我忝卫宫廷，朝夕在皇上左右，若有朋党，怎会不知道！皇上圣明睿哲，万机亲览，高颎用心公平，奉法行事。这是爱憎的道理，但愿陛下明察。"隋文帝深以为然。杨雄当时显贵受宠，冠绝一时，他与高颎、虞庆则、苏威并称"四贵"。

杨雄为人宽容，礼贤下士，

朝野倾心，瞩目于他。隋文帝厌恶他得众人之心，私下里忌恨他，不想让他执掌兵马。于开皇九年（589年）九月十六日，下策书任命杨雄为司空。表面上好像是提拔他，但实际上是夺了他的兵权。杨雄没有实际职务，于是闭门谢客。开皇十九年改封为清漳王。

仁寿初年（601年），隋文帝说："清漳王这个名号，与杨雄的声望不符合。"让职方进上地图，隋文帝指着安德郡，对群臣们说："这个名号，才与杨雄的名德相符。"于是改封他为安德王。

仁寿四年（604年），隋文帝去世，太子杨广继位，是为隋炀帝。大业元年（605年）闰七月初六日，隋炀帝任命杨雄为太子太傅。大业二年（606年），元德太子杨昭去世，杨雄为检校郑州刺史事。一年多后，授任怀州刺史，不久改任京兆尹。

大业五年（609年），隋炀帝亲征吐谷浑，下诏杨雄总管浇河道各路军马。大业六年（610年）二月二十四日，杨雄回到京城，隋炀帝改封他为观王。杨雄上表辞让王位说："我早年恰逢隋朝兴起，有幸被列入官列之末。有此天命，有此时运，凭借的是风云际会；我无德无才，忝列公卿之首。承蒙先帝的特别赏赐和陛下的特别恩典，我长久地混在台省中做官，常常担心我得到的赏赐太多，哪能够再叨鸿恩，重窃大名？我实在应该面墙自省，冒昧地想按以前的通例办事；我实在是冒受陛下的宠爱，因此十分担心自己履行不了职责。过去刘贾封王，哪里具备三阶的重任？曹洪任上将，怎能超过五等的爵位？我的官服超过帝子，我任京兆尹仅仅次于皇室子孙，赐我疆土，让我做藩王，我官服上以金为纽扣，开国治事，这让我这个做臣下的何以自处，在他人看来肯定会说我得到非分的官爵。因此我表示我的愚诚，求恩让我固守。请陛下特别关照，特别考虑我的一片诚心。我屡屡麻烦圣上，惶恐得直流冷汗。"隋炀帝下诏书不许他退辞王位。

大业八年（612年），隋炀帝东征高句丽，杨雄为检校左翊卫大将军，出辽东道。同年三月十日，当时部队在泸河镇驻扎，杨雄突然发病去世，

时年 73 岁。隋炀帝因他去世而不上朝,让鸿胪监护他的丧事。赐谥"德",追赠司徒之职、十郡太守。

九、取陈十策军功多,居功自傲遭诛杀

贺若弼(544—607 年),字辅伯。河南洛阳人。隋代将领。

贺若弼的父亲贺若敦,北周时期任金州(今陕西安康)刺史。贺若弼少时慷慨,胸有大志,骁勇而擅骑射,且博览群书,在当时很有名望。北周齐王宇文宪听说后,对他十分器重,用为记室。后封当亭县公,官迁小内史。

北周大成元年(579 年),贺若弼随行军元帅韦孝宽讨伐南陈,一连攻克数十座城池。其中以贺若弼出的计谋居多,于是拜为寿州(今安徽寿县)刺史,又改封襄邑县公。

杨坚夺取北周政权称帝以后,就怀有吞并江南之心,查访可胜任者戍镇江淮。经尚书左仆射推荐,杨坚拜贺若弼为吴州(今扬州一带)总管,委以平陈之事。贺若弼赴广陵(今江苏扬州)任所,整军经武,并向皇上献取陈十策。杨坚非常赞赏,赠赐宝刀,以示殊荣。

隋开皇八年(588 年)冬,杨坚在寿春(今安徽寿县)设置淮南行台省,以晋王杨广为尚书令,总理伐陈事宜,各镇总管分路南下,大举伐陈。贺若弼为行军总管,率军从吴州出发,云集在长江北岸。贺若弼为麻痹陈军,每当各队换防,总是张旗列队,营幕遍野。陈军起初以为隋军大至,急忙发兵为备,后来习以为常,不再防备,所以现在隋军虽然集于北岸,陈军却毫无察觉。待到奉命渡江时,贺若弼提前发起进攻,大军很快渡过长江,陈军猝不及防,慌溃而逃。隋军乘势攻占了南徐州(今江苏镇江),擒其刺史黄恪,俘获敌众 6000 余人。

贺若弼军令森严,纪律严明,秋毫无犯,对俘众给予优待,发给资粮,

尽皆释放，所以所向披靡，降者甚众。仅几天的时间，贺若弼即率军进至建康城外的钟山（今南京雨花台），屯集于白土冈以东。陈将鲁广达、任蛮奴、田瑞、萧摩诃等率兵迎战。贺若弼先遇田瑞之军，击而退走。继而又与鲁广达军相遇，鲁广达率众力战。战斗异常猛烈，攻守几经转换，贺军死伤数百，不得不暂时退却。陈军获得小胜，争相求赏。贺若弼观其情，知其骄惰，于是严厉督促将士，殊死决战，大破陈军，生擒萧摩诃。随后，陈将鲁广达也解甲就擒，贺若弼遂从北掖门入城。但这时西路军总管韩擒虎已率500骑兵于朱雀门先期入城，并俘获后主陈叔宝，占据了府库。贺若弼愤恨没有先抓获陈叔宝，其功在韩擒虎之后，就与韩擒虎争功相骂，甚至挺剑而出。

班师长安之后，贺若弼又与韩擒虎在杨坚面前争功。隋文帝杨坚见二将争执不休，只好将二人都封都为上勋。赐贺若弼登御座，赐物8000段，加位上柱国，晋爵宋国公，加以金宝；又赐陈叔宝妹为妾，拜右领军大将军，转右武候大将军。韩擒虎也得到同样的待遇。

灭陈以后，贺若弼更加位尊望重，生活奢侈，又骄傲自满，自以为功名在群臣之上，常以宰相自许。这时，杨素为右仆射，贺若弼仍为将军，心甚不平，形于言色，因而遭至罢官。而贺若弼怨气愈甚，遂被下狱。公卿认为贺若弼怨怼过重，奏请处以死刑。杨坚犹豫数日，怜惜他的功劳，于是免他一死，除名为民。一年以后，又复其爵位，但忌其为人，所以不再任使，只是待遇还很优厚。

仁寿四年（604年），杨广

西安城墙

继位为炀帝，贺若弼更加被疏远了。大业三年（607年）七月，贺若弼跟从杨广北巡至榆林。杨广命人制作一顶可容纳数千人的大帐篷，以招待突厥启民可汗及其部众。贺若弼以为太侈，与高颎等人私下议论，被人所奏。杨广认为这是诽谤朝政，于二十九日（8月27日）将贺若弼与高颎、宇文弼等人一起诛杀，时年64岁。

十、长孙晟奇计立功，齐献王保境安民

长孙晟（551—609年），字季晟，小名鹅王。河南洛阳人。隋代将领。

长孙晟生性聪慧，涉猎书史，擅长骑射。北周天和四年（569年），18岁的长孙晟任司卫上士，当时深为杨坚所赏识。

大象二年（580年），突厥首领沙钵略可汗阿史那·摄图请婚于周，宣帝宇文赟以赵王宇文招之女嫁给他为妻。聘娶时，北周派遣长孙晟以汝南公宇文神庆的副手，送千金公主至摄图处。为此婚事，前后往返使者几十人，摄图多轻视不礼，却只喜长孙晟，常常与其一起游猎，留住一年之久。摄图弟处罗侯颇得人心，而为摄图所猜忌。处罗侯密托心腹，暗地与长孙晟结盟联谊。长孙晟在突厥游猎期间，注意察看山川形势、部众强弱，尽皆记之。归来后杨坚已为丞相，长孙晟将突厥情状详予叙述，杨坚大喜，迁长孙晟为奉车都尉。

开皇元年（581年），杨坚受禅登基，建立隋朝，是为隋文帝。摄图因与北周联姻，而隋代周时未能助周拒隋，自觉有失颜面，于是兴师报复。隋朝新立，杨坚大惧。长孙晟早就知道沙钵略可汗、达头可汗、阿波可汗、突利可汗等叔侄兄弟各统强兵，都号可汗，分居四面，内怀猜忌，外示和好，认为对付突厥难以力征，易可离间，于是上书提出"远交近攻"之计。杨坚览表大悦，召长孙晟面议，尽纳其议。于是，先使用离间计使玷厥（突厥别部）不听摄图指挥，引兵而去。长孙晟又用反间计让处罗侯之子染干

诈告摄图，说后方铁勒等部反叛，欲袭摄图之所。摄图生惧，于是回军出塞。

后来突厥兵又大举入侵，隋朝发八道元帅分道拒敌。长孙晟以偏将之职协助窦荣定在凉州大胜阿波部，随即遣使劝其依附隋朝，于是阿波派人随长孙晟入朝。摄图为此大怒，与阿波对垒，阿波频胜，势力益增。相形之下，摄图由强变弱，于是又遣使向隋称臣朝贡。

开皇四年（584 年），隋文帝杨坚派遣长孙晟以副使职随虞庆则出使摄图。还朝后，授仪同三司、左勋卫车骑将军。开皇七年（587 年），摄图死，朝廷派长孙晟持节拜其弟处罗侯为莫何可汗，拜摄图之子雍虞闾为叶护可汗，并嫁大义公主给他。

开皇十三年（593 年），流民杨钦到都蓝可汗雍虞闾部，谎称彭国公刘昶与宇文氏女共谋反隋，特派他来密告大义公主。雍虞闾相信此言，即不向隋进贡，长孙晟奉命出使。公主见了长孙晟，出言不逊，且派心腹与杨钦计议，煽动雍虞闾反隋。长孙晟返隋后将此事具奏，文帝又派长孙晟前往索要杨钦。雍虞闾不愿交出，说并无此人。长孙晟便买通其帐下达官，趁夜抓获杨钦，带到雍虞闾面前质问，结果连同公主密谋策反之事一并暴露。向来与隋修好的突厥人以此为耻。雍虞闾不得已，拘执公主的心腹等人一齐交给长孙晟带回。隋文帝大喜，为长孙晟加授开府，并遣之再次入藩，诛杀大义公主。

雍虞闾向隋朝上表请婚，长孙晟向隋文帝上奏称雍虞闾为人反复无信，不如处罗侯之子染干诚实，并说

黄釉舞女俑

染干亦曾求婚于隋，应该答应他，并加以抚训，让他制衡雍虞间，以保边安宁。于是派长孙晟告知突利可汗染干许配公主之事。开皇十七年（597年），染干派500骑随长孙晟来迎娶，隋朝以宗女封安义公主嫁给他。染干依长孙晟之说，率众南徙，居度斤旧镇。此时雍虞间气怒，常率部抄略隋境。染干察知其动静，即派人报隋，因此雍虞间每次入边，隋朝都先有防备。

开皇十九年（599年），雍虞间与达头联盟，合力掩袭染干，大战于长城之下，染干大败。染干与长孙晟独以五骑趁夜南逃，天明时行百余里，收得散失百余骑。染干欲转投玷厥，犹豫不决之际，长孙晟使人点起烽烟，谎称追兵大至，心有余悸的染干便随长孙晟入朝。隋文帝大喜，授长孙晟左勋卫骠骑将军、持节护突厥。后有都速等部归附染干，前后至者男女万余口，长孙晟都予以安置，因此突厥悦附，于是拜染干为启民可汗。后来安义公主去世，长孙晟持节又送义城公主妻于启民可汗。后遣启民部下分头招慰，突厥都蓝部尽来归附。

此时，曾与雍虞间联盟掩袭染干的达头又集大兵来袭。隋文帝诏命长孙晟率归附各部，以秦川行军总管，与晋王杨广出征。达头与杨广对峙不下，长孙晟献计在上游水中放入毒药，达头人畜饮水后死亡众多，达头大惊，以为天下恶水欲令其亡，连夜逃走。长孙晟率兵追杀，斩首千余级，俘百余口，六畜数千头。凯旋回朝后，隋文帝遂授长孙晟上开府仪同三司。

仁寿元年（601年），长孙晟因天有异象，上表出兵。隋文帝诏杨素为行军元帅，长孙晟为受降使者，送启民可汗北伐。仁寿二年（602年），军至北河，敌帅思力俟斤等领兵拒战。长孙晟与大将军梁默击退敌军，转战60余里，降者众多。长孙晟又教启民分遣使者，往北方铁勒等部招抚归附。仁寿三年（603年），达头溃不成军，西奔吐谷浑。长孙晟送启民可汗安置于碛口（今内蒙古自治区呼和浩特市北），随后多年，启民可汗与隋一直保持亲善。

仁寿四年（604年），隋文帝驾崩后，隋炀帝拜长孙晟为左领军将军。

这时，隋炀帝的五弟杨谅起兵造反。隋炀帝命长孙晟以本官为相州刺史，发山东兵马与李雄等共讨之。还军后，隋炀帝加封长孙晟为武卫将军。大业五年（609 年），长孙晟去世，时年 58 岁。

唐贞观年间，长孙晟被追赠司空、上柱国、齐国公。谥号"献"，后世亦称其为"齐献王"。

长孙晟性情至孝，居父母之丧时哀毁过度，受到朝臣的称赞。史称其"好奇计，务立功名"。在他同突厥交往的 20 余年中，虽未指挥过大的作战，但凭其出众的谋略，为分化瓦解突厥、保持隋朝北境安宁，促进民族融合作出了重大贡献。

十一、驰骋沙场功业著，直言抗争遭残杀

史万岁（549—600 年），京兆杜陵（今陕西西安市东南）人。

史万岁之父史静，原为北周沧州刺史。史万岁少年英俊，喜读兵书，善于骑射，人们说他"骁捷若飞"。他 15 岁那年，正好是北周与北齐交战于芒山，史万岁第一次随父出征。北周灭齐时，其父在一次战役中阵亡。史万岁受周武帝命为开府仪同三司，袭父爵称太平县公。

北周末年，朝廷大权旁落，贵族杨坚权势日益增大，准备夺取皇位。北周重臣尉迟迥起兵反抗。杨坚派梁士彦等人带兵镇压。史万岁随梁士彦参加战斗，行军到冯翊（今陕西大荔）时，一群大雁正从空中飞过。史万岁指着空中的雁行对梁士彦说："请看我射中雁行中的第三只。"话音刚落，一箭射上半空，果然，雁行中第三只大雁应箭而落，将士们无不为之惊叹。在与尉迟迥军交战中，史万岁一直冲在前头，表现得十分英勇。在邺城一战中，最初北周官兵被打退下来。史万岁情急生智，立即对左右军士说："情况紧急，让我先破敌人阵势，你们随后跟上。"只见他猛一拉紧缰绳，坐骑飞驰而出，冲入敌阵，奋力砍杀，几十个敌军迅速倒下。官兵士气为此

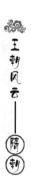

大振，一齐冲了上去，击败尉迟迥军。在平定尉迟迥武装战争中，史万岁立了大功，获得了上大将军称号。不久，史万岁因与一谋反案有牵连，被捕下狱，发配敦煌为戍卒。初期，管理戍卒的戍主很蔑视他。后来，他看到史万岁武艺超群，立即改变了态度，两人常常一同出击敌人。

隋朝初年，北方突厥奴隶制政权强大起来，突厥贵族常领骑兵扰乱隋朝边境。史万岁即与戍主一同回击来犯的突厥贵族，有时穷追敌人数百里。史万岁的名字，曾使突厥贵族闻之胆寒。

开皇二年（582 年），突厥内部矛盾发展，分裂为东、西突厥。东突厥沙钵略可汗（可汗，突厥国王的称号）的妻子千金公主，原是北周赵王宇文招之女，杨坚夺取北周政权，建立隋朝后，千金公主竭力要求沙钵略替她娘家北周报仇。于是，沙钵略可汗乘机借口带领骑兵大举攻隋。为粉碎突厥贵族的掳掠，隋文帝派大将窦荣定等人分别领兵迎击。史万岁得知此消息，立即自告奋勇地到窦荣定军营请求参战。窦荣定早已听说史万岁武艺高超，便高兴地答应了他的请求。窦荣定派人到突厥大营前挑战说："土

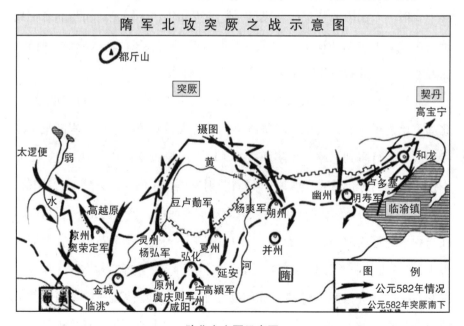

隋北击突厥示意图

兵们到底有什么罪过，为何使他们在打仗中受到杀害？有胆量的可派一壮士出来决一胜负。"突厥贵族果然应诺。于是，窦荣定派史万岁出战。只见史万岁跃马横枪，飞驰出阵，没经几个回合便斩杀了对方，提着敌人的首级胜利而归。突厥贵族被吓得目瞪口呆，再也不敢恋战，慌忙引兵北逃。由于在反击突厥的战役当中立了战功，史万岁受封为车骑将军。

开皇九年（589年），隋灭陈后，江南士族和地方豪强不满，纷纷组织武装反抗，越州（今浙江绍兴）高智慧便是其中一个。其时，杨素奉命出征，史万岁跟随杨素参加了平定高智慧的战斗。史万岁带领2000精兵，从婺州（今浙江金华）小路取捷径出击，前后经过700余战，转战千余里，最后平定了高智慧的反叛。对此，隋文帝十分赞赏，授予史万岁左领将军称号，并赐10万钱作为奖赏。

隋初，地处云、贵一带的少数民族首领爨翫，原已归附隋朝。不久，爨翫反叛朝廷，不利于隋对全国的统一。隋文帝派史万岁为行军总管，率兵讨伐。官兵直入至南中（今四川大渡河川南和云、贵两省）。进军途中，尽管许多重要据点为爨翫控制，但在每次交战中，由于史万岁身先士卒，大大鼓舞了士气，使战斗进展加快。史万岁军接连攻破爨翫所属30余部，俘获2万多人，平定了叛乱。史万岁因功封柱国将军。开皇十八年（598年），爨翫再次反叛，有人告发史万岁受贿于爨翫，一度被免官下狱。不久，恢复官爵，被任命为河州（治所在今甘肃临夏北）刺史，承担抵御北方突厥贵族侵扰的重任。

开皇年间，东突厥归顺隋朝，但西突厥仍常来骚扰。开皇十九年（599年）十月至二十年四月，西突厥达头可汗为扩大地盘，进军攻略隋朝代郡（治所在平城，今山西大同北）等地。隋文帝派晋王杨广及杨素出灵武道（即灵州道，今宁夏灵武西南一带），汉王杨谅与史万岁出马邑道（即朔州道，今山西朔县一带）迎击突厥。史万岁率军出塞，行至大斤山，与突厥兵相遇。达头可汗派使者前来询问："隋大将是谁？"隋军回答："史

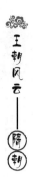

万岁！"突厥使者又问："可是敦煌戍卒史万岁吗？"隋军回答："正是史大将军。"达头听到隋大将是史万岁，大吃一惊，不再说什么，立即掉转马头，撤兵北去。史万岁下令追击，隋军追赶百余里，才将敌人截住。接着，两军激哉，突厥兵被隋军斩杀数千人，所剩残兵败将，狼狈北逃。隋军紧追不放，深入大漠数百里方才收兵。隋军凯旋，史万岁立了大功。

可是，在这次一同出击突厥贵族的杨素，十分妒忌，生怕史万岁功劳过大。于是，他暗地里对隋文帝挑拨说："突厥本来已降服隋朝，并非来进犯我们，只不过是在塞上放牧罢了。"隋文帝不加调查，竟然听信杨素谗言，将史万岁的功劳全抹掉了。史万岁为此多次上表抗争，申明将士们在回击突厥贵族侵扰中建立的功勋，隋文帝却始终不信。

其后，隋文帝因废太子杨勇的问题，追查太子党羽。一天，隋文帝从仁寿宫（在岐州，今陕西凤翔的北面）回到长安，问及史万岁在哪里。当时，史万岁正在皇宫等候拜谒。杨素看到隋文帝正在怒气之中，便乘机造谣说："史万岁到东宫拜谒太子去了。"隋文帝听后，十分恼火，下令立即召见史万岁。此时，史万岁部下几百位将士也正在皇宫外面，要求向皇帝申诉史万岁战功受杨素压抑问题。史万岁走出宫门对他们说："我见到皇上一定说明真相，事情总会弄个水落石出的。"史万岁迅即来到大殿，叩拜隋文帝，并说："将士们在迎击突厥贵族中勇敢作战，立下了大功，现在却受到压抑。"言辞激愤。隋文帝听后，怒不可遏，下令宫廷武官把史万岁活活打死。事后，隋文帝乃下诏说史万岁是"怀诈邀功"的"国贼"，实为一大冤案。广大官民听到史万岁被打死的消息，无不为之痛惜。

史万岁一生，驰骋沙场，多次平定叛乱，并抵御了北方突厥贵族的骚扰，在维护国家统一方面，作出了卓越贡献。可是，最后由于他不满权臣压抑，直言抗争，竟被隋文帝残暴杀害，真是一个悲剧。

十二、父子同列欲废帝，起兵反叛自杀亡

杨玄感（？—613年），弘农华阴（今陕西华阴市）人。隋朝时期将领，司徒楚国公杨素长子。

1. 父子同列，欲废炀帝

杨玄感，是隋朝司徒杨素之子。杨素攻灭陈朝，协助隋炀帝夺取皇位，平定汉王杨谅叛乱，积累功勋，封楚国公，进位司徒。

杨玄感体貌雄伟，须髯漂亮。幼时不成器，世人大都认为他痴呆。只有父亲杨素常对所亲近的人说："这个孩子不痴呆。"杨玄感长大后，好读书，爱骑射。因父亲杨素的军功，授柱国，与杨素都是二品官。上朝拜见皇帝时，父子同列。

后来，隋文帝杨坚让杨玄感官品降一级。杨玄感拜谢说："没料到陛下如此宠爱我，让我在公庭上得以表示对家父的尊敬。"刚授任郢州刺史时，他一到任，偷偷安排很多耳目，看看官吏们是否能干。那些有政绩和贪污行为的，即使只有一点点事，也会知道，往往揭发其事，没有敢隐瞒欺骗的。吏民敬服，都说他很能干。后来转任宋州刺史，因遭父丧离职。

一年多后，杨玄感担任鸿胪卿，袭爵为楚国公，升任礼部尚书。杨玄感虽然生性骄傲，但爱重文学，四海知名之士，大多到他门下。杨玄感自因累代尊贵显赫，有大名于天下，朝中文武百官，大多是他父亲手下的将吏；又见朝纲渐渐紊乱，隋炀帝杨广又一天比一天爱猜忌，他心中不安，于是与诸弟谋划，准备废掉隋炀帝，立秦王杨浩为帝。

杨玄感随隋炀帝征讨吐谷浑，回来时到了大斗拔谷，当时随从官员都很狼狈，杨玄感想袭击隋炀帝。他叔父杨慎对杨玄感说："朝士的心还是一致的，皇上还没有垮台的迹象，不可胡来呀！"杨玄感这才作罢。

当时隋炀帝喜欢征讨，杨玄感想立威名，偷偷求取将领。他对兵部尚

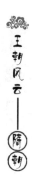

书段文振说："我家世代承受国家大恩，得到的宠爱超过了应得到的，如不立功于边塞，何以塞责？如边疆有风尘之警，我要执鞭于战阵之中，立点小功劳。明公你是主管兵革的，我冒昧地把心思告诉您。"段文振把杨玄感说的话告诉隋炀帝，隋炀帝夸奖杨玄感，对群臣们说："将门必有将，相门必有相，这话真不假。"于是赐给杨玄感缣彩数千段，对他礼遇更加隆重，杨玄感经常参与朝政。

2. 起兵反叛，兵败自杀

大业九年（613年）春天，隋炀帝第二次东征高句丽，命杨玄感在黎阳（今河南浚县）督运粮草。当时，隋末农民战争已经爆发，义军遍布各地。杨玄感于是与武贲郎将王仲伯、汲郡赞治赵怀义等谋议，想让隋炀帝所在的部队断粮挨饿，因此常常逗留，不按时发运粮草。隋炀帝军缓慢下来，派使者来逼促。杨玄感扬言说："水路有很多反贼，不可前后而发运。"他的弟弟武贲郎将杨玄纵、鹰扬郎将杨万硕，都随军到辽东，杨玄感偷偷派人召他们回来。

六月，将军来护儿率领水军，将从东莱入海，前往平壤城，部队还未出发。杨玄感无法号令众人，于是派家奴装作使者，从东方来，谎称来护儿因失军期而造反。杨玄感于是进军黎阳县，关闭城门，大搜男夫。于是用帆布做牟甲，设置官署，都按开皇年间的办法来办。他又送文书到周围的州郡，以讨伐来护儿为名，让他们发兵，到粮仓所在地相会。李密自长安应召至军，为杨玄感谋主。杨玄感以东光县尉元务本为黎州刺史，赵怀义为卫州刺史，河内郡主簿唐祎为怀州刺史，部众近万人。李密认为：北据幽州，断隋炀帝后路，为上策；西入长安，控制潼关（今陕西潼关东北），为中策；就近攻洛阳，胜负难测，为下策。杨玄感以下策为上计，将引兵从汲郡（今河南淇县东）渡河，围攻东都洛阳。唐祎到了河内，跑到东都报告杨玄感谋反之事。越王杨侗、民部尚书，随之叛乱的人有很多，犹如街市一般。

几天之后，驻兵于上春门，人数达到十几万。樊子盖命令河南赞治裴弘策抵抗，裴弘策战败。瀍、洛的父老乡亲们竞相送牛送酒，慰劳杨玄感。杨玄感屯兵于尚书省，经常向众人发誓说："我身为上柱国，家里黄金巨万，到了既富且贵的地步，我一无所求。现在我不顾破家灭族，只是为天下人解倒悬之急，拯救黎民百姓的性命罢了。"众人都很高兴，到他军门请求效力的，每天都有数千人。杨玄感还给樊子盖写信，说明利害关系，希望樊子盖能归顺于他，然后率军进逼东都洛阳。

刑部尚书卫玄，率众几万，从关中来援救洛阳。卫玄用步兵、骑兵2万，渡过瀍、涧来挑战，杨玄感假装失败。卫玄追赶他，这时杨玄感的伏兵冲了出来，卫玄的前军全被消灭。几天后，卫玄又与杨玄感交战，两军刚交战,杨玄感就让人大呼道："官军已经捉住杨玄感了！"卫玄军稍稍松懈下来，杨玄感与几千骑兵乘机进攻，卫玄军于是大败，只带了8000人逃走。

隋·敦煌壁画

杨玄感骁勇力大，每次作战，亲自挥舞长矛，身先士卒，呼叫叱咤，众敌莫不震骇。时人比作项羽。善于安抚、带领部队，士兵乐意为他拼死效力，战无不胜。卫玄军一天天蹙迫，粮食殆尽。于是，全部上前决战，阵地就摆在北邙。一天之中，交战十几次。杨玄感的弟弟杨玄挺被流箭射死，杨玄感稍稍退却。樊子盖又派兵进攻尚书省，又杀了几百人。隋炀帝派武贲郎将陈棱在黎阳进攻元务本，武卫将军屈突通驻扎在河阳，左翊卫大将军宇文述发兵继进，右骁卫大将军来护儿又来增援。杨玄感请计于前民部尚书李子雄，李子雄说："屈突通晓习军事，如一渡过黄河，那么就胜败难定了。不如分兵拒守黄河。屈突通过不了黄河，那么，樊子盖、卫玄就失去了援兵。"杨玄感认为可行，将分兵赴黄河拒防屈突通。

樊子盖知道他的计谋，几次进攻他的军营，杨玄感不能前进。屈突通于是渡过黄河，在破陵驻军。杨玄感分为两支人马，西面抵抗卫玄，东面抵抗屈突通。樊子盖又出兵，于是大战，杨玄感军频频败北。杨玄感又请计于李子雄，李子雄说："洛阳的援军到了，我军屡败，不可久留。不如直入关中，打开永丰仓，以赈济穷人，三辅可指挥而平定。占据粮仓，再向东争夺天下，这也是霸主之业。"刚好华阴的各位杨姓请求当向导，杨玄感于是放弃洛阳，西取关中，扬言说："我已破了东都，要夺取关西去了。"宇文述等部队跟在后面追击。到了弘农宫，父老们拦着杨玄感说："弘农宫兵力空虚，又有很多粮食，容易打下来。这样，进可绝敌人的粮食，退可占取宜阳的地盘。"杨玄感同意，留下攻弘农宫，打了3天，打不下来，追兵追了上来。杨玄感往西到了阌乡上盘豆，布阵连绵50里，与官军且战且走，一天几次战败。又在董杜原摆下战阵，诸军进攻，杨玄感大败，独与十几个骑兵逃奔上洛（今陕西商县）。

八月初一日（8月21日），到了葭芦戍，杨玄感自知难免一死，对弟弟杨积善说："事情失败了，我不能让人杀辱，你先把我杀死吧。"杨积善抽刀砍死杨玄感，然后自己自杀，但自杀未死被追兵擒获，与杨玄感的首级一起送到隋炀帝的行宫。在洛阳将杨玄感分尸，并暴尸 3 天，又把他的肉切成一块一块，放火焚烧。余党全被平息，杨玄感的诸弟义阳太守杨玄奖、杨万硕、杨民行皆被杀。公卿请求把杨玄感的杨姓改为枭姓，隋炀帝下诏同意。

杨玄感起兵虽历时短暂，但它标志着隋朝统治阶级的分裂，严重削弱了隋统治势力，激发了大规模的农民起义。

十三、善用兵者唯义臣，三捷之功功名传

杨义臣（？—617 年），本姓尉迟，鲜卑族，肆州代县（今山西代县）人。隋朝将领，北周仪同大将军尉迟崇之子。

1. 出身将门，击破突厥

杨义臣的父亲尉迟崇，为北周仪同大将军，率兵镇守恒山。当时，杨坚任定州总管。尉迟崇知道杨坚相貌非常，常常与他交结，杨坚对他很亲近。

大象二年（580 年），杨坚为北周丞相后，尉迟迥起兵，尉迟崇因与反贼是同族的缘故，把自己关在牢里，派人赴京请罪。杨坚下书慰问他，让他乘驿车回朝，把他安排在身边。杨坚代周建隋后，封尉迟崇为秦兴县公。当时尉迟义臣还年幼，养育在宫中。

尉迟义臣不满 20 岁时，就已奉诏像千牛卫那样当侍卫几年了，杨坚给他的赏赐很多，赐姓杨氏，编入杨门家谱。不久，授杨义臣为陕州刺史。

杨义臣谨慎忠厚，长于骑马射箭，有将领之才，因此杨坚很器重他。

开皇十九年（599 年），突厥达头可汗进犯边塞，杨义臣以行军总管身份，率领步兵、骑兵 3 万人马，出白道，与突厥军相遇，交战，大破突厥。

开皇二十年（600 年），突厥又进犯边塞，雁门、马邑二地多受其害。杨义臣出兵击破突厥，突厥败逃塞外，杨义臣率兵追击，追到大斤山，与

突厥相遇。当时，太平公史万岁率领军队也赶到了，杨义臣与史万岁合力出击，大败突厥兵。史万岁被杨素陷害致死，杨义臣的功劳竟不被著录。

仁寿初年（601年），授朔州总管。

2. 大破钟葵，南征北战

仁寿四年（604年），杨坚驾崩后，杨广即位，汉王杨谅在并州起兵反叛。当时，代州总管李景被汉王的部将乔钟葵包围，杨广下诏让杨义臣去救援他。

杨义臣率领骑兵、步兵二万，夜出井陉，快天亮时，已赶了几十里路。乔钟葵侦悉杨义臣人马少，于是全部上阵来抵抗杨义臣。乔钟葵的副将王拔，骁勇无敌，特善用矛肖，射他又射不中，他常带几个骑兵冲锋陷阵。杨义臣特担心他，于是招募能够抵挡王拔的人，车骑将军杨思恩请求与王拔交战。杨义臣见杨思恩气貌雄勇，对他说："真是壮士！"赐给他一卮酒。杨思恩远远望见王拔站在阵后，就把酒斛往地上一丢，策马而赴敌。杨思恩冲了两次，都没有克敌制胜，杨义臣就又选十几个骑兵随他前去。杨思恩于是向前猛冲，杀了几个叛军，一直冲到王拔的军旗下。两人短兵交战，

隋朝灵山铭四兽镜

杨思恩从骑兵退后被王拔所杀。王拔乘胜进军，杨义臣军退了十几里。杨义臣赎回杨思恩的尸体，放声痛哭，三军无不流泪。杨思恩的随从骑兵都被腰斩。

杨义臣因自己兵少，于是把军中的牛和驴子全部清出来，清了几千头，又令兵卒几百人，每人拿一个鼓，偷偷地把牛和驴子赶到山谷里，出其不意。吃了晚

饭，杨义臣又与乔钟葵交战，两军刚交手，杨义臣就命令驱赶牛和驴子的疾速前进。一时间，战鼓震天，尘埃弥天，乔钟葵军不知究竟，还以为是伏兵大发，因此大大地溃败。杨义臣纵兵反击，大破乔钟葵。杨义臣因战功升任上大将军，继而授他为相州刺史。

大业三年（607年），杨广调杨义臣任宗正卿。不久，转任太仆卿。

大业五年（609年），杨义臣随杨广征讨吐谷浑。杨广令杨义臣驻军于琵琶峡，军营相连达80里，南接元寿，北连段文振，把吐谷浑国主包围在覆袁州。

大业八年（612年），又随杨广征讨辽东，杨义臣率军直指肃慎道。到了鸭绿江，与乙支文德交战，杨义臣每次都当先锋，一天打了七次胜仗。后与各路军马都打了败仗，竟坐罪免职。

大业九年（613年），杨广以杨义臣为副将，与大将军宇文述去进攻平壤。到了鸭绿江，碰上杨玄感作乱，班师回朝，代理赵郡太守。妖贼向海公聚众作乱，寇掠于扶风、安定两地之间，杨义臣奉圣旨扫平了他们。继而在大业十年（614年），随杨广再征讨辽东，杨义臣迁为左光禄大夫。

当时渤海人高士达、清河人张金称，都相聚为盗，已有几万之众，攻陷郡县。杨广派将军段达进讨，不能取胜。有诏让杨义臣率领从辽东回来的兵马几万去进剿。杨义臣大破高士达，斩了张金称。又收拾降兵，进入豆子航，讨伐格谦，活捉了他。

此后，杨义臣游弋河北一带，随把战况和河北群贼蜂起的情况上书朝廷。朝中内史侍郎虞世基负责把各地上奏的表文呈送杨广，他知道杨广不愿听到各地盗乱情况的奏报，每当有这样的奏报，他总是掩饰真情，不实事求是地报告，只是对杨广说："盗贼成不了气候，地方的官吏正在全力追剿，很快就会彻底剿除的。"并劝说皇帝不必忧心介意。当杨广接到杨义臣在河北收降数十万叛军的捷报后，不禁叹息说："我原来没有听到盗贼发展到如此地步？贼势发展得这样快，杨义臣降贼这么多？"虞世基却仍然

对杨广说："盗贼都是小股势力，虽多但终不能成气候，不必担忧；杨义臣几尽剿除盗贼，长期在京城之外拥有重兵，很不合适，不得不防。"杨广竟以为然，随即下令追回杨义臣，并遣散他的士兵。杨义臣为此抱憾忧愤，不得不回朝听命。

不久后，张金称、高士达的余部全都归附窦建德，河北叛军复盛。回朝后，杨义臣因军功升任光禄大夫，不久拜授礼部尚书。不久，在官任上去世。

十四、廉正节概薛世雄，荣高八使张须陀

1. 名将薛世雄

薛世雄（555—617年），字世英，河东汾阴（今山西省万荣县）人，泾州刺史、舞阴郡公薛回之子，隋朝将领。

薛世雄自幼性情凶狠好斗，成年后他随北周武帝讨伐北齐，以军功授任帅都督。隋文帝时期，薛世雄多次建立战功，官至仪同三司、右亲卫军骑将。隋炀帝统治时期，他先后参加对吐谷浑、突厥、高句丽的战争。

大业四年（608年），隋炀帝任命薛世雄为玉门道行大将军，与东突厥首领启民可汗联合进攻伊吾国。薛世雄率军出玉门，启民可汗没有到。薛世雄孤军越过沙漠，伊吾人开始以为隋军不可能到来，所以都没有做防备，当听说薛世雄军已越过沙漠，大为恐惧，于是请求投降。薛世雄就在汉代旧伊吾城东筑新城，留下银青光禄大夫王威率领1000余名士兵戍守伊吾城，薛世雄率军返回。回京后，薛世雄因功升任正议大夫。

大业八年（612年），薛世雄奉命率军出沃沮道，与各路大军全部到鸭绿江西岸汇集，共同攻打高句丽。隋军在萨水与高句丽军交战，高丽军在白石山追击围困薛世雄军，薛世雄奋勇攻击，将高句丽军打败。薛世雄回朝后，受到免官的处分。后来，隋炀帝两次发动对高句丽的战争。高句丽

战争结束后，薛世雄迁升右御卫大将军，到涿郡留守。

隋末，各地贵族豪强纷纷拥兵自立，声势浩大的隋末农民起义随即爆发。大业十三年（617年），李密率领瓦岗农民起义军大军进攻洛阳，隋炀帝下诏命薛世雄率领燕地3万精兵讨伐李密。隋炀帝同时命令王世充等将领都接受薛世雄指挥，所遇见的叛军，可以随便诛杀。薛世雄走到河间，在七里井驻军。窦建德的部众惊惶恐惧，从占领的各城池中撤出向南逃走，声称返回豆子𡎐。薛世雄认为他们是惧怕自己，不再提防。窦建德策划回击隋军。窦建德驻地距薛世雄的军营有140里，建德率领敢死队280人先行，命令其余的人随即陆续出发，并与士兵约好："夜里到达薛营就进攻他们，若到达时天已经放明，就投降。"窦建德率军走到距薛营不到1里的地方，天就要放亮，窦建德惶惑，和大家商议投降之事。恰好天降大雾，人相隔咫尺都无法辨认，窦建德高兴地说："天助我也！"于是率军突入薛营袭击他们。薛世雄兵营大乱，兵卒们都翻越栅栏逃走，薛世雄无法制止，他只和左右几十名骑兵逃回涿郡。薛世雄惭愧忧愤，发病而死，时年63岁。

2. 大将张须陀

张须陀（565—616年），字果，弘农阌乡（今河南灵宝西）人，祖籍南阳西鄂（今河南南召县）人。隋朝时期大将，北周南阳郡公张思之孙。

张须陀性格刚烈，有勇有谋。开皇十七年（597年）二月，昆州（治所在今云南昆明）刺史、羌族首领爨翫举兵反隋，张须陀跟随行军总管史万岁前去进讨。

仁寿四年（604年），隋炀帝杨广继位。隋炀帝的五弟并州总管、汉王杨谅因不满其兄即位，遂于并州（今山西太原西南）起兵反叛。张须陀跟随并州道行军总管杨素平定叛乱，因功加任开府。

大业六年（610年），张须陀为齐郡（治所在今山东济南）丞。时值隋炀帝数次用兵高句丽，致使百姓失业，再加上饥荒，粮食的价格飞涨。张须陀决定开仓放粮，赈济灾民。官属都认为："必须等待陛下的诏敕，不能够私自开仓赈粮。"张须陀则说："如今陛下在远方，派遣使者往来，必定要一年的时间。百姓有倒悬之急，如果等待报告上去，百姓就要填坑去。我如果以此获罪，虽死无恨。"于是先斩后奏，开仓放粮。隋炀帝得知后，并没有责备张须陀，反而奖赏。

大业七年（611年）三月，邹平（今山东邹平北）人王薄煽动群众，以长白山（今山东邹平会仙山）为根据地，首次举起了反隋叛旗。躲避征役的百姓主动聚集在王薄叛旗之下，达到数万人。经常在齐郡境内活动，官军多次围剿都被打败。时任齐郡丞的张须陀带兵征讨，王薄引军南下，转战到鲁郡（治所在今山东兖州）。张须陀穷追不舍，追至岱山之下时，王薄恃其骤胜，未设防备，张须陀选精锐，出其不意而攻击王薄军，大败王薄军斩首数千级。王薄收拢被打散的部下万余人北上渡过黄河，又被张须陀追至临邑（今济南市北）击败，斩首5000余级，获六畜万计。

当时天下太平日久，百姓多不习兵，地方官吏每与叛军作战，或弃城逃跑，或开门出迎。唯独张须陀勇决善战，同时又擅长抚驭，所以很得军心，当时号为名将。

大业九年（613年），王薄又联合起孙宣雅、石秖阇、郝孝德叛军十余万人攻打章丘（今山东章丘北）。张须陀派遣水军断其水运，自率两万步兵、骑兵击讨叛军，叛军大败，散军溃至津梁时，又被水军周法尚所拒。张须陀与周法尚水陆夹击再次大败叛军，获其家累辎重不可胜计，还发布告捷文书以让朝

隋唐武士俑

廷听闻。隋炀帝闻讯后非常高兴，褒奖了张须陀，并派人画其相貌而奏之。

同年，裴长才、石子河等率两万叛军攻至历城，纵兵大掠。张须陀当时没来得及召集士兵，于是亲率五骑与叛军作战。叛军为其所吸引，遂引兵围攻。张须陀身陷重围，身上多处受伤，勇气弥厉。时城中援兵至，叛军稍退。张须陀督军再战，大败叛军，裴长才败逃。

大业九年（613年）三月二十六日，北海郡（治今山东益都）郭方预聚众三万，自号卢公，攻陷郡城，率部造反。郭方预又与秦君弘等叛军联合围攻北海郡，兵威强盛。张须陀对部下说："贼人自恃兵力强盛，以为我不能救援，我如今急速赶去，一定能击破他们。"众将都不敢接口，唯有勇将罗士信和秦叔宝请战。于是挑选精兵加快速度前进，叛军果无防范，隋军趁机发起进攻，大败叛军，斩杀数万人。司隶刺史裴操之为其上书请功，隋炀帝再次派人犒劳张须陀军。

当时齐郡人左孝友起兵反隋，并占据蹲狗山（今山东招远东北），队伍发展至10万人。大业十年（614年）十一月，张须陀统兵进剿叛军，隋军列"八风营"紧逼左孝友部，又分兵扼守要害。左孝友被迫率众出降。其部将解象、王良、郑大彪、李宛各拥兵万余，也都被张须陀镇压。张须陀一时威震东夏，因功升任齐郡通守，领河南道十二郡黜陟讨捕大使。

大业十年（614年）十二月，涿郡（治所在今北京城西南）人卢明月率军十余万人屯祝阿（今山东禹城西南）。张须陀统兵一万余人进击。双方相距六七里设营栅相持，经十余日，隋军粮尽将退。张须陀不想丧失战机，便对部下说："贼军见我退兵，势必倾巢追击，能有精锐士卒偷袭敌营，必将有利，有谁为我去偷袭？"众人都不回答，唯独秦琼与罗士信请战。张须陀于是命二人各率1000精兵埋伏草木丛中，自己引兵弃营佯装逃跑，卢明月率全军紧追。秦琼、罗士信乘机率伏兵攻入叛军营寨，放火焚烧30余栅，敌营守卒大乱，卢明月率部迅速回救，遭张须陀回师夹击，叛军溃败，被斩杀无数，卢明月仅以数百骑突围。此后张须陀相继击败了吕明星、帅仁泰、霍小汉等义军。还率兵拒翟让的瓦岗军，前后30余战，每战都击败瓦岗军。

大业十二年（616年），瓦岗叛军在翟让领导下已发展成为河南地区最强的一支叛军。十月，曾随礼部尚书杨玄感起兵反隋的李密投靠翟让后，即建议瓦岗叛军席卷二京（长安、洛阳）、诛灭暴政。时瓦岗叛军粮食供给不足，仅靠截取隋廷漕运来维持军需。于是，翟让采纳李密的计谋，决定先取荥阳（郡治在今河南郑州），夺取粮仓，进一步壮大力量，然后再图进取。据此，翟让率军由瓦岗寨（今河南滑县南）西进，相继攻占金堤关（今河南荥阳东北）和荥阳郡大部县城，进逼荥阳城。

隋炀帝任命张须陀为荥阳通守，率其精锐万余前往讨伐翟让。翟让多次被张须陀打败，听闻其率兵来剿，大为恐惧，准备远远躲避他。李密说："张须陀虽然勇猛却没有谋略，其部队又多次打胜仗，士兵们既骄狂又凶狠，我们可打一仗就擒获他们。您只管排列阵势等候他，我保证为您打败他们。"翟让不得已，率领士兵准备打仗。李密分派千余骑兵（一说数千人）埋伏于大海寺（今河南荥阳东北）北树林内，而以主力从正面迎敌。十七日（616年12月1日），张须陀军以方阵进击，翟让率军接战后退，张须陀趁机追击十余里，至大海寺附近，瓦岗叛军伏兵骤起，翟让、李密与叛军将领徐世勣、王伯当将隋军合围。张须陀力战得以突围，但见部下仍然被围，遂再冲进包围圈营救，如此四次，其部下皆败散。张须陀仰天道："兵败到了这种地步，哪还有脸面见天子呢？"于是下马与敌军交战，被李密、翟让等人斩杀，时年52岁。所部官兵昼夜号哭，数日不止。隋炀帝非常悲伤，追赠他为金紫光禄大夫、荥阳郡守。

第二章 / 当世名臣

一、新朝初定外敌猖，二将屡败突厥兵

隋朝刚刚起来时，虽有新朝的不可抵挡之势，但依旧如刚出世的婴孩，被敌人盯着。这个敌人就是突厥。但是隋朝厉害的人物颇多，窦荣定与杨爽就在这时展现了出来，在攻打突厥的战事中，给了敌人狠狠的震慑作用。

1. 窦荣定

窦荣定（530—586 年），本姓纥豆陵氏，字荣定，扶风平陵（今陕西咸阳市）人，鲜卑族。隋朝外戚大臣，太仆卿窦善之子，隋文帝杨坚姐夫。

窦荣定，扶风郡平陵人，出身世家贵族。窦荣定沉着稳健，很有气度，仪表堂堂，须髯华美，熟习弓马。魏大统年间（535—551 年），任官千牛备身。

丞相宇文泰很赏识他，授予他平东将军官职，赐给他宜君县子爵位，食邑 300 户。后来窦荣定跟随宇文泰在北邙山同北齐作战失利。窦荣定和汝南公宇文神庆一起带领 2000 精锐骑兵，拦腰冲击北齐军队，导致北齐军队退却，并因此战功被擢升为上仪同。其后，跟随武元皇帝杨忠引突厥木杆可汗占领北齐的并州，赐绢 300 段，世袭爵位永富县公，食邑 1000 户，升为开府，拜忠州刺史。跟随北周武帝宇文邕平定北齐，加升为上开府，

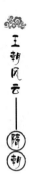

授官前将军、次飞中大夫。

窦荣定的妻子是杨坚的姐姐安成公主。杨坚小时候就与窦荣定友情深厚，窦荣定也知道他有帝王之相，特别与之诚心结交。等到杨坚做北周国相时，窦荣定统率左右宫伯，镇守天台，总管露门内两侧建筑的仪仗护卫，因此时常夜宿在宫内。

尉迟迥之乱刚平息，朝廷特别注重山东政局，于是封窦荣定为洛州总管以镇守山东，前后赏赐给窦荣定细绢 4000 匹，西凉女乐一部。

开皇元年（581 年），杨坚受禅即位，窦荣定到京师朝见。隋文帝环顾群臣，对他们说："我自小厌恶轻浮，与我性情相近的人，只有窦荣定而已。"于是赐窦荣定骏马 300 匹，亲兵 80 户，护送他回洛州。后来，窦荣定因事获罪而被解除职务，安成长公主对皇帝埋怨道："天子的姐姐要做农夫的妻子了。"隋文帝无奈，不久又封窦荣定为右武候大将军。

隋文帝多次亲临窦荣定的府第，恩赐丰厚，时常令尚食局每日供应羊一只，其余珍馐佳肴也供给相当。窦荣定又以辅佐天子登基有功，被封为上柱国、宁州刺史，于开皇二年（582 年）四月，恢复了右武候大将军的官职，旋即又任秦州总管，高祖赐给他鼓乐一部。

开皇三年（583 年），突厥沙钵略可汗率领阿波可汗、贪汗可汗侵犯边境，高祖派窦荣定为行军元帅，与河间王杨弘、豆卢勣、高颍、虞庆则等一起分道，统领九部总管、步兵和骑兵 3 万，出兵凉州，在高越原与突厥阿波可汗开战，两军相持不下。

当时高越原缺乏水资源，隋军官兵干渴难耐，不得已甚至刺马取血解渴，渴死的官兵达到十分之二三。窦荣定仰天叹息，顷刻雨从天降，隋军士气重新振作起来，于是全军奋力进攻，多次挫败敌军锐气。突厥因此畏惧，请求订立盟约罢兵离开。窦荣定班师回朝，高祖赏赐他绢万匹，爵位升至安丰郡公，增加 1600 户食邑，又封窦荣定的儿子窦宪为安康郡公，赐绢5000 匹。

一年多之后，窦荣定被任命为右武卫大将军，随即转任左武卫大将军。隋文帝还想封窦荣定为三公，窦荣定上书说："我时常反思西汉的卫青、霍去病和东汉的梁冀、邓禹，有幸依赖恩荫和皇亲而官位显赫，以致受宠过多而骄傲自满，必然招致获罪灭族之祸。倘若他们能稍微自我抑制，远远地避开权势，谦让而不以功臣自居，那么就可以保全天年，哪里会使宗族覆灭呢？我时常思虑古人，实在担惊受怕。"隋文帝这才作罢，前后给窦荣定的赏赐多到无法计算。

开皇六年（586 年），窦荣定逝世，享年 57 岁。隋文帝很悲痛，为此不上朝，命令左卫大将军元旻，亲自负责他的丧事。隋高祖对左右侍臣说："我曾想封窦荣定为三公，他一再坚辞不受，现在我想追封他为三公，又担心重重地违背了他的遗愿。"于是追封窦荣定为冀州刺史、陈国公，谥号懿。

2. 杨爽

杨爽（563—587 年），字师仁，小字明达，汉族，京兆华阴（今陕西华阴市）人。隋朝宗室、将领，隋武元帝杨忠幼子（第五子）、隋文帝杨坚异母弟。

北周时，杨爽年幼，因杨忠的军功获封同安郡公。六岁时，杨忠去世，由独孤皇后扶养，因此，在诸兄弟中杨坚特宠爱杨爽。

大象二年（580 年），杨坚任丞相，拜杨爽为大将军、秦州总管。转授蒲州刺史，进位柱国。

开皇元年（581 年），杨坚取代北周建立隋朝后，立为卫王。迁雍州牧，领左右将军。不久，迁右领军大将军，权领并州总管，后转凉州总管。

开皇二年（582 年）五月，突厥沙钵略可汗聚集本部兵及阿波等四可汗兵共 40 万突入长城。十二月，进至凉州（今武威市）、金城（今兰州）、天水、延安等地，掠夺而还。

开皇三年（583 年），杨坚命杨爽为行军元帅，率军分道反击突厥。杨爽亲率李充等四将出朔州（今属山西）道，在白道（今内蒙古呼和浩特西北）与沙钵略军相遇。杨爽采纳总管李充的建议，乘沙钵略屡胜轻敌，以 5000 精骑袭其无备，大破沙钵略军，俘千余人，沙钵略可汗受重创潜逃。杨坚赐杨爽真食梁安县千户。

开皇六年（586 年），杨爽复为元帅，率步骑 15 万出合川，突厥遁逃，杨爽回师。

开皇七年（587 年），杨爽被征召入朝任纳言，颇受杨坚器重。七月十六日（8 月 25 日），杨爽因病逝世，年仅 25 岁，追赠太尉、冀州刺史，谥号"昭"。

二、几起几落助杨坚，贪赃枉法得善终

郑译（540—591 年），字正义，荥阳郡开封县（今河南省开封市）人。太常郑琼之孙，司空郑道邕之子。

1. 几起几落，力助杨坚

郑译很有学问，又通晓音乐，善于骑射。郑译的堂祖父、开府郑文宽，娶了北魏的平阳公主。平阳公主就是宇文泰妻子元氏的妹妹。平阳公主没有儿子，宇文泰就让郑译过继给她家。

因此，郑译小时就被宇文泰亲近，总让他与宇文泰诸子玩耍。

郑文宽后来生了两个儿子，郑译又回到了自己家里。宇文邕时，郑译开始当给事中士，后任银青光禄大夫，转任左侍上士。郑译那时死了妻子，宇文泰令郑译娶了梁国的安固公主。

宇文邕亲总万机后，以郑译为御正下大夫，继而转任太子宫尹。当时太子宇文赟失德，内史中大夫乌丸轨常劝宇文邕废掉太子而另立秦王，因

此太子心里总是不安。

此后宇文邕下诏，让太子西征吐谷浑，太子于是私下里对郑译说："秦王是陛下的爱子，乌丸轨是陛下的宠臣。我这次出征，怎能免除公子扶苏被废、被杀的事呢？"郑译说："愿殿下弘扬仁孝，不失为子之道而已，不要为别的事担心。"太子以为然。破贼以后，郑译因功劳最大，赐开国子爵。后来因他与皇太子过于亲近，宇文邕大怒，削职为民。太子又召他去，郑译仍像过去那样与太子亲近。他因此对太子说："殿下何时可得天下？"太子很高兴，而更加亲近他。

宇文邕去世后，宇文赟继位，这就是北周宣帝。北周宣帝越级提拔郑译当开府、内史下大夫，封他为归昌县公，食邑 1000 户，委他以朝政。不久迁任内史上大夫，晋爵为沛国公，食邑 5000 户；又封他儿子郑善愿为归昌公，郑元琮为永安县男，又让他监修国史。

郑译很专权。当时北周宣帝巡幸东京，郑译擅自将官府的建材据为己有，建造私人的府第，因此又被削职为民。不久北周宣帝又召他，待他如初，下诏让他兼管内史事。

起初，杨坚与郑译有同学之谊，郑译又素知高祖相貌堂堂，与他倾心交好。

此时，杨坚被北周宣帝忌恨，心里不安，曾在深巷子里私下对郑译说："我早想出京去辅佐藩王，这是你很清楚的。我冒昧地把这托付给你，请稍稍给我留点意。"郑译说："凭着你的功德、威望，天下归心。你想多福，我怎敢忘记？有机会我会马上说的。"当时，将要派郑译南征，郑译请派元帅。

北周宣帝说："你的意思怎样？"郑译回答说："若定江南，不是贵戚大臣不能镇住。可让隋公杨坚去，暂且让他当寿阳总管，以监督军事。"北周宣帝听从了他的话。于是下诏以杨坚为扬州总管，郑译发兵，与杨坚相会于寿阳，以讨伐陈国。

他们走了一些日子了，北周宣帝病了，于是与御正下大夫刘昉商议，带杨坚回京受托。继而郑译宣诏："文武百官都受隋公节度。"当时，御正中大夫颜之仪与宦官商议，引大将军宇文仲辅政。

宇文仲已到北周宣帝宝座跟前，郑译知道了，马上率领开府杨惠及刘昉、皇甫绩、柳裘一起入宫。宇文仲与颜之仪见了郑译等人，很惊愕，犹豫一会，想出宫去，杨坚因便抓了他们。于是假传圣旨，又以郑译为内史上大夫。次日，杨坚为丞相，授郑译为柱国、相府长史、治内史上大夫事。

2. 贪赃枉法，任上去世

杨坚为大冢宰后，总理万机，以郑译兼任天官都府司会，总管六府诸事。郑译出入于杨坚卧室之内，杨坚对郑译言无不从，赏赐的玉帛不计其数。郑译每次出入，都带着甲士。

当时，尉迟迥、王谦、司马消难等人起兵，杨坚对郑译更加亲近、礼遇。继而迁他为上柱国，恕他10次死罪。郑译生性浅薄，不管政务，但贪赃求货。杨坚悄悄地疏远了他，但因他有定策之功，不忍废逐，就悄悄地告诉他的下级不要把什么事告诉郑译。

郑译还坐在大厅上听事，却没什么事要他处理。郑译害怕了，叩头请求免职，杨坚宽解他，仍以礼相待。

杨坚篡周建隋后，郑译以上柱国和公爵的身份，回到他的府第，杨坚给他的赏赐很多。又把他的儿子郑元璹的爵位升为城皋郡公，食邑2000户；郑元珣为永安男爵。又追赠郑译的父亲和亡兄两个人都当刺史。郑译因被疏远，悄悄地叫来道士章醮，以祈求福分帮助。

他的奴婢上告郑译搞旁门左道，杨坚对郑译说："我没有对不起你，你这么做是什么意思？"郑译无话回答。郑译又因与他的母亲分居，被司法部门弹劾，因此被削职为民。

杨坚下诏书说："郑译的好计谋，我再也听不到了。他买狱卖官，沸沸扬扬，灌满了我的耳朵。如留他在世上，他又是不道之臣；如果杀了他，他又是不孝之鬼。杀他、留他都不好，应该赐他一本《孝经》，让他熟读。"让他与他母亲一起居住。

不久，有诏书让郑译参加撰写法律，又授他开府、隆州刺史。他请求回京治病，有诏书调他回京，杨坚在礼泉宫见他。杨坚赐宴，与他一起喝酒，很高兴，因此对郑译说："贬退你已很久了，我心里很挂念、怜悯你。"于是恢复他沛国公的爵位和上柱国的官职。杨坚对侍臣们说："郑译与我同生共死，在我遭到曲折和危难的时候，他帮我说话。想到这些，我哪天忘记过？"郑译因此持酒敬杨坚。

杨坚命内史令李德林立即起草诏书，高颎开玩笑地对郑译说："笔干了。"郑译回答说："我出为刺史，拄着拐杖回来，没得到一个钱，用什么给你润笔？"杨坚大笑。

不久，有诏让郑译参加讨论音乐之事。郑译以为，北周七声废缺，从大隋受命以来，应该用新的礼乐，另外修定七始，名叫《乐府声调》，总共八篇。上奏杨坚，备受称赞。不久郑译迁任岐州刺史，在任一年多，又奉诏回京到太常制定音乐。他前后所论音乐之事，都记在《音律志》里。

开皇十一年（591年），郑译因病在官任上去世，时年52岁。杨坚派使者去吊唁他。谥号为"达"。他儿子郑元琇继承爵位。

杨广即位后，公侯伯子男五等爵位，全部废除。但因郑译是佐命开国的元勋，下诏追

隋沛国公郑译墓志铭墓盖

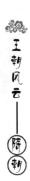

改封郑译为莘公，让郑元踌袭爵。

三、主修礼乐识见高，书史研究第一人

牛弘（545—610年），本姓寮，字里仁，安定鹑觚（今甘肃省灵台）人。

1. 主修礼乐

牛弘尚在褓褓之中时，有相士见了他，对他父亲说："这个小孩日后当会富贵，好好教养他。"他长大后，容貌魁伟，生性宽容，好学博闻。

在北周时，开始任中外府记室、内史上士。不久转任纳言上士，专管文牍，很有美名。迁为威烈将军、员外散骑侍郎，修《起居注》。后来袭封临泾公。宣政元年（578年），转任内史下大夫，升任使持节、大将军、仪同三司。

隋朝开皇初年，升任散骑常侍、秘书监。牛弘因文献典籍散失，上表朝廷，请求开民间献书之路。隋文帝采纳了他的意见，于是下诏，献书一卷，赏缣一匹。一两年间，文献稍稍齐备。牛弘晋爵为奇章郡公，食邑1500户。

开皇三年（583年），授礼部尚书，奉命修撰《五礼》，写成百卷，通行于当代。牛弘请求按古代规矩修建明堂。隋文帝因国家刚刚草创，无暇制作，最后没接受他的建议。开皇六年（586年），牛弘任太常卿。

开皇九年（589年），隋文帝下诏改定雅乐，又作乐府歌词，撰定圜丘五帝凯乐，并议音乐之事。牛弘提出建议，请求十一月以黄钟为宫，十二月以太簇为宫，隋文帝说："不必作旋相为宫，暂且作黄钟一均。"牛弘又呈上建议，请求正定新乐。隋文帝认为他的建议很好，下诏牛弘，让他与姚察、许善心、何妥、虞世基等人一起，正定新乐，这事记载在《音律志》里头。这以后议论修建明堂事，皇上诏令牛弘一条一条地呈上历史故事，议论明堂兴废的得失。隋文帝非常敬重他。

当时杨素凭着才气和富贵看不起人，轻侮大臣，只有看见牛弘，没有哪回不肃然起敬的。杨素将要进攻突厥，到太常与牛弘话别。牛弘送杨素到中门，就停下了。杨素对牛弘说："大将出征，所以来话别，为什么相送如此近呢？"牛弘拱拱手，就退回去了。杨素笑笑说："奇章公可说是其智可及，其愚不可及。"也不把这事放在心上。不久隋文帝授牛弘大将军、吏部尚书。

当时隋文帝又令牛弘和杨素、苏威、薛道衡、许善心、虞世基、崔子发等人一起，召集各位儒生，讨论新法中杀人刑法的轻重。牛弘所提出的见解，众人都很佩服。

仁寿二年（602年），独孤皇后去世，自三公以下的大臣都不能决定安葬皇后的仪礼。

杨素对牛弘说："您是老学者，时人都很仰慕，今天的事，就要请您决定了。"牛弘一点都不推让，一会儿仪礼都安排好了，而且都有根有据。杨素感叹道："士族的礼乐制度都在牛公这里了，这不是我们所能赶得上的呀！"下诏确定服丧之礼，也是牛弘的建议。

牛弘在吏部选举人才时，先看德行，后看文才，务在审慎。虽然选人稍缓，但他所进用的人，大多称职。吏部侍郎高孝基，善鉴赏，很机敏，清廉、谨慎无与伦比，但他爽俊有余，形迹似嫌轻薄，当时执政多因此而怀疑他。只有牛弘深知其真才，推心委任。隋代的选举到这时才最公允，时人更加佩服牛弘见识的远大。

2. 讷言敏行

牛弘荣宠当世，但车子、服饰都很一般，对上尽礼，对下尽仁，讷于言而敏于行。隋文帝曾让他宣布圣旨，牛弘到阶下，不能说话，退回拜见皇上，道歉说："我都忘了。"隋文帝说："传几句话，这只是点小才，你都不行，看来你不是当宰相的料子。"更加称赞他的质朴正直。大业年间，

牛弘塑像

隋炀帝对他更加亲重。

牛弘生性宽厚，笃志于学，虽然公务繁杂，但是手不释卷。隋代旧臣，能始终得到信任的，只有牛弘一人而已。

牛弘有个弟弟叫牛弼，好喝酒，一喝就醉，曾因醉酒，射死了牛弘牛车上的牛。牛弘回家，他妻子对他说："小叔射死了牛。"牛弘听了，无所怪闻，只说："做菜吃。"牛弘坐定后，他妻子又说："小叔忽然射死了牛，真是怪事！"牛弘说："我已知道了。"他脸色不变，仍旧读书。他就是这样待人宽和。

3. 藏书研究

牛弘是开创藏书史研究第一人，对隋代以前书籍亡佚进行了历史研究和总结，提出了著名的藏书"五厄论"，对后世的藏书文化的研究产生深远影响。又着手整理皇室藏书，平陈以后，经籍渐备，然而检其所藏，多纸墨不精，书写亦拙劣，于是总集编次，存古本。召天下工书之士，如京兆韦霈、南洋杜頵等人，于秘书省内补续残缺，为正副三本，藏于宫中，其余存放秘书内三阁，凡3万余卷。与学者王劭等编撰有《开皇四年四部目录》《开皇八年四部目录》《开皇二十年四部目录》，对隋一代图书整理事业大有贡献。

他擅长文学，精通律令，受命主撰《大业律》18篇500条。

杨广为东宫太子时，几次给牛弘赠送诗书，牛弘也有诗书回答。到杨广继位后，曾赐牛弘诗道："晋家山吏部，魏世卢尚书。莫言先哲异，奇才并佐余。学行敦时俗,道素乃冲虚。纳言云阁上,礼仪皇运初。彝伦欣有叙,垂拱事端居。"

大业二年（606 年），升任上大将军。大业三年（607 年），改任右光禄大夫。

大业六年（610 年），随同隋炀帝巡幸江都。十一月，在江都郡去世，时年 66 岁。杨广伤悼痛惜不已，赠予甚多。归葬安定，追赠他为开府仪同三司、光禄大夫、文安侯，谥"宪"。

四、平定岭南间突厥，功比张骞通中西

裴矩（547—627 年），本名世矩，字弘大，河东闻喜（今山西闻喜东北）人，北魏荆州刺史裴佗之孙，北齐太子舍人裴讷之之子。隋唐时期政治家、外交家、战略家、地理学家。

1. 平定岭南，讨伐突厥

裴矩自幼丧父，由伯父裴让之抚养成人。他勤奋好学，颇有心计，在北齐时历任司州兵曹从事、高平王文学。北齐灭亡后，裴矩被定州总管杨坚征辟为记室，深受器重，后因母丧返回家乡闻喜守孝。

大象元年（579 年），北周静帝任命杨坚为丞相。杨坚遣使前往闻喜，召裴矩回京，授为丞相府记室。开皇元年（581 年），杨坚称帝，建立隋朝，是为隋文帝。裴矩升任给事郎，主管内史省事务，代理内史舍人。

开皇八年（588 年），隋文帝任命晋王杨广为元帅，率军南伐陈国，裴矩则任元帅府记室。隋军攻破丹阳后，杨广命裴矩与高颎一同收集陈国的地图、户籍。

开皇十年（590 年），裴矩奉诏巡抚岭南地区。他尚未启程，高智慧、汪文进便在江南作乱，使得吴越一带道路难以通行。裴矩行至南康，聚集

士卒数千人，与大将军鹿愿解东衡州之围，先后在大庾岭、原长岭击破叛军，斩杀周师举，一直打到南海。

后来，裴矩安抚岭南20余州，并承制任命州中渠帅为刺史、县令。裴矩回朝后，被授为开府，赐爵闻喜县公，并担任民部侍郎，不久又改任内史侍郎。

当时，突厥强盛，而都蓝可汗之妻大义公主又是北周宗室之女，因此常入侵边境。开皇十三年（593年），大义公主与随从私通，被长孙晟揭发。裴矩趁机请求出使突厥，游说都蓝可汗，让他杀死大义公主。后来，大义公主果然被杀。

开皇十九年（599年），都蓝可汗与达头可汗联盟，大败启民可汗，启民可汗南下归附隋朝。隋文帝任命太平公史万岁为行军总管、裴矩为行军长史，出兵定襄道，趁机攻打突厥。同年十二月，都蓝可汗被部下杀害，达头可汗自立。

开皇二十年（600年），史万岁击破达头可汗，却在回朝后被隋文帝冤杀。裴矩的战绩也因此未被叙录，后奉命抚慰启民可汗，升任尚书左丞。仁寿二年（602年），独孤皇后病逝。裴矩与牛弘参照《齐礼》，制定殡葬制度，改任吏部侍郎。

2. 经略西域，随征辽东

隋炀帝杨广继位后，西域诸国纷纷前往张掖，同中原往来通商，裴矩奉命监管互市。他知道隋炀帝有吞并西域的打算，便借机查访西域的风俗、山川等情况，撰写《西域图记》三篇，回朝奏明朝廷。隋炀帝大喜，每日都向他询问西域情况。裴矩盛赞西域珍宝，又提议吞并吐谷浑。隋炀帝遂命裴矩经略西域，又拜他为民部尚书。不久，裴矩升任黄门侍郎、参与朝政，并前往张掖，引导西域蕃邦入京朝贡。隋炀帝祭祀恒山时，西域有十几个国家遣使助祭。

大业四年（608年），裴矩游说铁勒，让他们出兵攻打吐谷浑。吐谷浑大败，可汗伏允向隋朝遣使请降，并求取救兵。隋炀帝命杨雄、宇文述率军迎接，结果伏允畏惧隋军，不敢投降，率部西迁。宇文述攻入吐谷浑境内，夺取曼头、赤水二城，掠夺大量人口。吐谷浑大举南迁，其原有领土东西4000里、南北2000里皆被隋朝占领。

大业五年（609年），隋炀帝打算西巡河右。裴矩遣使游说高昌王麹伯雅与伊吾吐屯设等人，许以厚利，让他们派使者入朝。三月，隋炀帝西巡，到达燕支山。高昌王麹伯雅、伊吾吐屯设等人与西域27国国主亲自相迎，焚香奏乐，歌舞喧哗，还让武威、张掖等郡百姓穿着盛装跟随观看，车马堵塞，绵延十余里。隋炀帝非常高兴，进封裴矩为银青光禄大夫。

大业六年（610年），隋炀帝到达东都洛阳。裴矩以"蛮夷朝贡者多"为由，建议隋炀帝召集四方艺人，在洛阳端门街陈列百戏，让官员百姓盛装华服，任意观看。三市店肆还设置帷帐，大摆酒席，对蕃民盛情款待。蕃民嗟叹不已，都称中原是神仙之地。裴矩因此得到隋炀帝的赞赏，并协助薛世雄修筑伊吾城。后来，裴矩又进献反间计，使射匮可汗进攻处罗可汗，处罗可汗只得随使者入朝。

大业七年（611年），裴矩随隋炀帝巡幸塞北，到达启民可汗属地。当时，高句丽已先遣使与突厥沟通。裴矩建议隋炀帝让高句丽入贡，结果高句丽国王高元却不肯入朝。隋炀帝大怒，于次年发兵征讨高句丽，裴矩兼领武贲郎将，随军出征，不料最终兵败而回。大业九年（613年），裴矩再次随征高句丽。当时，杨玄感叛乱，兵部侍郎斛斯政叛逃高句丽。裴矩兼掌军中事务，进位右光禄大夫。八月，隋炀帝回师涿郡，剿灭杨玄感，又命裴矩安抚陇右一带。裴矩前往会宁，抚慰曷萨那部落，并让阙达度设入侵吐谷浑，大肆劫掠，壮大其部落。回来后，隋炀帝又对他大加赏赐。

3. 总领北蕃，从幸江都

大业十年（614年），裴矩随隋炀帝前往怀远镇，并总领北蕃军事。他欲分化东突厥始毕可汗的势力，便建议将宗室女嫁给始毕之弟叱吉设，并封其为南面可汗。叱吉设未敢接受，而始毕可汗也心生怨念。裴矩命人将备受始毕信任的西域胡人史蜀胡悉诱骗到马邑互市，加以杀害，并遣使回报始毕可汗，称史蜀胡悉背叛可汗。但始毕可汗最后知道了事实真相，从此不再向隋朝朝贡。大业十一年（615年），隋炀帝巡狩北塞，被始毕可汗率领数十万骑兵围困在雁门关。裴矩与虞世基每日都留宿在朝堂之中，以备顾问。雁门解围后，裴矩随隋炀帝返回东都洛阳。

大业十二年（616年），裴矩随隋炀帝前往江都（今江苏扬州）。当时，天下大乱，义军四起，各处郡县纷纷上奏朝廷，裴矩奏知隋炀帝。隋炀帝大怒，让他回长安接待蕃国使臣，但裴矩却称病未去。后来，隋炀帝更加骄奢淫逸，裴矩只是逢迎取悦，不敢有所谏诤。

义宁元年（617年），李渊在太原起兵反隋。屈突通驻守河东，但却兵败归降，隋炀帝向裴矩问策。裴矩趁机劝谏，建议隋炀帝返回关中平叛，

突厥人的骑兵装扮

隋炀帝不听。当时，骁果军思家心切，纷纷逃离江都。裴矩向隋炀帝进言，建议将江都寡妇和未嫁女子配给士卒，让他们在江都成家。骁果军都对裴矩非常感激，军心逐渐稳定，但局势已难以挽回。同年十一月，李渊攻入长安，立代王杨侑为帝，自任大丞相、唐王。

4. 辗转归唐，晚年拜相

武德元年（618年），宇文化及发动江都之变，弑隋炀帝。裴矩当时正在上朝途中，也被叛乱的骁果军擒获，但因当初为骁果娶妇之举，未被杀害。宇文化及立秦王杨浩为帝，任命裴矩为侍内（即侍中）。后来，宇文化及篡位，建立许国。裴矩被授为尚书右仆射、光禄大夫、河北道安抚大使，封蔡国公。而这时，李渊早已在长安称帝，建立唐朝。

武德二年（619年），宇文化及兵败被杀，裴矩又被建立大夏国的窦建德俘获。窦建德认为裴矩是隋代旧臣，对他加以礼遇，任命他为吏部尚书。裴矩后又以尚书右仆射之职主持铨选，并制定朝纲礼仪，使得夏国法度完备。窦建德大悦，常向他咨询政事。武德三年（620年），窦建德渡过黄河，攻打孟海公，命裴矩与大将曹旦一同留守洺州。

武德四年（621年），窦建德在虎牢关之战中被秦王李世民生擒。曹旦接受长史李公淹与唐朝使臣魏徵的劝说，决定降唐，便让裴矩与李公淹、魏徵前往长安，并将崤山以东地区全部献给唐朝。裴矩被高祖授为殿中侍御史，封安邑县公。武德五年（622年），裴矩被拜为太子左庶子，后改任太子詹事。

武德八年（625年），裴矩兼任检校侍中。当时，西突厥统叶护可汗遣使入朝，请求和亲。唐高祖认为西突厥距离唐朝甚远，难以提供援助，因而犹豫不决。裴矩认为如今东突厥强盛，为国家当前的利益着想，应该远交近攻，答应和亲，以威慑颉利可汗。等中原国力殷实，能对抗东突厥，再考虑适宜的对策。唐高祖听从了他的建议。

武德九年（626年），李世民发动玄武门之变，诛杀太子李建成、齐王李元吉。二王余党退守东宫，欲与李世民决战。李世民命裴矩前往劝谕，东宫兵马纷纷逃散。不久，李世民被立为皇太子，并于八月继承帝位，是为唐太宗，任命裴矩为民部尚书。

贞观元年（627年），裴矩病逝，时年80岁。追赠绛州刺史，谥号敬。

裴矩是隋朝著名外交家、战略家，曾用离间计分裂突厥，借内耗削弱其实力，从而减轻对中原的威胁，为日后唐朝战胜突厥埋下伏笔。他还经略西域，致力于中西商贸和文化交流，使西域40国臣服朝贡于隋朝，拓疆数千里，史称"交通中西，功比张骞"。此外，裴矩还是著名的地理学家，曾编写《西域图记》3卷，记载西域44国的地理资料。

第三章 乱世枭雄

一、长白山前知世郎，率先发难引狂潮

王薄（？—622 年），齐郡邹平（今山东省邹平市北）人，隋末农民起义军领袖。

王薄本是隋朝齐郡邹平县（今山东邹平北）的一名普通百姓。大业七年（611 年）十二月，王薄因兵役繁重，便与同郡人孟让聚众起兵反隋，他们占据长白山（今山东邹平、章丘交界处）作为根据地，在齐郡、济北郡（今山东平阴、东阿一带）附近抢劫掠夺，王薄自称"知世郎"，意为能预知天下局势将发生变化。同时王薄创作《无向辽东浪死歌》，号召百姓拒绝出征高句丽，参加起义军。百姓中逃避征役者争相投奔王薄。

大业八年（612 年），义军队伍发展到数万人，声势浩大，屯驻于泰山下。

大业九年（613 年），隋将张须陀率领郡兵在泰山下进攻王薄。王薄依仗自己突然取得的胜利，就不做防备。张须陀率兵掩杀攻击，大败王薄兵众。王薄收集残部向北渡过黄河，张须陀在临邑追击王薄，再次将其击败。王薄被迫北上与孙宣雅、郝孝德等起义军会合，兵众达十余万人，再次南下攻打章丘（今山东章丘北）。张须陀率领步兵、骑兵两万人增援章丘，将王薄等起义军打得大败。

唐武德二年（619年）闰二月，王薄率众投奔起兵反隋、杀害隋炀帝的隋将宇文化及，并与宇文化及一同守卫聊城。当时宇文化及与窦建德连续交锋，宇文化及大败而退保聊城。窦建德军包围聊城，王薄趁机投靠窦建德，开门引窦建德军入城，生擒宇文化及。同年三月十一日，王薄投降唐朝。四月，唐高祖任命王薄为齐州总管。

武德四年（621年）九月，王薄劝说青、莱、密等州，投降唐朝。

武德五年（622年）三月，王薄跟随唐朝宋州总管盛彦师率军攻打须昌，向潭州征调军粮；潭州刺史李义满因与王薄有矛盾，关闭粮仓不给军粮。待须昌投降，盛彦师逮捕李义满，关入齐州监狱，唐高祖下诏命令释放李义满。朝中下达诏令的使者还没到齐州，李义满因为忧愤，已经死在狱中。王薄回师，经过潭州，三月十七日夜晚，李义满的侄子李武意捉住王薄并将他杀害。

王薄虽然后来多有反复，但在隋末他率先起兵发难，揭开隋末农民起义的序幕，其作用是不能否认的。王薄起义好像星星之火，农民大起义的熊熊烈火，便在全国各地燃烧起来。

同年，孙安祖、窦建德在高鸡泊（今山东恩县）、张金称在鄃县（今山东夏津）、高士达在蓨县（今河北景县）、刘霸道在豆子航（今山东惠民）等处起义。翟让与单雄信、徐世勣据瓦岗，外黄王当仁、济阳王伯当、雍丘李公逸、韦城周文举及不知名者纷纷起义。

大业九年（613年），孟海公据济阳周桥（今山东曹县）、

王薄

孟让在齐郡（今山东济南）、郭方预在北海（今山东益都）、郝孝德在平原（今山东德州）相继起义。

大业九年（613 年）六月，礼部尚书杨玄感，乘炀帝第二次东征高句丽之机，在黎阳（今河南浚县）起兵。在刘元进、朱燮、管崇等人的领导下，江南农民在余杭（今浙江杭州）、吴郡（今江苏苏州）一带发动了起义；在白瑜娑等人的领导下，西北农民在灵武（今宁夏宁武）等地起义。十二月，章丘杜伏威、临济辅公祏起义，与下邳苗海潮、海陵赵破阵等部会合。这时仅见于记载的起义军就达百余支，参加人数数百万。起义军"大则跨州连郡，称帝称王，小则千百为郡，攻剽城邑"（《隋书·炀帝纪》）。大业十年以后，各地起义队伍切断了长安、洛阳、江都隋朝三大据点的联系，隋统治集团陷入农民起义的大包围中。

二、翟让起兵瓦岗山，禅位李密反被杀

翟让（？—617 年），东郡韦城（今河南滑县南）人，隋末农民起义中瓦岗军前期领袖。

1. 据兵瓦岗，大胜荥阳

翟让初任东郡法曹，后来因犯罪该当被处死。狱吏黄君汉认为翟让骁勇不寻常，于是在夜里悄悄对翟让说："翟法司，天时人事，也许是可以预料的，哪能在监狱里等死呢？"翟让又惊又喜，说："我翟让，是关在圈里的猪，生死只能听从黄曹主的吩咐了。"黄君汉当即给翟让打开枷锁，翟让再三拜谢说："我蒙受您的再生之恩得以幸免，但黄曹主您怎么办呢？"于是流下泪来。黄君汉发怒道："我本以为你是个大丈夫，可以拯救黎民百姓，所以才冒死来解救你，你怎么却像儿女子弟一样以涕泪来表示感谢呢？你就努力设法逃脱吧，不要管我了！"于是翟让逃亡到瓦岗（今河南滑县东南）为盗。

与翟让同郡的单雄信，骁勇矫健，擅长骑马使矛，他招集年轻人前去投奔翟让。离狐人徐世勣家在卫南，年17岁，有勇有谋，也前来投靠翟让，他们以瓦岗为根据地，故称瓦岗军。徐世勣劝说翟让："东郡对于您和我都是乡里，那里的人大都认识，不宜去侵犯抢掠他们。荥阳、梁郡，是汴水流经的地方，我们抢劫行船，掠夺商人旅客，就足以自给。"翟让同意他的建议，于是就率众进入荥阳、梁郡的境界，抢掠公私船只，因此供给充裕，来归附的人越来越多，徒众达一万余人。

大业十二年（616年），贵族出身的李密，在参加杨玄感起兵失败后，投奔瓦岗军。李密较有政治眼光，他建议翟让积极发展势力，扩大影响。翟让重视李密的建议，首先攻取荥阳。

荥阳是中原的战略要地，向东是一片平原，向西是虎牢关。虎牢关以西的巩县有隋朝的大粮仓洛口仓。取得洛口仓不仅可以得到大量的粮食，而且已逼近东都洛阳。可见，夺取荥阳是瓦岗军发展势力的重要一步。

面临强大的瓦岗军，荥阳太守杨庆无可奈何，隋炀帝特派"头号名将""威震东夏"的张须陀为荥阳通守，镇压瓦岗军。李密认为张须陀勇而无谋，遂建议翟让与张须陀正面接战，佯败而北走。李密率精兵埋伏在荥阳以北的大海寺附近，张须陀紧跟翟让十余里，到大海寺以北的林间时，李密伏兵四起，隋军陷入重围。张须陀本来掉以轻心，更加突如其来的强兵，使他措手不及，战败被杀。这次失败，隋军"昼夜号哭，数日不止"。可见，这次瓦岗军的胜利是对隋炀帝政权的沉重打击。

2. 攻仓济贫，洛阳之战

大业十三年（617年）二月，瓦岗军攻取兴洛仓，并开仓济贫。

贫苦农民大量参加起义军。隋朝在洛阳的越王杨侗派遣虎贲郎将刘长恭率军2.5万人前往镇压。翟让、李密预先侦知隋军的动向，作了周密的部署。刘长恭对瓦岗军的情况则一无所知，表面看到瓦岗军的人数不多，遂麻痹大意起来，瓦岗军乘隋军初来乍到，饥饿疲惫之时，大举进攻，隋军大败，死者十之五六。刘长恭仓皇逃回洛阳。瓦岗军得到大量的辎重器甲，力量壮大，声威大振。

同年四月，瓦岗军逼近东都城郊，攻破回洛仓（在

瓦岗寨起义旧址

今河南洛阳东北），致使东都粮食缺乏，陷入困境。九月，瓦岗军攻破黎阳仓（在今河南浚县东南），开仓济贫，起义军增加20多万。这时，瓦岗军有数十万之众，控制中原广大地区，达到鼎盛时期。瓦岗军还公开宣布隋炀帝的10大罪状，明确表示要推翻隋炀帝政权。

隋炀帝对瓦岗军恨得要死，怕得要命，连忙派心腹王世充前往洛阳镇压瓦岗军。十月十五日，也就是萧铣称王之后的第六天，一直在与瓦岗军对峙的王世充采取重大的军事行动。他率军连夜渡过洛水，在黑石设立营垒。第二天让一部分军队守营，以免后路被切断，王世充自己率领精兵来到洛水北岸列阵。李密得知这一情况之后，率兵前来迎击，结果瓦岗军大败，瓦岗军的重要谋士柴孝和落水溺死，李密率领精锐骑兵渡河来到洛水南岸，其他的将士向东来到月城，王世充的追军包围月城。

王世充知道，此时只要把月城的敌军歼灭，瓦岗军将会元气大伤。就像下围棋一样，只要屠掉对方一条大龙，这局棋十有八九就会拿下。作为一个满腹经纶的人，而且还经过多次战争的磨砺，李密当然也明白这个道理。所以，他决不能让王世充把自己的大龙屠掉。

但是怎么才能不让对方屠自己的大龙呢？李密有办法。那就是屠对方的大龙！按照兵法上说，就是围魏救赵之计。

李密率领战败后跟随着他的那部分精锐骑兵直奔黑石而去。拿下黑石，不仅王世充的退路被断，而且粮草补给也将失去渠道。李密这招果然厉害。也许是王世充把精兵悍将都带走攻击瓦岗军去了，留在黑石军营的将士面对瓦岗军显得底气很不足，居然连续燃起了六次烽火，向围困月城的王世充求援。

王世充只好放弃月城，回援黑石。这时候李密再度率领瓦岗军与王世充接战，结果胜负结果正好与上次相反：瓦岗军大胜，将士们带着2000多个敌军的首级凯旋。在李密的带领下，瓦岗军虽然未能像李渊军一样直取长安，但是他们在与王世充等洛阳守军的交锋中占尽优势。瓦岗军与隋军进行了三个月的争夺战，消灭隋军六七万人。

由于李密在屡次作战中所发挥的作用较大，隋军投降后，李密在瓦岗军中的声威大振。翟让自觉不如李密，于是翟让推李密为瓦岗军首领，上尊号为"魏公"。李密则任翟让为司徒。

3. 禅位李密，反被杀害

看到形势大好、前途无量，瓦岗军的首领很有可能在不远的将来成为皇帝，翟让的一些亲友和下属开始有点不甘心。部将王儒信劝翟让自己当大冢宰（百官之长，相当于宰相），管理所有的事务，把让给李密的权力夺回来。

翟让虽然文化不高，却是个豁达大度的人，他知道自己的才干比不上李密，压根没听王儒信的馊主意。

翟让的哥哥翟弘是个大老粗，而且脑子有点不太好使，这时候也跑过来添乱，他对翟让说："兄弟，天子你可要自己当啊，怎么能让给别人呢！你要是不当，我可就当了啊！"翟让听后哈哈大笑，也没怎么当回事儿，李密听说了却很恼火。

翟让虽然具有很多优点，但毕竟不是神仙，他也有不少缺点，比如贪财、鲁莽，其实真正要命的并不是这些缺点，而是权力，他一天不死，李密的权力就随时可能被他拿回去。

当时有个隋朝的官员崔世枢来投奔李密，却被翟让抓住关了起来。翟让的要求很简单：把你的金银细软全部交出来就行了，不给就动刑。

有一次，翟让喊元帅府记室（其实就是李密的秘书）邢义期赌博，邢义期因为去晚了，被翟让打了80杖。翟让还曾经向左长史（李密的秘书长）房彦藻说："你上次攻破汝南，得到不少金银财宝全部都给魏公（李密）

李密杀翟让

了，一点儿都不给我！要知道魏公是我一手推立的，还不知道以后怎么样呢。"房彦藻很害怕，就找到李密说："翟让刚愎贪婪，有无君之心，应早图之。"

大业十三年（617年）十一月十一日，翟让应邀带着兄长翟弘、侄子翟摩侯到李密那里喝酒，李密与翟让、翟弘、裴仁基、郝孝德等人一起喝酒。翟让的心腹猛将单雄信、大将徐世勣等人站在身后护卫，房彦藻、郑颋来来回回地查看。

李密说："今天我跟几位高官喝酒，不需要这么多人，只留下几个使唤的人就行了。"李密的心腹们都离开了，翟让的心腹还都留在那里。房彦藻说："今天大家在一起是为了喝酒取乐，天这么冷，司徒（翟让的官衔）的随从人员也喝点酒、吃点饭吧。"李密说："一切听司徒安排。"翟让想也不想，就说："很好。"于是让随从人都出去喝酒吃饭去了，只有李密手下的蔡建德拿着刀站在一旁。在开饭之前，李密拿出一张很好的弓给翟让看，翟让

刚刚把弓拉满，蔡建德从翟让身后砍了翟让一刀，翟让倒在血泊中。

接着，翟弘、翟摩侯、王儒信都被杀了。徐世勣想跑，结果被守门的士兵砍伤脖子，幸亏被王伯当及时制止。单雄信跪下来磕头哀求，李密没有杀他。

翟让其他的手下很震惊，不知道该怎么办。这时候李密发挥他的口才优势，他说："我与各位一起兴起义兵，是为了除暴安良。司徒却独断专行、贪婪暴虐、凌辱同僚、对上无礼。现在只杀他一家人，请你们不要干涉。"

为了安抚翟让的手下，李密让人把徐世勣扶到自己的营帐里，亲手为他包扎伤口。听说翟让的部队想散伙，李密就让单雄信前去慰问，随后李密又独自一个人骑着马进入翟让的军营去稳定军心，让徐世勣、单雄信、王伯当分别统领一部分原来属于翟让的部队，于是瓦岗军又恢复安定。

翟让创建的瓦岗军，控制中原地区有三年之久，他们歼灭和牵制了隋王朝大量军队，割断了江都与洛阳的联系，迫使隋炀帝陷入江都孤岛，不能控制全国，在推翻隋王朝的斗争中起了重要作用，对唐朝的政治、经济具有重大影响。

三、李法主际会风云，熊耳山鲜血溅染

李密（582—618年），字玄邃，一字法主。京兆长安（今属陕西）人，祖籍辽东襄平（今辽宁辽阳南）。隋末瓦岗军首领。

李密出生于四世三公的贵族家庭，曾祖父为西魏八柱国之一、司徒李弼，赐姓徒何氏，北周时为太师、魏国公。祖父李曜，为北周的太保、邢国公。父亲李宽为隋朝的上柱国，封蒲山郡公。李密文武双全，善于运筹，志向远大。隋开皇十年（590年），袭父爵位为蒲山公。隋大业初年（605年），授衔亲卫大都督，但他对此官位不感兴趣，托病回家读书。他曾经

准备去拜访包恺，骑着一头黄牛，牛背上盖着一块蒲草坐垫，还把一套《汉书》挂在牛角上，一只手捏着牛绳，一只手翻书阅读。这就是"牛角挂书"典故的由来。

李密与杨玄感为刎颈之交，杨玄感在黎阳（今河南

瓦岗寨

浚县）打算造反时，派遣家童到京师邀请李密到黎阳。李密赶到黎阳，为杨玄感出主意、献计策，但杨玄感多次不用其计，一意孤行，最终导致败北身亡。李密也被官军抓捕，囚禁在京兆狱中。

当时隋炀帝远在高阳（今河北高阳），接到捕获李密等重犯的报告后，便令京兆官派使者将李密及其同党押送到高阳。上路之后，走到邯郸时，夜宿村中，李密等七人挖穿墙壁，趁夜逃走。李密逃至淮阳（今河南淮阳），住在村中，改姓名为刘智远，当起了私塾先生。后被当地太守得知，太守命县令来抓，李密已先行逃跑。

当时，隋王朝国内群雄并起，大小股的农民起义也遍地树旗。大业十二年（616年），东郡（今山东兖州）翟让发动农民起义，李密便投奔翟让军中。李密建议翟让先攻取荥阳，再谋取天下。翟让接受了这一建议，于是率兵打开金堤关，掠取荥阳周围县境及城堡。荥阳太守郇王杨庆及通守张须陀出兵讨伐翟让的军队。李密为翟让出谋划策，列阵迎敌，将须陀兵打得溃不成军。李密与翟让合军奋击，将张须陀斩于阵上，官军大败。战后，翟让令李密独立设帐，统领一部兵马。

李密又向翟让献策：亲率大军，直取兴洛仓，发粟赈济穷人，这样，百万之众，一朝可集。于是李密领精兵7000人，于大业十三年（617年）春出阳城，过方山，由罗口进军袭取兴洛仓。得手后，打开所有的仓房，

让民众任意搬取。于是老弱妇幼一起出动，背负肩扛，热泪盈眶，奔走相告，道路上取粮之民日夜不断。

越王杨侗派武贲郎将刘长恭，率步骑兵25000人讨伐李密。李密一战而大破官军，刘长恭逃脱。李密扩展洛口的城围方圆40里，作为长期居留的根据地。翟让终于看出李密的雄才大略，请他做军主，并倡议打出魏公的旗号。李密推辞不受，在众将领一再请求下，李密才同意称公。于是设坛场举行仪式，即位后称元年，随即委任官属。

李密亲率将士常与官军连续作战，一些官军、山民等相继归附李密，李密势力渐渐强盛。这时，隋炀帝派王世充统领江、淮劲旅5万人讨伐李密，李密迎战失利。王世充驻军洛西，与李密对峙、交战100多天。

李密听说翟让部将力劝翟让夺回李密手中大权，便产生了图谋翟让的想法。正遇王世充率军前来布阵，翟让出兵抵挡，结果被王世充打退。这时李密与单雄信等精锐将士突然出现在阵地上，一阵拼杀之后，王世充败走。第二天，翟让与数百人到李密帐中庆贺胜利，李密置备了酒肉招待他们，席间乘机杀死翟让。李密取得了瓦岗军的绝对领导权，然瓦岗军的军事实力也因此受到重创。

不久，王世充夜袭全城，李密急起反抗，斩武贲郎将费青奴。王世充又转移到洛北，在洛水上造浮桥，渡过大军，一齐攻打李密。李密与千数骑将抵抗，不利而退。王世充兵临城下。李密选强兵锐卒数百人分为三队，相继出击，致使官军退却。官军死伤众多，王世充领残兵逃脱后不敢回东都，奔向河阳。当夜大雪盈尺，随从军士死亡殆尽。此后李密修筑金墉故城，屯兵30余万，然后攻打上春门。官军韦津留守出战，李密于阵上生擒韦津，大败其军。众将领觉屡战屡胜，局面颇大，劝李密称帝登基，李密不同意。

大业十四年（618年）正月，宇文化及杀死隋炀帝，率余众10万，自江都（今江苏扬州）北上黎阳。李密带兵两万迎战。越王杨侗称帝后，派使者授予李密官爵——太尉、尚书令、行军元帅、魏国公，并令他先消灭宇文化及，然后入朝辅政。李密遇到宇文化及军后，得知其军中缺粮，急于决战，于是故意不与交锋，同时派兵截断其后路，派徐世勣守护仓城，以防劫粮。宇文化及果然来攻仓城，但毫无进展。宇文化及继续进攻仓城，无奈李密紧闭城门，军士守在高高的城墙上不与交锋。宇文化及制作云梯等攻城器具，逼近黎阳仓城。李密率500名轻骑兵奔袭，仓城兵也出来夹攻，打跑了宇文化及的兵卒，点燃其全部攻城器具，大火连日不熄。

李密探知宇文化及的军粮仅够三天，于是派人假装讲和，并答应给他些粮食。宇文化及信以为真，十分高兴，让部下放量饱食。这时李密的属下有人犯法，投奔到宇文化及军中，说出了李密的计策。宇文化及大怒，但军中粮断，不得不移兵别处就食。渡过永济渠后与李密战于童山之下，李密中箭息兵于汲县。宇文化及劫掠汲县而后到了魏县，其部将陈智略、张童仁等率部归降李密。李密率军西进，派记室参军李俭到东都去朝见皇帝，并将杀害隋炀帝的于弘达献给越王杨侗。杨侗当即任李俭为司农少卿，让他返回军中召李密入朝。李密行至温县，听说王世充已杀元文都和卢楚等将，便改道去了金墉（在今河南省洛阳市西北）。

王世充独掌军权，重赏将士，大修军器，于是队伍雄壮，但是军中缺粮。而李密方面一直占据国家粮仓，军中有粮而缺衣，于是交战双方协议互通有无。李密起初不同意，右长史邴元真等为图各自的私利，几次三番劝说李密，李密终于同意他们去做交易。当初东都缺粮时，每天都有好几百人偷跑出来投降李密，交易之后，城中得食，投降的人就很少了。李密猛然悔悟，立即制止了交易。李密虽然据有粮仓，但无府库，将士长期得不到奖赏，即使偶有赏赐，也只给最先参加起义的老兵，因此士心浮动，渐生怨气。

当时，李密派邴元真去守兴洛仓。邴元真胸无大志，贪得无厌，渐有叛逆之心。李密手下多次提醒李密，但他对此表示怀疑。这时王世充引全

军前来决战，李密留王伯当守金墉，自己率精兵到偃师迎战。王世充令数百骑渡御河，李密派裴引俨领兵抵挡。时值黄昏日暮，交战不一会儿各自收兵，可是裴引俨、孙长乐、程咬金等十几位勇将却都受了重伤。李密看到初战不利，十分沮丧。当夜，王世充悄悄地将大军渡过河来，黎明前发起攻击，李密仓促应战，结果大败，带万余人奔逃洛口。王世充乘胜进军，夜围偃师城。守城部将郑颋被属下杀死，众军士投降了王世充。李密将要进入洛口仓城时，邴元真已派人暗地去通知王世充，并为其做向导，让他来打李密，自己可为内应。李密已经对邴元真采取了监控措施，所以他的这一阴谋被李密立即获悉。李密没有当即抓捕邴元真，而是秘密命令其他将领带兵到洛水岸边，等待王世充之兵渡河时突然出击。但当王世充的兵渡河时，李密的哨兵却睡着了，发觉时已经全军过河。李密料到自己的兵力不敌王世充，于是未与交战，便带领将士逃往别处。与此同时，邴元真打开洛口城门，投降了王世充。

唐武德元年（618年）十月，李密带领两万残兵投奔李渊。不久，李密被拜为光禄卿、上柱国，赐爵邢国，还将表妹独孤氏嫁给了他。但李密不甘居于人下，对自己的处境非常不满。

不久，李渊便派李密带领原班兵马到黎阳去，一来召集过去的将士，二来防御王世充。他们走到桃林（今河南灵宝西）时，李渊又派人追来，叫李密返回去。李密顿生疑虑，认为凶多吉少，于是便决定率众叛唐，自立为王。

朝中将相听到李密叛离自立的消息，纷纷议论应立即派兵镇压，以免养痈成患。当时右翊卫将史万宝留镇熊州，派出副将盛彦师率领步骑兵数千人跟踪追剿，率兵埋伏在陆浑县南邢公岘（今河南省卢氏县官道口镇的邢公山）。武德元年（618年）腊月三十，李密率部经过，被盛彦师杀死，时年37岁。

四、薛氏父子据陇西，称帝迁都一朝亡

1.薛举

薛举（？—618年），河东汾阴（今山西万荣县）人，徙居兰州金城（今甘肃兰州）。隋朝末年地方割据群雄之一，金城校尉薛汪之子。

薛举本是河东汾阴（今山西万荣县）人，其父薛汪，徙居兰州金城（今甘肃兰州）。薛举容貌魁梧雄壮，骁勇善射。其家钱财巨万，喜欢交结边地豪杰，称雄于北方边地。

隋朝大业末年，薛举担任金城府校尉。大业十三年（617年）四月，时逢年荒民饥，陇西盗贼蜂起，金城县令郝瑗为讨伐贼寇招募兵卒数千人，任命薛举为将。分发铠甲，大集官民，置酒飨士，薛举和儿子薛仁杲及其徒党于座中劫持郝瑗，假称收捕谋反之人，随即起兵，囚禁郡县官员，开仓散粮以赈济贫乏。自称西秦霸王，建年号为秦兴，封薛仁杲为齐公，小儿子薛仁越为晋公。别处贼寇宗罗睺率其众归附，封为义兴郡公。继而招附群盗，劫掠官马。兵锋甚锐，所至之处城池皆被攻下。

隋将皇甫绾率兵1万人屯驻枹罕，薛举选精兵2000人前往袭击，与皇甫绾在赤岸相遇。战前风雨突至，起初薛举一方逆风，而皇甫绾不出击。不久反风吹向对方，天色又很昏暗，军中队伍不整，薛举骑乘甲马率先出击，皇甫绾军队大败而逃，薛举乘势攻陷枹罕。岷山羌钟利俗率众2万人归降，薛举兵势大振。进封薛仁杲为齐王，授职东道行军元帅，宗罗睺为义兴王，以辅佐薛仁杲；薛仁越为晋王，兼领河州刺史。接着又略取鄯、廓二州之地。不过十天，尽据陇西之地，拥兵13万人。

大业十三年（617年）七月，薛举在兰州称帝，封妻子鞠氏为皇后，儿子薛仁杲为太子，尊母亲为皇太后。在其祖先墓地建置陵邑，立庙于城南，陈兵数万人，出巡扫墓，然后大飨士卒。派薛仁杲围攻秦州（即天水

郡，今甘肃天水）；薛仁越前往剑口，攻略河池郡（今陕西省凤县凤州镇），被河池太守萧瑀击退。薛举又派遣部将常仲兴渡过黄河进击李轨，与李轨部将李赟战于昌松，常仲兴战败，全军陷没于李轨。薛仁杲攻克秦州，薛举便将都城从兰州迁至秦州。

大业十三年（617年）十二月，薛举派薛仁杲进犯扶风郡（治所在今陕西凤翔），汧源贼寇唐弼抵御，兵不能前进。起初，唐弼拥立李弘芝为天子，有众10万人。薛举派遣使者诏谕唐弼，唐弼杀害李弘芝依附薛举。薛仁杲趁唐弼不备，袭破其军，尽收其众，唐弼仅率数百名骑兵逃走。薛举军势益盛，号为20万众，筹划攻取长安。时逢唐王李渊拥立隋朝代王杨侑为隋帝，入据长安。薛举便留兵攻打扶风，李渊派遣次子李世民率军击讨薛仁杲，双方及战，薛仁杲大败，唐军斩首薛仁杲军数千首级，薛仁杲撤回陇右，唐军追击至陇坻而还。

薛举畏惧李世民，便越陇逃走，问其属下说："古时有投降的天子吗？"黄门侍郎褚亮说："从前赵佗以南粤归降汉朝，蜀汉刘禅也出仕晋朝，近代

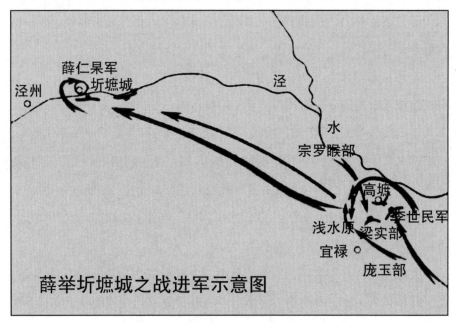

坼墌城之战示意图

萧琮，其家族至今仍在，转祸为福，自古皆有。"卫尉卿郝瑗说："褚亮之言不对。从前汉高祖兵马屡败，蜀先主曾亡失妻小。作战本来就有胜负，怎能因一战不胜就言亡国之计呢？"薛举也后悔其问话，便说："不过是试试各位而已。"便重赏郝瑗，用他做谋主。郝瑗建议与梁师都连兵，送厚礼给突厥，合兵并力，东逼京师。薛举接受此议，与突厥莫贺咄设共犯京师。时逢都水监宇文歆出使突厥，劝说莫贺咄设停止出兵，因此薛举的计划未能成功。

武德元年（618年）六月，唐朝丰州总管张长逊进击宗罗睺，薛举率全部兵力前往救援并进击泾州，屯驻于圻墌城（今甘肃泾川县东），派出游军劫掠岐州、豳州。唐朝以李世民为元帅率军予以抗击，进驻于高墌城（陕西长武北），李世民认为薛举军粮少，急于速战速决，于是决定守城不战，以拖垮他们。时逢李世民生病，卧床不出，而薛举多次挑战。

李世民的部将行军长史刘文静与殷开山示兵于高墌，倚仗人多而未设防范，薛举诱使唐军出战时进行突然袭击，最后将唐军击败，唐军死者达大半，并俘唐朝大将慕容罗睺、李安远、刘弘基等。李世民见大势已去，领军逃回长安，薛举于是夺取高墌城。

八月，薛举命薛仁杲进逼宁州（今甘肃宁县），郝瑗设谋说："现在唐兵刚被击破，将士多被擒获，人心动摇，可乘胜直取长安。"薛举表示同意。将出兵时生病，征召巫师看视，巫师说是唐兵作祟，薛举恶闻此事，不久就去世了。其子薛仁杲继立，谥薛举为武皇帝，未及安葬，薛仁杲就被唐军消灭。

2. 薛仁杲

薛仁杲（？—618年），河东汾阴（今山西万荣县）人。隋末唐初陇西割据军阀，西秦霸王薛举长子。

薛举去世后，薛仁杲在圻墌（今甘肃泾川县东）继位。

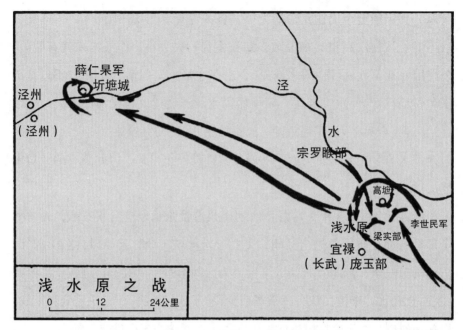

浅水原之战示意图

薛仁杲做太子时，和大多数的将领有矛盾；等到继位后，众人心里疑忌不安。薛举去世，郝瑗伤心过度而患病，并且一病不起，薛氏的势力也从此逐渐衰落。

武德元年（618年）八月十七日，李渊任命秦王李世民为元帅，攻打薛仁杲。九月十二日，唐朝秦州总管窦轨进攻薛仁杲，没能获胜；骠骑将军刘感镇守泾州（今甘肃泾川北），薛仁杲包围了泾州。泾州城中粮食吃光了，刘感把自己骑的马杀了分给将士们，自己没有吃一点肉，只用煮马骨的汤拌了木屑吃。城池几次濒临陷落；恰好长平王李叔良带兵至泾州，薛仁杲于是扬言粮食吃完了，带兵向南而去。九月十三日，薛仁杲又派高墌人假装以城池投降唐朝。李叔良派遣刘感率部下奔赴高墌。九月十七日，刘感到高墌城下，高墌城里的人说："贼已经走了，可以翻城墙进城。"刘感下令烧高墌城门，城上人倒水浇下来，刘感知道城里人是诈降，让步兵先回师，自己带领精兵走在最后。一会儿，城上点燃三座烽火，薛仁杲的军队从南原大批涌下来，与刘感军在百里细川交战，唐军大败，刘感被薛仁杲抓获。薛仁杲又包围了泾州，命令刘感向城中喊话说："援军已经被打败了，不如尽快投降。"刘感答应了，到城下却大声喊道："反贼没粮食挨饿，很快就要灭亡了，秦王率领几十万军队从四面赶来，城里的人不要担心，努力守城！"薛仁杲很恼火，捉住刘感，在城旁把刘感活埋到膝盖，骑马跑着用箭射刘感；一直到死，刘感声音愈来愈高、态度愈来愈愤怒。李叔良环城坚守，仅能保全自己，无力援救刘感。

九月十八日，唐朝陇州刺史常达在宜禄川攻击薛仁杲，杀薛仁杲军1000多人。薛仁杲屡次攻常达，都未能取胜，于是派他的将领仵士政带几百人诈降，常达待仵士政很优厚。九月二十三日，仵士政伺机带他的部下劫持了常达，带着城里的2000人投降薛仁杲。常达见到薛仁杲，言辞表情毫不屈服，薛仁杲欣赏常达的胆量和勇气，于是放了他。

武德元年（618年）十一月，秦王李世民到高墌，薛仁杲派宗罗睺领兵抵御；宗罗睺几次挑战，李世民坚守营垒不出战。诸位将领都请战，李世民说："我军刚打败仗，士气沮丧，对方仗着得胜而骄傲，有轻视我们的意思，我们应当紧闭营门耐心等待。等他们骄傲了我们再奋勇出击，可以一仗打败他们。"于是命令全军有敢请战的斩首。

双方相持60多天，薛仁杲的军队粮食吃完了，将领梁胡郎等人率领各自的队伍投降李世民。李世民了解到薛仁杲手下的将领士卒有离异之心，命令行军总管梁实在浅水原扎营引诱薛仁杲部下。宗罗睺知道后非常高兴，出动全部精锐进攻梁实，梁实守住险要不出战。营地中没有水源，好几天人马没有水喝。宗罗睺的攻击很猛烈；李世民估计薛仁杲军已经疲劳，对诸位将领说可以攻打了。快到天亮，李世民让右武候大将军庞玉在浅水原列阵。宗罗睺合兵攻庞玉，庞玉作战，几乎不能坚持了，李世民带领大军出其不意从浅水原北方出现，宗罗睺带军迎战。李世民率领几十名骁骑率

先冲入敌阵，唐军内外奋力搏斗，喊声动地，宗罗睺的部队大败，唐军杀了几千人。李世民率领2000多骑兵追击宗罗睺，窦轨拉住马苦苦地劝道："薛仁杲还占据着坚固的城池，我们虽然打败了宗罗睺，但不能轻易冒进，我请求暂且按兵不动，观察一下薛仁杲的动静。"李世民说："我考虑这个问题很久了，现在我军取胜势如破竹，机不可失，舅舅不要再说了！"于是进军。

薛仁杲在泾川城下列阵，李世民依泾河面对薛仁杲营地，薛仁杲手下的骁将浑干等人到唐军阵前投降。薛仁杲害怕，带兵进城拒守。天快黑时，唐朝大军相继到达，于是包围了城池。半夜，守城的人纷纷下城投降。薛仁杲无计可施，于十一月初八日，率领文武百官出城投降；唐朝得薛仁杲的一万多精兵，民众五万人。

十一月二十二日，李世民把薛仁杲押解到长安，在长安城的闹市将薛仁杲等数十人斩首。

薛仁杲父子初起事时，赈济放粮，多少还有点民众观念，但当大批百姓追随起事后，私欲膨胀，只顾自己称王称帝，甚至变成杀人魔王。史载薛举"每破阵，所获士卒皆杀之，杀人多断舌割鼻，或碓捣之"，薛仁杲"所至多杀人"，如此嗜杀成性的武夫，却驱使百姓为其夺天下而卖命，致数以万计的人死于战火，实为陇右百姓的悲哀，所幸薛氏很快被唐所灭，战祸延时不长。

五、李处则崛起乱世，据河西称帝被灭

李轨（？—619年），字处则，凉州姑臧人。凉州著名豪望，为人机智多谋，能言善辩，又能赈济贫穷，被乡里称道。隋大业末年被任为武威郡鹰扬府司马。隋唐年间甘肃河西地区割据者，曾称帝，后兵败于唐朝。

1. 崛起乱世，割据河西

李轨略知书籍，颇有智辩。其家以财富称雄于边郡，喜好周济别人，受到乡人称赞。隋大业年间，补任鹰扬府司兵。

大业十三年（617年），薛举作乱于金城郡，李轨与同郡人关谨、梁硕、李赟、安修仁等人商议说："薛举残暴凶悍，其兵必来侵扰。郡吏软弱胆怯，不足以议大事。今应同心尽力，占据河右，以观天下变化，岂能束手让妻子儿女为人所掠呢！"众人同意这个计划，议定一同举兵，然而无人敢任首领。曹珍说："我闻知谶书说，李氏当称王于天下。如今李轨有贤能，岂非天意吗！"于是共同降阶拜见以听命李轨。安修仁在夜间率领胡人进入内苑城中，树旗大呼，李轨集聚众人加以响应，收捕虎贲郎将谢统师、郡丞韦士政，于是自称河西大凉王，署置官属，全都依照开皇旧例。

起初，突厥曷娑那可汗之弟达度阙设内附朝廷，保其部落于会宁川中，到此时自称可汗，降于李轨。关谨等商议尽杀隋官，分其家产。李轨说："各位既已推举本人为主，就应听我约束。如今以义起兵，意在救乱，杀人取财是贼寇行为，怎能取得成功呢？"便任命谢统师为太仆卿，韦士政为太府卿。时逢薛举兵前来侵犯，李轨派遣将领击败于昌松，斩首2000级，其余全被俘虏，李轨放还其众。李赟说："如今竭力奋战而俘其众，又纵还以资助敌方，不如全都坑杀为妥。"李轨说："不能这样做。如天命归我，应擒其主子，此辈士卒皆为我有。不然的话，留此又有何用？"于是遣返其俘虏。不久，攻拔张掖、敦煌、西平、枹罕等郡，尽有河西之地。

2. 建凉称帝，激怒李渊

武德元年（618年），李渊正要谋攻薛举，派遣使者前往凉州，下达玺书慰劳结好，称李轨为从弟。李轨大喜，派遣其弟李懋入朝。李渊拜李懋为大将军，送还凉州，下诏鸿胪少卿张俟德持节册拜李轨为凉王、凉州总管，给予羽葆鼓吹一部。当时逢李轨僭称帝号，建立纪元年号为安乐，命其子李伯玉为太子，长史曹珍为尚书左仆射，攻陷河州。张俟德到达后，李轨召集部下商议说："李氏据有天下，是历运所属，已经占据京邑。一姓不可竞立，如今除去帝号，东向接受册封，行吗？"曹珍说："隋亡天下，英雄竞起，称王称帝，瓜分鼎峙。唐国自保关中、雍州，大凉自处河右，何况已为天子，怎能接受别人的官爵呢？如非要以小事大，可依照萧察旧例，自称梁帝而称臣于周。"李轨接受这个意见，便派伪尚书左丞邓晓来朝，奉上文书自称"从弟大凉皇帝"。李渊发怒说："李轨称我为兄，这是不愿臣服啊。"因禁邓晓而不遣还。

3. 众叛亲离，兵败被杀

李轨以梁硕为谋主，授职吏部尚书。梁硕有谋略，众人怕他，梁硕见从前西域迁来的胡人种族繁盛，曾劝李轨加以提防，因而与户部尚书安修仁交恶；李轨之子李仲琰曾问候梁硕，梁硕不为他起身，李仲琰很是反感。于是一起诬陷梁硕。李轨不察实情，持毒于其家杀害梁硕，由此故人渐渐心怀疑惧，不为李轨所用。当时有胡巫妄言："天帝将派遣玉女从天而降。"便招集兵士修筑楼台以候玉女降临，靡费钱财甚多。时逢年饥，以致发生人吃人之事，李轨尽其家资予以赈济，仍不足供给，便商议开仓发粮，曹珍也劝他这样做。谢统师等人是从前的隋官，内心不附李轨，常常引进群胡结为党羽，排挤其用事旧臣，想因此事离散其众，便当廷诘难曹珍说："百姓饿死者尽是弱而不任事的人，壮勇之士终不为此困顿。况且仓储粮食要备意外之需，岂能胡乱施惠于弱小之人呢？仆射如想附和下情，就不是为国考虑了。"李轨说："对。"便关仓而不发粮。其部下更加怨恨，都想叛亡而去。

那时安修仁之兄安兴贵本在长安，自己上表请去凉州招慰李轨。李渊说："李轨据有河西，连结吐谷浑、突厥，如今起兵讨伐尚且感到为难，单使去说能臣服他吗？"安兴贵说："李轨的确盛强，如用逆顺祸福的道理开导他，应该听从。如凭借险固而不服从的话，臣世代是凉州望族，了解其士民，而且安修仁受到李轨信任，职掌枢密者有数十人，如等候嫌隙以谋图取事，没有不成功的。"李渊表示同意。

安兴贵到达凉州，李轨授以左右卫大将军之职，因空询问安兴贵自安的办法。安兴贵回答说："凉州僻远，财力不足，虽有雄兵 10 万，而土地不过千里，又无险固可守。还与戎狄接壤，戎狄心如豺狼，不与我们同族同类。如今唐家天子据有京师，略定中原，每攻必下，每战必胜，有天命护佑。如举河西版图东归朝廷，虽是汉代窦融也不足与我们相比。"李轨默然不答，过了好一会儿才说："从前吴王刘濞统率江左之兵时还称自己为东帝，我今据有河右，不能称为西帝吗？唐虽强大，能把我怎么样？你不要为唐引诱我了。"安兴贵害怕，假装悔谢说："我私下听说富贵不居故乡，如穿锦绣衣服走夜路。如今全族子弟蒙受信任，怎敢怀有他心！"

安兴贵知道李轨不可说服，便与安修仁等人暗引诸胡兵马围攻其城，李轨率步骑兵 1000 人出战。当初，薛举柱国奚道宜率领羌兵投奔李轨，李轨答应任命他为刺史而未兑现，奚道宜怨恨，因此共同攻击李轨。李轨兵败入城，引兵登上城墙守卫，以等待外援。安兴贵传言说："大唐天子派我来取李轨，不服从者罪及三族。"因此各城将士都不敢出动。李轨感叹地说："人心已失，天亡我啊！"携同妻子儿女登上玉女台，置酒告别故国。安修仁抓获他后送往京师，武德二年（619 年）五月，被斩首于长安。

六、宇文化及弑君反，悬首突厥王廷中

宇文化及（？—619 年），代郡武川（今内蒙古武川西）人，北周上柱国宇文盛之孙，右卫大将军宇文述长子。隋末叛军首领。

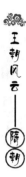

1. 轻薄无行

宇文化及为人凶残阴险，其父宇文述为隋朝左翊卫大将军，依仗父亲的权势，胡作非为，不遵法度。由于亲眼目睹了统治阶级上层贪残腐败的黑暗内幕，养成了贪婪与骄横的本性，从不循法度。他经常带领家丁，骑高头大马，挟弓持弹，狂奔急驰于长安道上，因此，城中百姓称为"轻薄公子"。

杨广当太子的时候，宇文化及为宫廷护卫官，出入杨广的内宫，同杨广处得很亲近，后累迁为太子仆，成为东宫的高级僚属，与杨广的关系更加密切。他因多次收受贿赂而多次被罢官，但由于太子特别宠爱他，是以每次罢官后不久，很快便又恢复了官职。再加上他的弟弟宇文士及尚娶了隋炀帝的长女南阳公主，攀上了皇亲，这小子就更加骄横，目中无人了，在同公卿百官交往中，他语多不逊，许多公卿都受到过他的侮辱。

隋炀帝即位后，便授宇文化及为太仆少卿。他倚仗与隋炀帝的老交情，更加贪婪妄为，横行不法。隋大业初年，隋炀帝驾临榆林（治今内蒙古准格尔旗东北十二连城），陪驾的宇文化及和弟弟智及违背禁令与突厥人做买卖，隋炀帝得知后大怒，把他囚禁了几个月，驾返京城时，隋炀帝下令杀宇文化及。但南阳公主出面求情，隋炀帝才免他死罪，将他赐予宇文述为奴，宇文述死后，隋炀帝念起与宇文化及的旧情，就又起用他做了右屯卫将军，起用宇文智及做了将作少监。

2. 弑君谋反

隋朝末年，军阀混战，弄得民怨沸腾，导致铺天盖地的农民起义席卷全国各地，四处狼烟，遍地烽火。

大业十二年（616年）七月，炀帝乘龙舟游幸江都。当时，瓦岗寨军首领李密占据了洛口（今河南巩义市东北），截断了隋炀帝西归之路。隋炀帝滞留江都，无意回京师大兴（今陕西西安东南），却打算另以丹阳（今江苏南京市）为都城，偏安江东。扈从帝驾的骁果禁卫军大多是西北关中人，久居在外，思亲思乡思归心切，又见隋炀帝不想西归，却欲久留江东，人心益加不安，便谋划叛帝西归。

武贲郎将司马德戡统领万余骁果军驻扎于江都城内，直接负责皇帝的安全警卫，他得知骁果军士密谋叛逃，就暗中联络一些人，打算借着士兵归心似箭的心理举事叛乱。此时，他们并没有弑帝叛逆的野心，只是想抢掠些财物，然后结伙西归关中。一向性情狂逆的宇文智及得知这个信息后大为高兴，当下就去见司马德戡，撺掇他应该放弃原先小打小闹没出息的想法，而应趁天下大乱、群起反隋、手握精锐禁军的良机，干出一番夺取天下的大事业。司马德戡认为言之有理，可造反是大事，总得有个领头的呀！几个人一商量，决定拥戴宇文化及为起事的主帅。密谋妥当后，这几个人才将阴谋告知宇文化及。宇文化及本驽钝怯懦，能力低下，胆小怕事，乍听到这种谋逆的大事，吓得脸色顿变，冷汗直流，好长时间才稳下心神，答应做叛军首领。

大业十四年（618年）三月十日（也有说是十一日的）夜间，司马德戡引骁果军自玄武门入，裴虔通与元礼直入宫中搜捕，炀帝闻变，匿于永巷。驱之出，至天明，押至寝殿。宇文化及使校尉令狐行达缢杀隋炀帝。隋氏宗室、外戚在江都宫中者皆被杀，唯隋炀帝侄秦王杨浩因素与宇文智及交往密切，得不死，并被立为帝。后宇文化及自为大丞相，宇文智及为左仆射，准备率隋官兵十余万众西归关中。

3. 逃窜授首

宇文化及的人马行进到徐州时，由于水路不通，他又下令掠夺当地的牛车2000辆，把宫女珍宝共同装车；他的戈甲兵器，也让兵士背着。由于道路遥远，人困马乏，三军将士怨声载道。大臣司马德戡、赵行枢和大

宇文化及

将陈伯图等都先后打算杀掉宇文化及，又都因为谋划不周，而被宇文化及所杀。随后，又被瓦岗李密所败，大多数将士开始逃亡而去。最后追随他的不足2万人，退往魏县。其众多亡，自知必败，宇文化及叹曰："人生故当死，岂不一日为帝乎？"于是鸩杀傀儡皇帝杨浩，僭皇帝位于魏县，国号许，建元为天寿，署置百官。

其后，宇文化及原准备攻下魏州作为自己临时的栖身之地，但一连攻打了几十天，仍没拿下魏州，反被防守魏州的元宝藏打败，部将亡失1000多人。无奈，他又带兵奔向东北的聊城，打算招诱那一带的贼盗入伙。不料，又先后遭到唐军李神通和窦建德所领导的农民起义军的夹击。

此前，齐州农民义军首领王薄听说宇文化及携带着无数金银财宝，曾伪装成降附的样子投靠他，以便寻找机会夺其财富。到了这时，王薄却私引窦建德进了城，活捉了宇文化及，并俘虏了他的部众。随后，将他装入囚车，押送到河间。窦建德列举了他弑君害民的种种罪行，把他和他的两个儿子宇文承基、宇文承趾，一一砍下了脑袋。

当时，突厥人也对宇文化及恨之入骨。窦建德不敢得罪突厥人，便将宇文化及的头颅送到了突厥义成公主那儿，被悬挂在突厥的王廷中。

七、刘武周兵败突厥，梁师都命丧亲手

1. 刘武周

刘武周（？—622年），河间景城（今河北沧州西）人。后举家搬迁到马邑（今山西朔州）。隋末唐初农民起义军首领。

刘武周出生于豪富之家。年轻时骁勇善战，喜结交豪侠，他的兄长刘山伯便经常责骂羞辱他。刘武周因此离家前往洛阳，投奔到隋太仆杨义臣的帐下，因远征辽东有功，被授予建节校尉。后来，刘武周以鹰扬府校尉回到家乡，太守王仁恭把他看作州里的雄杰，对他十分器重。

大业十三年（617年），刘武周趁隋末天下大乱之机，杀死马邑太守王仁恭，开仓赈贫，驰檄境内，得兵万余人，自称太守。为了立稳脚跟，刘武周派人去突厥族，说明自己准备归附突厥。隋朝派兵征讨，刘武周与突厥兵联合出击，大败隋军。刘武周一举攻破楼烦郡（今山西宁武东北），进取汾阳宫（今山西省中部）。他把俘获的隋宫人贿赂给突厥，突厥首领始毕可汗也送来马匹回报刘武周，义军兵势大振。后来，突厥族拥刘武周为定杨可汗，刘武周自称皇帝，建号天兴。

之后，刘武周引兵围攻雁门，围城百余日。陈孝意悉力拒守，粮尽援绝，其部下张伦暗杀陈孝意，举城投降刘武周。

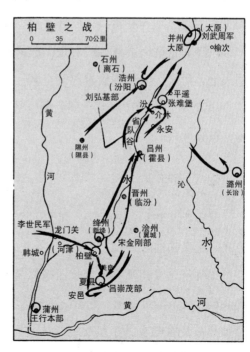

刘武周柏壁之战示意图

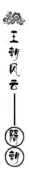

时易州叛军领袖宋金刚，原与魏刀儿联合，因被窦建德打败，引4000余众投奔刘武周，更壮大了其声势。刘武周素闻宋金刚善于用兵，得之甚喜，封宋金刚为宋王，委以军事，并分一半家产给他。宋金刚休去原妻，聘刘武周的妹妹为妻。唐武德二年（619年），刘武周任宋金刚为西南道大行台，统兵两万，会合突厥兵，合军南下。唐高祖李渊派将征讨，全被战败，刘武周很快便占据了太原（今属山西）。唐高祖随后又派永安王李孝基、陕州总管于筠、工部尚书独孤怀恩和内史侍郎唐俭共同出兵征讨刘武周，在夏县（今山西西南部）城南两军展开大战。刘武周手下大将尉迟敬德袭破唐军大营，唐军大乱，被义军杀死无数，唐军的四名将领所率兵马也于这一战中损失殆尽。

十一月，唐高祖派李世民统兵进讨。李世民的军队一路冲杀，连克刘武周的部队。刘武周因远途征战，粮运不给，兵多饿死。宋金刚在雀鼠谷与李世民的军队一天交战八次，战战皆败，宋金刚轻骑突围逃走。刘武周见状大恐，率500骑兵，放弃并州（今山西阳曲以南），北上逃奔突厥。宋金刚随后也逃回突厥族的驻地。起义军被唐军消灭殆尽，李世民尽数收回失地。后来，宋金刚偷着离开突厥，意欲卷土重来，被突厥骑兵追上腰斩。唐武德三年（620年），刘武周也密谋想回到马邑，重整兵马，事情败露，被突厥兵砍杀。

2. 梁师都

梁师都（571—628年），朔方（今陕西榆林横山区）人。隋朝末年地方武装起义领袖。

梁师都是夏州朔方（今陕西榆林横山区西、靖边县东北）人，世为该郡豪族，父亲梁定早逝，为叔父梁毗所养。仕隋为鹰扬府郎将。大业末年，梁师都被免官归乡，于是交结党徒起为盗贼。大业十三年（617年）二月初一日，梁师都杀害朔方郡丞唐世宗，占据朔方郡造反，自称大丞相，并与突厥联兵，与隋将张世隆交战，将他击败。三月，梁师都派兵攻占雕阴、弘化、延安等郡，于是即皇帝位，国号为梁，祭祀上天于城南，掘地埋玉时得印，以为符瑞，建立纪元年号为永隆。突厥始毕可汗送以狼头大旗，并赠以"大度毗伽可汗""解事天子"的称号。梁师都便引导突厥兵马占据河南之地，攻拔盐川郡。

武德元年（618 年）七月初四日，梁师都进犯灵州，被唐朝骠骑将军蔺兴粲打败。

武德二年（619 年）三月初一日，梁师都再次进犯灵州，被唐朝长史杨则击退。九月，梁师都与突厥千余骑扎营于野猪岭，延州总管段德操按甲不战，待梁师都士气懈怠时，派兵出击，两军酣战时，段德操便亲自率领轻骑从其阵旁掩击过来，梁师都大败而逃，段德操跟踪追击 200 里路，俘获甚多。不久，梁师都又率步骑 5000 人进犯，段德操又将其军俘斩一空，招降其堡将张举、刘旻。梁师都恐惧，派遣尚书陆季览游说处罗可汗说："隋亡之后，中原裂为四五小国，势均力弱，全都争先依附突厥。如今唐灭刘武周，国势益大，兵马四出。师都不久将亡，但下次就轮到突厥了。望可汗像魏孝文帝那样，率兵南下，师都愿为向导。"处罗可汗采纳了这个意见，命令莫贺咄设侵入五原，泥步设与梁师都前往延州，处罗自攻太原，突利汗下奚、契丹、靺羯，由幽州道合兵进犯，窦建德从滏口进兵会师于晋、绛地区。但随后因处罗可汗去世，兵马未出，梁师都又被段德操攻破。

武德六年（623 年），其将贺遂、索周率所部 12 州投降朝廷。段德操尽起边兵进击师都，攻拔其东城，梁师都退保西城不敢出战，向突厥颉利可汗求救，颉利可汗率领精锐骑兵一万赴援。起初，稽胡大帅刘仚成率众依附梁师都，因梁师都信谗被杀，其部下疑惧，多叛归朝廷。梁师都兵势益衰，便前往朝见颉利，教他南下入寇，因此突厥连年进犯，以致深入内地，兵临渭桥。

后来突厥政局大乱，唐太宗认为梁师都形势更危，便下书劝他归朝，

梁师都不从。下诏夏州长史刘旻、司马刘兰成谋取其地。抓获俘虏，便放回充当反间，以离间其君臣。派出轻骑蹂躏其庄稼，以致城中粮储空虚军民挨饿。又有天狗坠其城中。辛獠儿、李正宝、冯端都是其部下名将，商议逮住梁师都归降，因事泄未能成功，李正宝挺身归降。

贞观二年（628年），刘旻、刘兰成上表言其可取，下诏柴绍、薛万均合力进讨，命令刘旻率精兵直据朔方东城。颉利可汗来援梁师都，时逢大雪降落，羊马冻死。柴绍迎战，击破其众，随即进驻城下。梁师都势急，其叔伯兄弟梁洛仁见势头不妙，竟斩梁师都归降，朝廷擢升梁洛仁为右骁卫将军、朔方郡公。

八、刘元进领袖江南，操师乞江西称王

1. 刘元进

刘元进（？—613年），余杭（今浙江杭州）人，隋末江南农民起义领袖。

刘元进少年时就仗义行侠，为乡里所尊崇。当时，刘元进亦不满隋炀帝的统治，自认为相貌非凡，暗中有了起兵反叛的想法，于是聚集亡命之徒。

大业九年（613年），隋炀帝再次征讨高丽，征兵于吴郡（今江苏苏州）、会稽（今浙江绍兴），士卒们都互相说："去年我们的父兄随皇上出征的，正在大隋全盛之时，尚且死亡大半，骨骸不归；如今天下疲敝，这次出征，我们都会死光了。"于是多逃兵役。郡县追捕，一时人心惶惶。

六月，礼部尚书杨玄感起兵于黎阳，刘元进知天下思乱，于七月十一日以反对隋廷征调江南百姓征伐高句丽为号召，起兵响应杨玄感。三吴地区苦于征役的人，无不响应而到他麾下，一个月内，刘元进部众就达数万人。刘元进率部众正准备渡江时，恰逢杨玄感兵败。八月初二日，吴郡人朱燮、晋宁人管崇也举兵造反，拥兵十万，自称将军，侵犯江东。十月，朱燮、

管崇共同迎接刘元进，推举他为盟主。刘元进占据吴郡，自称天子，朱燮、管崇都被任命为尚书仆射。刘元进并任命百官，毗陵（今江苏常州）、东阳（今浙江金华）、会稽（今浙江绍兴）、建安（今福建建瓯）等地的很多豪杰之士都把地方官吏抓起来，以响应刘元进。

大业九年（613年）十月，隋炀帝命令左屯卫大将军吐万绪、光禄大夫鱼俱罗率兵前往讨伐刘元进。

十二月，刘元进率兵进攻丹阳，吐万绪率兵渡江将刘元进击败，于是刘元进解围而去，吐万绪进军驻在曲阿。刘元进把木栅栏连接在一起来抗拒吐万绪，双方相持百余日；吐万绪发起进攻，刘元进的部众大乱溃散，死者数以万计。刘元进奋勇突围，在夜间逃走，据守在营垒中。朱燮、管崇等人率部众驻在毗陵，军营连接起来有100余里。吐万绪乘胜进击，又将朱燮、刘元进等人击败。朱燮、刘元进等人率部众退保黄山，吐万绪将黄山包围，刘元进、朱燮只身逃脱，官军在阵前杀死管崇及其将卒5000余人，俘获其百姓3万余人，进而解除了对会稽的围困。鱼俱罗与吐万绪一起行动，战无不胜，但是百姓响应造反的人越来越多，多得就像散了市一样。刘元进溃散后又聚集在一起，声势越发浩大，继而退守建安。

不久吐万绪、鱼俱罗二将均获罪，隋炀帝改派江都郡丞王世充征发淮南兵卒数万进攻刘元进。王世充率军渡江后，刘元进率兵拒战，杀王世充军1000多人。王世充着急，退保延陵栅。刘元进派兵，人人都拿着茅草，就风放火。王世充大为恐惧，将要弃营逃跑。刚好风反吹过来，火势也转过来，刘元进部下怕烧后退。王世充挑选精兵掩击，大破刘元进军，死伤大半。此后刘元进屡战屡败。刘元进对管崇说："事情紧急，要拼死决战。"于是出营挑战，刘元进与管崇都被王世充所杀。刘元进部下全部投降，王世充在黄亭涧将他们全部活埋，被活埋而死的有3万多人。其余的人往往守险为盗。此后董道冲、沈法兴、李子通等人乘机起兵，战争不息，直到隋朝灭亡。

2. 操师乞

操师乞（？—616年），江西鄱阳人，隋末农民起义领袖。大业十二年（616年）与同乡林士弘率众起义，攻克豫章（今江西省南昌市），自称元兴王，年号始兴（一说天成）。后中流矢而死。所部归林士弘率领。

操师乞是鄱阳县新义操家（今属金盘岭乡）人，出身农民，

操氏宗谱

性情豪爽，膂力过人，爱好打抱不平。小时他念过几年书，后来一面跟着父亲种田，一面练习武功。他所在的村位于群山环抱的一处平原上，以往常常受到兵匪侵扰。为此他和村民商量，在村里开辟了练兵场和跑马场，组织青壮年村民进行练兵。

隋仁寿四年（604年），太子杨广即位，是为隋炀帝，改元大业。登基之后大兴徭役，发动大量的民丁营建洛阳，开凿运河；又一次再次地举行对高句丽远征。统治者不顾人民的死活，必然激起人民的反抗。大业七年（611年），山东人王薄首先树起义旗，反对隋朝的压迫。接着，全国各地农民起义迅速展开，此起彼伏。大业十二年（616年）夏秋间，操师乞、林士弘亦揭竿而起，向江南人民发出革命的信号。

操师乞对隋朝统治者早就强烈不满，产生对立情绪。官吏每到新义，他也从不假以辞色。渐渐，他成了官府剿除的对象。大业十一年（615年），杨广结束对外战争后，开始加强对农民军的"围剿"。次年，南海太守刘权路过鄱阳，朝廷下诏令其就地"讨贼"。官逼民反，操师乞决心把握时机，和林士弘即时发动起义。林士弘此时拥有一支农民武装，在鄱阳南部活动。

共同的理想，加深了他们之间的友谊。两支农民武装迅速汇合起来，浩浩荡荡向郡城进军，公开向隋王朝宣战，广大贫苦百姓闻风响应，起义军队伍猛增到一万多人。

当时，鄱阳郡城武备不修，有个名叫袁斌的人，以防御兵乱为由，"倡义聚郭内居民相保守"。此人略知军事，颇精武艺，城防工作实际上由他负责。但他对农民军的实力却估计不足，一经交战便支持不住，只好弃城逃走。城内大小官吏见郡城不保，也一个个带着家属、细软，仓皇逃命。起义军初战取得辉煌胜利。操师乞当即下令安抚百姓，开仓放赈，并对部队进行整训。当年十月，操师乞自称元兴王，年号"天成"。

接着，起义军又攻下了浮梁、彭泽等邻县。大业十二年（616年）秋，操师乞亲率起义军向江西重镇——豫章郡（今南昌）进发，乘敌不备，一举攻占了豫章。在那里，操师乞任命林士弘为大将军；并确定以豫章为据点，逐渐向江南各地扩展。

豫章之失，使隋王朝大为震惊，正在江都游幸的隋炀帝，紧急命令治书侍御史刘子翊率兵往"讨"。刘子翊系彭城人，曾任南朝齐的殿中将军，有丰富的军事经验，奉诏后即带领兵马奔赴豫章。操师乞闻讯，亲率部队迎战于城外。在战斗中他身先士卒，冲锋陷阵，不幸中箭身亡。

义军骤失元帅，军心动摇，开始败退。林士弘当机立断，挺身而出，带领部队继续奋勇拒敌。

3. 林士弘

林士弘（？—622年），饶州鄱阳（江西鄱阳）人，隋末南方农民起义军领袖。林士弘豪迈爽直，好武功，通谋略。

操师乞中流矢而死，林士弘替代他统率部众。林士弘与刘子翊在彭蠡湖（今鄱阳湖）交战，刘子翊战败身亡。林士弘军威大振，兵力达到十余万人。十二月初十日，林士弘据守虔州，自称南越王。不久自称皇帝，国

号楚，建年号太平，任命同党王戎为司空。林士弘又攻取九江、临川、庐陵、南康、宜春等郡，各地豪杰竞相杀死隋朝的郡守县令，以整个郡县来响应林士弘。北自九江、南到番禺（今广东广州）的广大地域都为林士弘所据有。

义宁元年（617年）十二月二十九日，方与县的贼帅张善安袭击并攻陷庐江郡，于是渡江，在豫章归附林士弘。林士弘怀疑他，让他在南塘上扎营。张善安因此怀恨林士弘，就袭击并打败林士弘，烧毁豫章郡的外城而去。林士弘迁居南康。萧铣派他的部将苏胡儿袭击并攻取豫章，林士弘退保余干县。林士弘虽失豫章，但仍然尚有南昌、虔州、循州、潮州等数州之地。

武德元年（618年），汉阳太守冯盎以苍梧、高凉、珠崖、番禺等地归附林士弘。

武德三年（620年），广州和新州的贼帅高法澄、沈宝彻杀死隋朝的州官，占据二州，归附于林士弘。

武德四年（621年），萧铣兵败被杀，萧铣的散兵大部分投靠了林士弘，林士弘的军队因此重振势力。同年，唐朝荆州总管、赵王李孝恭派遣使者前去招抚，林士弘所辖的循州、潮州二州都投降唐朝。

武德五年（622年）十一月，林士弘派遣他的弟弟鄱阳王林药师率兵二万围攻循州，唐朝循州刺史杨略与林药师交战，杨略大败林药师军，将林药师杀死，林药师的将领王戎以南昌州投降唐朝。林士弘害怕，十一月二十一日，也向唐朝请求投降。随即又逃入安城（一作安成）的山洞（今江西安福东南），袁州（今江西宜春地区）百姓相互聚合响应林士弘，唐朝洪州总管若干则派兵打败了他们。林士弘就在此时病逝。

九、真英雄领袖河北，窦建德妄称夏王

窦建德（573—621年），清河漳南（今河北故城县）人，祖籍扶风平陵（今陕西咸阳市）。隋末唐初河北起义军前期领袖。

窦建德世代务农，曾任里长，尚豪侠，为乡里敬重。隋大业七年（611年），隋炀帝杨广东征，窦建德应召入伍，被任为200人长。当时，与窦建德同县的孙安祖也被选入军中。但他不愿入伍，被县令处以鞭刑。孙安祖杀死县令，投奔了窦建德。窦建德劝孙安祖收罗人才，图成大业。随后，窦建德帮助孙安祖聚集贫困农民和拒绝东征的士兵几百人，占据漳南县东境方圆数百里的高鸡泊，举兵抗隋。

当时，清河鄃县（今山东夏津）人张金称、渤海蓨县（今河北景县）人高士达在清河一带起义，往来漳南一带。地方官怀疑窦建德与这些起义军有来往，派兵杀了窦建德的全家老小。窦建德怒火中烧，带领手下的200名兵士投奔了高士达。后来孙安祖被张金称所杀，他手下的几千人马都归到了窦建德的军中。高士达听从窦建德的建议，带兵进入高鸡泊，养精蓄锐，势力逐渐壮大，拥有上万人马。窦建德与兵士同甘共苦，因此深得人心。

大业十二年（616年），隋涿郡通守郭绚率兵万余人来征讨高士达。窦建德提议由高士达留下看守阵营，自己挑选精兵7000人前去抗郭绚，后大破敌兵。从此，窦建德所率义军兵威大振。

郭绚兵败后，隋炀帝又派太仆卿杨义臣率兵万余前来剿灭起义军。杨义臣先歼灭了张金称的部队，乘胜大举进攻高鸡泊。窦建德建议高士达避其锋芒，到时再伺机而袭。高士达没有听从，自率精兵抗击杨义臣，窦建德于是亲率部分精兵在险要处把守。不几日，高士达兵败被杀。窦建德寡不敌众，带百余人突围而去。后又招集散亡，重又组织起队伍。

大业十三年（617年）正月，窦建德在河间乐寿县（今河北献县）称王，号"长乐王"，年号

窦王庙

丁丑，设置官属，分治郡县。七月，隋炀帝派右翊卫将军薛世雄率兵三万征讨。窦建德战败薛世雄，进兵河间（今河北河间）。围城数日，河间城内郡丞王琮出城请降。次年，窦建德称夏王，国号夏。

唐武德二年（619 年）二月，窦建德带兵围攻宇文化及所在的聊城（今山东聊城东北），破城后，诛杀宇文化及一伙。八月，窦建德攻克洺州（今河北永年东南），随即迁都于此。他劝课农桑，对恢复河北的生产有积极作用。窦建德起义军发展迅速，除原有冀、定、瀛、恒、博、易六州之外，还先后攻克邢、贝、沧、洺、相、赵、黎、卫八州，拥有黄河以北大部分地区，强盛一时。

武德四年（621 年），唐军大举进攻洛阳的王世充。王世充派人向窦建德求救，窦建德出兵相救。三月，窦建德之部与唐军相持于虎牢（今河南荥阳西北汜水镇）一带，屡战不利。五月，窦建德屯兵汜水（今河南汜水西），与秦王李世民的军队进行决战。李世民的部队几次袭击得手，窦建德军大败。激战中，窦建德身负枪伤，只身杀出重围，逃到牛口峪（今河南汜水西）被唐将抓获。七月中，窦建德被斩于长安，时年 49 岁。

十、法兴自称新梁王，萧铣复兴旧梁朝

1. 沈法兴

沈法兴（？—621 年），湖州武康（今浙江德清）人，隋末唐初割据势力。

沈法兴，湖州武康（今浙江德清县）人。父亲沈恪，是南北朝时期陈朝官吏，官至特进、广州刺史。沈法兴在隋朝大业末年，担任吴兴（今浙江湖州）郡守。当时，东阳贼寇首领楼世干举兵反叛朝廷，攻略郡城，隋炀帝杨广下诏命令沈法兴与太仆丞元祐一同讨伐楼世干。

义宁二年（618 年），宇文化及在江都（今江苏扬州）煽动兵变，弑

隋炀帝。沈法兴自认为世居南方，家族世代都是郡中有声望的大姓，同姓宗族就有几千家，被远近所归向顺服，便与元祐的部将孙士汉、陈杲仁擒住元祐，以诛讨宇文化及为名起兵。三月，沈法兴从东阳出发，边行军边收集兵马，往江都趋进，攻下余杭郡（今浙江余杭区），待进发到乌程（今浙江湖州）时，已拥有六万精兵。

毗陵（今江苏常州）通守路道德领兵抵御沈法兴，沈法兴与他约定连兵，借会盟之机袭杀路道德，进据毗陵城。当时齐郡贼寇首领乐伯通占据丹阳（今江苏丹阳），为宇文化及守卫该城，沈法兴派遣陈杲仁攻陷丹阳。沈法兴又攻陷余杭和毗陵，于是占据了长江以南十几个郡，自称江南道总管，承制设置百官。

武德元年（618年）八月，沈法兴听闻越王杨侗即位，沈法兴便上书杨侗，自称大司马、录尚书事、天门公，承圣旨设置百官，任命陈杲仁为司徒，孙士汉为司空，蒋元超为尚书左仆射，殷芊为尚书左丞，徐令言为尚书右丞，刘子翼为选部侍郎，李百药为府掾。

武德二年（619年）八月，沈法兴攻克毗陵后，认为江、淮以南只需自己发令调遣即可平定，于是自称梁王，建都毗陵，建年号为延康，设置百官。沈法兴性情残忍，崇尚严刑，将士稍有过错，就立即斩首，他的部下因此产生叛离怨恨之情。

当时，杜伏威占据历阳，陈棱占据江都，李子通占据海陵，都手握重兵，均有窥伺江南的意图。沈法兴三面受敌，军队屡次战败。

不久，陈棱在江都被李子通围困，陈棱困迫危急，送人质到沈法兴和杜伏威处请求出兵援助。沈法兴让儿子沈纶带领几万军队与杜伏威一同救援陈棱，杜伏威驻扎在清流，沈纶驻扎在扬子，相隔数十里。李子通的纳言毛文深献计，召募江南人伪装成沈纶的士兵，夜晚袭击杜伏威军营，杜伏威很气愤，也派兵袭击沈纶。二人因此相互猜疑，谁也不敢先进军。李子通得以用全力攻打江都，攻克江都城，乘势挥兵进攻沈纶，大败沈纶。

武德三年（620年），李子通渡过长江攻打沈法兴，夺取京口（今江苏镇江）。沈法兴派遣他的仆射蒋元超抵抗李子通，双方在庱亭交战，蒋元超兵败身亡。沈法兴恐惧，放弃毗陵，与左右数百人投奔吴郡。李子通在吴郡袭击沈法兴，大败沈法兴。沈法兴带领几百个亲随放弃吴郡城逃走，吴郡贼寇首领闻人遂安（复姓闻人，名遂安）派手下将领叶孝辩迎接沈法兴。沈法兴在半路后悔，想杀了叶孝辩而奔赴会稽。叶孝辩发觉了沈法兴的意图，沈法兴处境很窘迫，于是投江而死。

2. 萧铣

萧铣（583—621年），南兰陵（今江苏常州武进区）人。隋朝末年南方割据群雄之一，梁武帝萧衍六世孙，安平文宪王萧璇之子。

萧铣是西梁宣帝萧詧的曾孙，安平忠烈王萧岩之孙，安平文宪王萧璇之子。开皇初年（581年），萧岩背叛隋朝，降于陈朝。开皇九年（589年），隋朝灭亡陈朝，为隋文帝所诛杀。

萧铣少时孤贫，以卖书谋生，侍奉母亲孝顺。隋炀帝时，因外戚之恩提拔为罗川县令。

大业十三年（617年），岳州校尉董景珍、雷世猛，旅帅郑文秀、许玄彻、万瓒、徐德基、郭华，沔州人张绣等共谋起兵反隋，众人欲推举董景珍为首领，董景珍说："我素来寒微，虽假借名号，也怕不能服众。罗川令萧铣，是梁朝皇帝后代，宽仁大度，有梁武帝遗风。况且我听说帝王兴起，必有符命。隋朝冠带尽称'起梁'，这是萧氏中兴的征兆。现在推他为主，以应天顺人，不更好吗？"便派人告知萧铣。萧铣随即回信对董景珍说："我先君侍奉隋朝，职贡毫无缺失，而隋人竟贪我土地，灭我宗社，我因此痛心疾首，想洗雪这个耻辱。如今上天诱导各位，降心从事，将重续梁朝统治，以求福佑于先帝，我怎敢不纠集勉励士众以随公之后呢？"立即募兵数千，扬言讨伐贼寇，实则准备响应董景珍起兵。

时逢颍川贼寇沈柳生进犯罗川县，萧铣出战不利，对其部下说："岳阳豪杰打算推我为主，如今天下全都叛隋，我能独自守节以保全吗？况且我祖先建国于此，如从其请恢复梁朝，再以半纸檄文招降群盗，谁人敢不服从？"众人大喜，便在大业十三年（617年）十月，自称梁公，旗帜服色全遵梁朝旧例。沈柳生率众归附萧铣，萧铣任命他为车骑大将军。不到五天，远近争相归附，众达数万，便率众前往巴陵郡。

董景珍派遣徐德基、郭华率领强姓首领数百人前来迎接，而首先见到沈柳生。沈柳生与其部下商议说："梁公起兵，我最先归附，功勋居第一。如今岳州兵众而将多，谁肯位在我下？不如杀掉徐德基，扣押其人，独挟梁主进取州城，那么谁能位于我前呢？"于是杀死徐德基，前往中军告知萧铣。萧铣大惊道："今欲拨乱反正，忽然自相屠杀，我不能当你们的君主了！"随即走出军门。沈柳生害怕，伏地请罪。萧铣斥责后宽宥了他，陈兵进城。董景珍说："徐德基倡义竭诚尽力，沈柳生擅自杀害，如不诛杀，将无法治政。且与凶贼共处，久后必生祸患。"萧铣因此下令斩沈柳生。于是筑坛于城南，燔柴告祭上天，自称梁王。因有异鸟到来，于是建年号为凤鸣。

义宁二年（618年），萧铣称帝，设置百官，全都依照梁朝旧例。追谥从父萧琮为孝靖帝，祖父萧岩为河间忠烈王，父亲萧璇为文宪王。封董景珍为晋王，雷世猛为秦王，郑文秀为楚王，许玄彻为燕王，万瓒为鲁王，张绣为齐王，杨道生为宋王。隋朝将领张镇州、王仁寿进击萧铣，不能取胜，得知隋朝灭亡后，遂和宁长真等人率领岭南州县归降萧铣。当时，林士弘据有江南。萧铣派遣部将苏胡儿攻拔豫章郡，派杨道生夺取南郡，张绣略定岭表。辖区西至三峡，南到交趾，北距汉水，全都归属萧铣，兵力达到40万。

武德元年（618年），萧铣迁都江陵，修复先祖园庙，任命岑文本为中书侍郎，主掌机密事务，令杨道生进攻峡州，为峡州刺史许绍所败，战士死伤大半。

武德三年（620年），唐高祖李渊下诏令夔州总管、赵郡王李孝恭征讨萧铣，夺取通州、开州，斩其东平王阉提。当时诸将擅兵横暴，萧铣担心日后无法控制，便扬言休兵以便农耕，罢免诸将兵权。大司马董景珍之弟为将军，心怀不满，谋图作乱，事泄之后，为萧铣所杀。董景珍镇守长沙，萧铣手书赦免他，并将他招还江陵。董景珍害怕，派遣使者前往李孝恭处，举地归降。萧铣派遣张绣进攻董景珍，董景珍说：前年醢彭越，往年杀韩信。您没听说过吗？何必互相攻讨？"张绣不回答，进兵围城。董景珍溃围而走，被其部下杀害。萧铣提升张绣为尚书令。张绣居功自傲，萧铣又杀了他。萧铣性情外表宽仁而内心疑忌，嫉妒胜己者，因此大臣旧将都怀疑惧怕，往往叛离，萧铣不能禁制，所以日渐衰弱。

武德四年（621年），唐高祖下诏李孝恭与李靖率领巴蜀兵顺流而下，

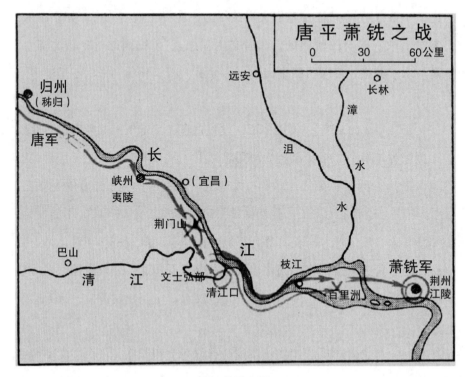

唐平萧铣之战

庐江王李瑗由襄阳道，黔州刺史田世康出辰州道，合兵攻打萧铣。萧铣的将领周法明率四州归降唐朝，唐高祖随即下诏任命周法明为黄州总管，前往夏口道，进攻安州，将其攻下。萧铣的将领雷长颖以鲁山归降唐朝。萧铣便派部将文士弘抵御李孝恭，战于清江口，李孝恭大败其军，缴获战舰千艘，攻取宜昌、当阳、枝江、松滋等县，江州总管盖彦举城投降。李孝恭和李靖直逼都城江陵。

起初，萧铣放散兵卒，仅留宿卫战士数千人，等到仓促召集兵马时，江南、岭南，路途辽远，未及赴援。李孝恭布列长围以守。数日之后，攻破水城，缴获楼船数千艘。交州总管丘和、长史高士廉、司马杜之松前往李靖处投降。萧铣自料救兵不会前来，对其属下说："上天不保佑梁朝啊！如待力尽而降，必害百姓遭殃。如今趁城未攻下，先行出降，可免乱兵祸害。各位何愁没有君主呢？"便巡城下令，守城士卒全都痛哭。萧铣用太牢告祭于太庙，率领官属身穿孝服前往军门，认罪说："应死者仅萧铣一人，百姓无罪，请不要杀掠他们！"李孝恭受降，护送他到京师。过后几天，救兵赶到，众达十余万人，得知萧铣已降，便都投降唐朝。萧铣送到京师。唐高祖斥责其罪，萧铣回答说："隋失其鹿，英雄竞逐，萧铣无天命护佑，故被陛下擒获。正如田横南面称王，难道对不起汉朝吗？"唐高祖因其言不屈而大怒，下诏斩于都市，时年39岁。

十一、奸诈小人王世充，篡位自立死仇手

王世充（？—621年），本姓支，字行满，西域祈支（今甘肃临夏县）人，氐族。隋朝末年群雄之一，汴州长史支收之子。

1. 取媚邀宠，阴结豪俊

王世充本是西域的胡人，寄居在新丰。他祖父支颓耨早逝，父亲支收

跟随改嫁到霸城王氏的母亲生活，因而就改为姓王，官至汴州长史。

王世充广泛涉猎经史，尤其爱好兵法以及卜卦算命、推算天文历法方面的学问。开皇年间，按战功被授予仪同三司的官职，接着提升为兵部员外郎。他善于向朝廷陈事进言，通晓各种律令条文，但常利用法律条文徇私作弊，随心所欲。有时候有人批驳他，他就巧言诡辩文过饰非，言辞激烈，人们虽然明知他不正确又没有谁能使他认错。

隋炀帝大业年间，提拔为江都丞，兼任江都宫监。当时隋炀帝多次巡视江都，王世充善于观察隋炀帝的脸色，奉承谄媚顺从他的心意，每次上朝谈论政事，隋炀帝总是说好。于是制作玉石雕刻和风景彩画，诈称远方的珍贵工艺品，献给隋炀帝讨好，因此隋炀帝更加宠信他。王世充知道隋朝的政局将会混乱，就暗地结交英雄豪杰，广泛收买人心，那些犯罪坐牢的人，都用曲解法律的办法予以释放，从而显示私人的恩惠。

2. 镇压起义，会战李密

隋大业九年（613 年）六月，杨玄感乘炀帝亲征高句丽，国内空虚之机，突然叛乱，进攻东都洛阳，当时，各地有不少人打着响应杨玄感的旗号起兵，在江都附近就有余杭的刘元进、昆山的朱燮、常熟的管崇三支起义军。后来这三支队伍更联合起来，共推刘元进为主，占据吴郡，称天子，立百官。

隋炀帝派了大将吐万绪、鱼俱罗镇压，这二人都是身经百战的老将，镇压到这年年底，隋兵基本取得了胜利，击毙了管崇，并把刘元进和朱燮围困在建安。由于连续作战，将士劳累，这两员将领请求暂时休兵一段时间，不知是谁向隋炀帝进谗言，说该二人故意不进攻，有不臣之心。隋炀帝大怒，即刻将吐万绪、鱼俱罗二人撤职法办。随后，隋炀帝任命王世充指挥进攻刘元进，并在淮南征募了数万新兵，交王世充指挥。这批淮南兵后来成为王世充的子弟兵，是他起家的资本。王世充以生力军进攻刘元进、朱燮，连战皆捷，刘元进、朱燮先后战死，但仍有不少余部散在各处为盗。

王世充找了个黄道吉日，集合有关人员，到通玄寺的佛像前焚香立誓，约定降者不杀。刘元进的余部听说后，纷纷投降，不到一个月，王世充就平定了吴郡。不料，王世充背信弃义，大局已定后，把所有投降的共三万余人全部坑杀。

大业十年（614年），齐郡的义军统帅孟让从山东长白山出发侵犯各个州郡，到盱眙，发展到十多万人马。王世充率领部队抵御，以都梁山为据点，设置五道营栅，敌我相对而不交战，还扬言撤退，部队表现出疲惫不堪毫无战斗力的样子。孟让耻笑地说："王世充是个只懂法令条文的小官，哪能带兵打仗？我要活捉他，一直打到江都去。"这时当地百姓都住进了部队营垒，遍地没有东西可抢，叛军慢慢地没有吃的，又为营栅挡住道路而伤脑筋，不能向南方进军，就分兵包围王世充的五处营栅。王世充每天出兵打一下，表面装作失利，跑回营栅。像这样搞了好几天，孟让更加小看他，就慢慢分派人马到南边去搜抢财物，留下的兵力只够围住营栅。王世充知

李密与王世充决战的邙山

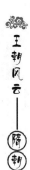

道敌人放松了警惕，就在军营中填平了灶坑，拆下了帷帐，摆设起方阵，四面朝外，拔掉栅栏出击，奋力作战，大败敌军，孟让带着几十个人悄悄逃走了，杀死了一万多人，俘虏了十多万人。隋炀帝认为王世充有将帅的才干谋略，又派他率领部队讨伐各个小股叛军，所到之处全部荡平。

大业十一年（615 年），突厥在雁门围困了隋炀帝。王世充带领江都的全部人马准备到雁门赴救国难，在队伍里蓬头垢面，痛哭得失去常态，日夜不脱盔甲，躺在草上睡觉。隋炀帝听到这些，认为他忠诚，更信任他。

大业十二年（616 年），升任江都通守。当时厌次人格谦当了多年盗匪，带着十多万人在豆子航一带活动，被太仆卿杨义臣杀掉，王世充统率部队攻打格谦的残存队伍，打败了他们。又出兵到南阳攻打卢明月，俘虏了好几万人。班师回到江都，隋炀帝非常高兴，亲自举杯赏赐他。

大业十三年（617 年）七月，瓦岗军李密、翟让猛攻东都洛阳，多次击败守军，洛阳求救的文书雪片般飞到江都。隋炀帝不得已，调全国各地精兵救援洛阳，在各路援军中就有江都通守王世充率领的江淮劲卒二万人。由于这次军事行动的总指挥薛世雄在进军途中于河间七里井意外地被河北起义军窦建德歼灭，隋炀帝任命王世充继任援洛大军的总指挥。

九月，王世充等各路援军齐集洛阳，使隋在洛阳的兵力达到十余万。王世充出兵向李密挑战，双方在洛口对阵，两军前后交战一百多次，还不分胜负。隋炀帝又派人到部队任命王世充为将军，催促打败李密。王世充带领部队渡过洛水跟李密作战，吃了败仗，被淹死了一万多人，就率领余部返回河阳。碰上天气寒冷大雪纷飞，沿途冻死了好几万人，等到抵达河阳，只剩 1000 来人。王世充自我囚禁起来请罪，越王杨侗派遣使者释放了他，召回洛阳，驻扎在含嘉仓城，收集逃散的士卒，又有了一万多人。

3. 专擅朝政，篡位自立

大业十四年（618 年）三月，宇文化及在江都叛乱，隋炀帝被弑。五月，隋炀帝驾崩的消息传到洛阳，越王杨侗于是作为皇位继承人被拥立为皇帝，年号皇泰，在后来的历史中被称为皇泰主。王世充被皇泰主封为郑国公，与段达、元文都等其他六人共同辅政，时人称为"七贵"。皇泰主登基时，洛阳已被李密重重包围，有效统治范围只有洛阳一城。六月，宇文化及的叛军到达洛阳郊外，意图攻克洛阳作为根据地。

元文都对卢楚等人说："如今宇文化及杀君叛逆，仇未报，耻未雪，我虽然复仇心切，但力不从心。从国家大局考虑，不如用高官笼络李密，拿国库的资财暂时利诱他，让李密去攻打宇文化及，使得两伙叛军自相残杀，宇文化及被打败后，李密的兵马必然也疲惫不堪了。再说李密的士卒得到了朝廷的奖赏，担任着朝廷官职，朝廷多跟他们建立感情，容易运用离间之计，我们的军队养精蓄锐来钻他们疲惫困乏的空子，那么李密也是可以对付的。"卢楚等人认为应当如此。当天就派使者授予李密太尉、尚书令的官职，命令他讨伐宇文化及。

李密于是向朝廷称臣，接受朝廷命令，带兵到黎阳抵御宇文化及，凡是打了胜仗就派遣使者向朝廷报捷，人们都很高兴。王世充单单对他手下的各将领说："元文都那帮人，写写画画，文官而已，我看事态的趋势，一定会被李密抓起来。再说我的部队多次跟李密作战，杀死他的父兄子弟，前前后后已经很多，一旦成为他的下属，我们这些人就没有生路了！"说这番话是为了激怒他的将士们。元文都知道后非常恐惧，跟卢楚等人商议，趁王世充上朝的时候，布下伏兵杀掉他，已经约定时间了。纳言段达平庸怯懦，害怕这事办不成功，就派他的女婿张志把卢楚等人的计谋告诉了王世充。

当天夜晚王世充带领人马包围宫城，将军费曜、田阇等人在东太阳门外迎战，费曜战败，王世充夺取城门冲了进去，将军皇甫无逸只身逃脱，抓住卢楚杀了。这时皇宫大门紧闭，王世充派人敲着宫门对皇泰主说："元文都他们要挟持陛下投降李密，段达得知后告诉了我，我不敢背叛朝廷，

是来讨伐背叛朝廷的人。"开始，元文都听到发生变故，来到乾阳殿伺候皇泰主，指挥部队保卫，命令将士们凭借城池抵御兵变。段达诈称皇泰主的命令捉住元文都押送给王世充，一到就乱棍打死。段达又诈称皇泰主的命令，打开宫门迎接王世充，王世充派人换下了宫中的全部警卫人员，然后拜见皇泰主谢罪，说："元文都等人犯下说不完的罪行，阴谋制造内乱，情况紧急才采取这种办法，我是不敢背叛国家的。"皇泰主跟他盟誓。当天，升任尚书左仆射，总管监督朝廷内外各项军务。王世充离开含嘉城，搬进尚书省官署居住，独揽朝政大权。任命他的哥哥王世恽为内史令，住进皇宫，侄子后辈都握有兵权，镇守各地城镇。

没过多久，李密打败宇文化及班师回朝，他的精兵骏马多半战死，剩下的疲劳困乏。王世充想乘机攻打他，又怕人心不齐，就借助鬼神征兆，说是梦见了周公。于是在洛水岸边修建了周公祠，叫巫师宣扬周公命令尚书左仆射赶快讨伐李密，会立大功，不然兵士们就会全部死于瘟疫。王世充的兵士多半是楚地人，习俗上相信欺骗迷惑人心的怪诞言辞，大家都请求作战。王世充挑选精锐骁勇的人马，有两万多名将士，2000多匹战马，在洛水南边扎营。李密在偃师的北山头驻扎。当时李密刚刚打败宇文化及，有藐视王世充的情绪，不筑壁垒工事。王世充在夜间派遣300多名骑兵秘密进入北山，埋伏在山谷中，命令全体将士马要喂饱，人要吃好，黎明时分进逼李密。李密出兵应战，队形还没摆好就打起来了。王世充埋伏的骑兵发起冲锋，居高临下，冲向李密的营地，放火焚烧他的军营，李密的队伍逃散了，他的将领张童仁、陈智略投降了，乘胜追击打下了偃师，李密逃跑退守洛口。

李密逃走后，其在各地的守将纷纷向王世充投降，王全部占领了李密原来的地盘，势力范围从洛阳一城猛然扩展到整个河南。王世充同时还得到了李密部下的秦叔宝、程知节（就是程咬金）、罗士信、裴仁基、单雄信等名臣大将，手下因而人才济济。

王世充击败李密后，皇泰主封王世充为太尉，开太尉府，朝中事务无论大小都决于太尉府，王世充在官署门外张贴了三份布告：一份招聘文才学问足以帮助处理政务的文职人员，一份招聘武艺超群敢于冲锋陷阵的武职人员，一份招聘善于审理冤案、疑案的司法人员。从此呈递书函当面介绍以推荐或自荐的，每天都有几百人，王世充一概亲自考核，殷勤慰问款待。他爱搞小恩小惠，从上至下直到部队的普通士卒，都用夸饰动听的言辞进行引诱。当时的有识之士见他口是心非，断定他怀有二心。王世充有一次在皇泰主跟前吃他赏赐的食物，回家大吐一场，怀疑是食物中毒造成的，从此以后不再朝见皇泰主，跟他不打照面了。他派遣云定兴、段达向皇泰主禀奏，要求赐给衣服、朱户、纳陛、车马、乐器、虎贲、斧钺、弓矢、秬鬯等九种器物，发出了夺取政权的信号。

唐武德二年（619年）三月，皇泰主被迫封王世充为相国，统管百官，封为郑王，如数赐给九种器物。有一个法号叫桓法嗣的道士，自称善于解释占卜图书，于是呈上《孔子闭房记》，图画为一个男人手持竹竿赶羊，解释说："隋朝，皇帝姓杨。干一嘛，合起来是个'王'字。王在羊后，预示相国取代隋朝当皇帝。"接着拿出《庄子·人间世》《庄子·德充符》两篇呈递给王世充，解释说："上篇谈'世'，下篇谈'充'，这就是相国的名嘛，预示您应当恩德遍布人间，顺应符命当天子。"王世充十分高兴地说："这是上天的旨意呀。"拜了两拜接过图谶，立即任命桓法嗣为谏议大夫。王世充又捕捉各种鸟雀，把写好所谓符命的帛系在它们的颈子上，一只一只地放飞。打下这种鸟雀前来进献的人，也授予官职头衔。

段达、云定兴等人把这些符命送进皇宫对皇泰主展示说："天命不是凡间小事，郑王功德很高，请您禅让皇位，仿效唐尧、虞舜的榜样。"皇泰主愤怒地说："这天下是高祖的天下，如果我隋朝的气数还没有衰竭，这种话就不该讲，如果天意要改朝换代，那还谈什么禅让不禅让？你们各位都是先帝的老臣，突然说出这种话，我真失望啊！"段达等人没有谁不流

泪。王世充又派人对杨侗说："现在国内还没有平定，必须有个年长的君主，等到天下太平无事了，恢复您这圣明的皇上。一定遵守以前的盟约，决不违背。"

同年四月，王世充冒充皇泰主发出诏书把隋朝帝位让给王世充，派遣哥哥王世恽到含凉殿废皇泰主，僭位为帝，建年号开明，国号为郑。大封族人为王。王世充每当接受群臣朝见处理政务，都要情意恳切地指教一番，语言重复，千头万绪，朝廷所有侍奉他的官员，都为他的频繁差遣而疲惫不堪。他有时带上几个随从人员到通衢要道上巡视，并不布置警戒禁止行人，百姓只让让路就行了，拉紧马缰慢步行走，对百姓们说："以往的皇帝高坐在宫廷里头，民间的情况，无法了解透彻。我王世充不是贪恋皇位，根本目的是要挽救艰危的时局，我现在应该像一个州刺史，每件事情都要亲自处理，应该跟黎民百姓一起评论朝政得失。担心宫门禁令有着限制，大家的意见传不进去，如今在顺天门外安置座位处理政务。"又命令在西朝堂受理诉讼案件，在东朝堂听取批评建议。于是呈递书信陈述意见，每天有几百人，书信奏疏已很烦杂，考虑难得周全，几天之后就不再出宫。

同年五月，王世充的礼部尚书裴仁基以及他的儿子左辅大将军裴行俨、尚书左丞宇文儒童等几十人商议击杀王世充，再次拥立杨侗为皇帝。事情泄露，全被杀害，灭绝他们的三族。六月，王世恽趁机鼓动王世充杀掉皇泰主，以断绝人们复辟的念头。王世充派遣自己的侄儿王行本鸩杀了皇泰主，给了个称号叫恭皇帝。皇泰主的将军罗士信带领1000多个士卒投降。十月，王世充率领人马向东攻占土地，打到滑州，接着带兵来到黎阳。十一月，窦建德攻入王世充的殷州，屠杀抢劫当地居民，焚烧王世充的粮仓，作为对黎阳一仗失利的报复。

4. 困兽犹斗，为仇所杀

武德三年（620年）二月，王世充的殿中监豆卢达投降李唐朝廷。王世充见人心一天一天散失，就用酷刑严厉控制，家里有一个人逃跑，全家不论老少都株连被杀，父子、兄弟、夫妻之间只要告发就可免罪。又命令五家为一保，互相监督，如果有人全家叛逃而邻居没有发觉，四周的邻居都要处死。处死的事接连不断，人们叛逃越来越厉害，甚至上山砍柴的人，出去回来都有时间限制，弄得公家私人人人自危，都无法生活。并且把宫廷作为大监狱，只要产生怀疑，就把人家连同家属捆绑起来送进宫廷关押。每当派遣将领出外作战，也把他的亲属拘留在宫里作为人质。被囚禁的人一个紧挨一个，不少于一万人，没有食物，饥饿而死的一天几十人。王世充招兵打仗没完没了，库存的粮食很快吃光，城里的人吃人肉。有的人抓来泥土放进瓦瓮，用水淘洗，沙石沉在底下，取出浮在上面的泥浆，把糠麸掺在里头，做成饼子来吃，人人都身体肿胀而腿脚发软，一个个躺在道路上。王世充的尚书郎卢君业、郭子高等人都饿死在山沟里。

同年七月初一，唐军在李世民的率领下，出关进攻王世充。王世充在刘武周、宋金刚被歼灭时就已预料到唐将以郑为下一个目标，因此早已做好了动员准备。按照当时唐郑的军事对比，郑虽然稍弱，但胜在本土作战，又采守势，原本应该会出现比较惨烈的拉锯场面，不料才一开战，王世充的局面就迅速恶化，郑国各地守将竟然纷纷不战而降。七月，张公瑾降；八月，邓州降；九月，田瓒以所部25州降，时德睿以所部7州降；十月，

大将张镇周降，郭庆以管州降，魏陆以荥阳降，王要汉以汴州降。才三个月的时间，洛阳周围郡县全部落入李世民手中，洛阳成了一座孤城。

眼看局势不利，王世充亲自出面向李世民求和，

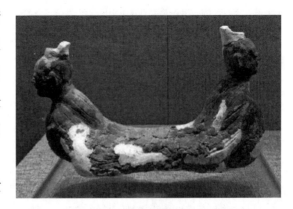

隋代陶塑

双方在洛阳城外隔着洛水谈判，但最终和谈破裂了。李世民派遣各路将士进攻王世充的城镇，一打就胜。九月，王君廓攻克王世充的颎辕县，一直向东到攻占管城才返回，于是河南的各个州县纷纷投降归附。

这时王世充已失去了独自对抗唐军的能力，不得已，只好派了使者向窦建德求援，窦建德与王世充是敌非友，王世充此举实为饮鸩止渴，但除此之外，再没有其他办法了。十一月，窦建德又派人去讲和，并且表示愿意援助王世充。王世充就派遣他哥哥的儿子王琬和内史令长孙安世回访，请求出兵援助。

武德四年（621年）二月，王世充率领军队出方诸门，跟李唐朝廷的军队对抗，王世充的军队败退，李唐朝廷的军队乘胜追击，在城门外驻守，王世充的步兵不能进城，惊恐溃散向南逃跑，李唐朝廷的军队追杀了几千人，俘虏了5000多人。王世充从此以后不敢再出城，只是环城固守，等待窦建德的救援。三月，李世民在虎牢关活捉了窦建德和王琬、长孙安世等人，回到洛阳城外把他们给王世充观看，并且派长孙安世进城，让他去讲失败的情况。王世充惊慌疑惑，不知道怎么办，打算冲出包围，向南逃往襄阳，跟将领们商议，都不应声，只得于五月十一日统领文武官员到李世民的军营门前请求投降。于是没收王世充库存的财物，颁发赏赐李唐朝廷的官兵。王世充的黄门侍郎薛德音由于在他草拟的文书中写了大不恭敬的话，被杀掉，接着拘捕王世充的同党段达、杨汪、单雄信、阳公卿、郭士衡、郭什柱、董浚、张童仁、朱粲等十多人，都绑赴洛水的小洲上斩首示众。

武德四年（621年）七月九日，李世民凯旋回到长安，将王世充、窦建德献于李渊，李渊历数他的罪行，王世充回答说："按照我的罪过，实在是死有余辜，但您的爱子秦王曾许诺不杀我。"李渊于是释放了他。他和哥哥王纟世、老婆、孩子一起流放蜀地，由于押解人员还没有准备好，王世充一家暂时被关押在长安附近的雍州。某日，忽然来了几个唐官称李渊有旨，要王世充接旨，王急忙出应，不料那几人立刻乱刀齐下，王世充的人生就此落幕。后来查明，那几人中带头的是唐定州刺史独孤修德，他的父亲独孤机是王世充的部下，在武德二年正月企图降唐，被王世充所杀，独孤修德杀王世充是为父报仇。

王世充的儿子王玄应和哥哥王世伟等人在流放途中阴谋叛乱，受了死刑。王世充从篡夺皇泰主的帝位，共三年时间就灭亡了。

十二、朱魔王残暴嗜杀，李子通江淮起义

1. 朱粲

朱粲（？—621年），亳州城父（今安徽亳州）人。隋末唐初割据军阀。

朱粲起初担任城父县（今安徽亳州）的佐史。大业十一年（615年）十二月，朱粲随军征讨长白山（位于今山东邹平南部）的起义军时，逃亡聚众作乱，号称"可达寒贼"，朱粲自称迦楼罗王，拥有部众十万多人。朱粲率兵在荆州、沔阳转战抢掠，一直到终南山南部一带的郡县。朱粲所部经过之处即无人烟。

武德元年（618年）五月，朱粲在冠军县（今河南邓州市）与唐朝山南招慰使（一作山南抚慰使）马元规交战，朱粲军队大败。七月初二日，朱粲与唐朝宣州刺史周超交战，再度兵败。

武德元年（618年）十月，邓州刺史吕子臧和马元规攻打朱粲，并将朱粲击败。吕子臧向马元规建议说："朱粲刚打败仗，其部众上下都很胆怯，我请求与您合兵进攻他，可以一举消灭他。如果再拖延下去，朱粲的部队逐渐收拢，力量增加而粮食吃光，会与我们拼死，那必将成为大患。"马元规没有听从他的意见。吕子臧又要求由他自己的部队去攻打朱粲，马元规也没有答应。不久，朱粲收聚余部，重振军势，在冠军县自称楚帝，改

年号为昌达，率军攻陷邓州。不久，朱粲围攻南阳，吕子臧率部与朱粲军交战，吕子臧战死，南阳城陷落，马元规也战死。十月二十五日，朱粲侵犯淅州，唐朝派太常卿郑元璹率领一万步兵、骑兵攻打朱粲。十二月十一日，郑元璹在商州打败朱粲。

武德二年（619年）正月，当时朱粲拥有部众20万，在汉水、淮河之间剽掠，部众迁徙没有规律，每攻破一个州县，还没有吃尽该州县积聚的粮食，就再次转移，将离州县时，把州县其余的物资全部焚毁；而且还不注重农业，因此发生大饥荒，饿死的百姓尸骨堆积如山，并出现人吃人的情况。朱粲的军队没有东西可以掠夺，军中缺乏食物，朱粲就让士兵烧煮妇女、小孩来吃，并对其部下说："没有比人肉更好吃的食物，只要其他的城镇里有人，何必为挨饿发愁呢！"当时隋朝的著作佐郎陆从典、颜之推之子通事舍人颜愍楚，都因贬官而住在南阳。朱粲起初都请来做自己的宾客，后来朱粲缺乏食物，就将他们二人全家都吃掉。朱粲还征收各城堡的妇女、小孩供给军队作为军粮，各城堡因此相继背叛他。

当时，显州（一作淮安）当地的豪强杨士林、田瓒起兵攻打朱粲，各州县都纷纷响应。朱粲在淮源与他们交战，结果朱粲大败，率领数千名残兵逃奔菊潭。

武德二年（619年）闰二月，朱粲派遣使者到唐朝请求投降，唐高祖李渊下诏封朱粲为楚王，听凭朱粲自己设置官属，以方便行事。四月，唐高祖派遣散骑常侍段确到菊潭慰劳朱粲。段确生性喜欢喝酒，四月初三日，段确趁喝醉酒侮慢朱粲说："听说你爱吃人肉，人肉是什么滋味？"朱粲回答说："吃醉鬼的肉就像吃酒糟猪肉。"段确生气，骂道："狂贼，你入朝后不过是个奴仆头目而已，还能吃人肉吗？"朱粲就在席间捉住段确和几十名随从，把他们全部煮熟，分给身边的人吃，随后朱粲屠杀菊潭城中的百姓，前往洛阳（今河南洛阳）投奔王世充，王世充任命他为龙骧大将军。

武德四年（621 年），唐高祖次子秦王李世民率军攻打王世充，王世充兵败投降，唐军抓获朱粲，将他与段达等人全部在洛水之上斩首。由于朱粲吃人恶名远扬，百姓们都非常痛恨他，因而争相用瓦石投击他的尸身，片刻之间瓦石堆积如坟。

2. 李子通

李子通（？—622 年），东海丞县（今山东枣庄南）人，隋末江淮地区农民起义军领袖。

李子通年少时贫困，靠渔猎为生。为人乐善好施，居住在乡里时，见到头发花白的老人提携重物，必定代为效劳，家有余财，则周济别人，但心胸狭隘，与他人结下极小的怨仇也必定报复。

隋朝大业末年，贼寇首领左才相，自称博山公，占据齐郡长白山反叛，李子通依附于他，凭其武力得到左才相的倚重。乡人有陷入贼寇的，李子通必定护理保全。当时，群盗凶暴残忍，只有李子通宽厚仁慈，所以很多人都归附他，不到半年的时间，李子通就拥有部众一万人。左才相猜忌李子通，李子通就离开他，率领部众渡过淮河与杜伏威会合。不久李子通策划刺杀杜伏威，他派兵袭击杜伏威，杜伏威受重伤落马，王雄诞背着杜伏威逃到芦苇丛中，收集溃散的部众重振军威。隋朝将军来整率官军攻打杜伏威，将杜伏威击败，又攻打李子通并将他击败。李子通率领剩余的部众奔往海陵（今江苏泰州），又招得士卒二万人，自称将军。

大业十一年（615 年），李子通自称楚王。义宁二年（618 年），宇文化及杀害隋炀帝，任命右御卫将军陈棱为江都太守，不久陈棱投降隋朝（当时隋朝已经名存实亡，执政的隋恭帝杨侑实为李渊所扶立的傀儡，朝政大权皆由李渊掌管），李渊任命陈棱为总管，仍然守卫江都。

武德二年（619 年）八月，当时杜伏威占据历阳，陈棱占据江都，李子通占据海陵，均有窥伺江南的意图。于是李子通攻打并包围陈棱，陈棱处境危急，送人质到沈法兴和杜伏威处以请求出兵援助。沈法兴让儿子沈纶带领几万军队与杜伏威一同救援陈棱，杜伏威驻扎在清流，沈纶驻扎在扬子，相隔数十里。李子通的纳言毛文深献计，招募江南人伪装成沈纶的士兵，夜晚袭击杜伏威的军营，杜伏威很气愤，也派兵袭击沈纶。二人因此相互猜疑，谁也不敢先进军。李子通得以用全力攻打江都，攻克江都城，陈棱又投奔了杜伏威。李子通进出江都，乘势挥兵进攻沈纶，大败沈纶，杜伏威也带领军队撤走。李子通于是即皇帝位，国号"吴"，建年号为明政。丹阳贼寇首领乐伯通，原先为宇文化及防守丹阳，此时率领一万多人马投降了李子通，李子通任命他为尚书左仆射。

武德三年（620年），李子通渡过长江攻打沈法兴，夺取京口（今江苏镇江）。沈法兴派遣他的仆射蒋元超抵抗李子通，双方在庱亭交战，蒋元超兵败身亡，沈法兴放弃毗陵，逃奔吴郡。于是晋陵、丹阳、毗陵等郡都投降了李子通。李子通任命原沈法兴的府掾李百药为内史侍郎、国子祭酒，主掌文书，尚书左丞殷芊为太常卿，主掌礼乐，由此江南士人多来归附于李子通。

杜伏威派行台左仆射辅公祏率领数千名士卒攻打李子通，任命将军阚陵、王雄诞为辅公祏的副将。辅公祏渡过长江攻打丹阳（今江苏丹阳），攻克丹阳后进军驻扎在溧水，李子通率领数万兵马拒敌。辅公祏挑选了1000名精兵手持长刀作为前锋，又命1000人跟随在后，对这1000人说："有退却的，立即斩首。"自己带领其余的兵马，又在这1000人的后面。李子通列方阵前进，辅公

隋代陶牛

祐的前锋部队殊死战斗，辅公祐又以左右翼攻击李子通的方阵，李子通兵败逃跑，辅公祐追逐反而被李子通所败，返回军营，坚壁不出战。王雄诞说："李子通没有营寨壁垒，又满足于小胜，我们乘他不加防备袭击，可以打败他。"辅公祐不听。王雄诞便带自己的几百名士兵在夜晚袭击李子通，乘风势放火，李子通大败，数千士卒投降王雄诞。李子通粮草食尽，于是放弃了江都，保守京口，于是江西地区全部归属杜伏威所有。

不久，李子通又向东逃往太湖，收拾散兵，得到二万人，在吴郡袭击沈法兴，大败沈法兴。沈法兴带几百个亲随放弃吴郡城逃走。李子通的兵力重新强盛起来，便将都城迁到余杭，接收了沈法兴的全部地盘，东到会稽，南至五岭，西抵宣城，北达太湖，全为其所有。

武德四年（621 年）十一月，杜伏威派遣部将王雄诞攻打李子通，双方大战于苏州，李子通被击退，便率领精兵防守独松岭，王雄诞派其部将陈当率兵 1000 人出其不意，乘高据险，多张旗帜，夜里缚扎炬火于树上，遍布山泽之间。李子通恐惧，烧营而逃，退保余杭，王雄诞进军包围余杭城。李子通力尽向杜伏威请求投降，杜伏威接受了他的投降，将他和左仆射乐伯通一起押送长安（今陕西西安）。唐高祖李渊不但未治李子通的罪，还赐予宅第一所、田地五顷，赏赐钱物颇多。

武德五年（622 年）七月初八日，杜伏威入朝，被留在长安，任命为太子太保，仍兼任行台尚书令。李子通对乐伯通说："杜伏威已来长安，江东尚未安定，我们回去收拾旧部，可以立大功。"于是一同逃跑，到蓝田关时，被官吏抓获，均被处死。

十三、神勇将军刘黑闼，以死相报王雄诞

刘黑闼（？—623 年），贝州漳南县（今河北故城东北）人。隋末唐初割据势力。

1.夏军勇将，收复旧土

刘黑闼年轻时狡诈蛮横，嗜酒好赌博，不治产业，家境贫困缺吃少穿，同乡窦建德时常给以资助。后来，农民起义军纷起，刘黑闼投奔郝孝德，啸居山林，后来归顺李密，成为偏将。

武德元年（618年），瓦岗军溃败，李密投降唐朝，刘黑闼被王世充俘虏。王世充一直听说他勇猛强悍，便让他担任骑将，守卫新乡（今属河南）。刘黑闼看不起王世充，不久率部逃回河北，投奔好友窦建德。窦建德大喜，任命刘黑闼为将军，封汉东郡公，并命他率兵东西袭击。窦建德有了什么谋划，必然命令他一个人负责侦察，经常乘隙钻进敌方偷看虚实，有时出乎对方意料，乘机猛攻，战果丰硕，军中称作"神勇将军"。

武德四年（621年）五月，窦建德被唐军所败，夏政权灭亡，躲藏在漳南县老家，种蔬菜自给，闭门不出。

武德四年（621年）七月，唐高祖下令将窦建德斩首，又强征窦建德旧将范愿、董康买、曹湛、高雅贤、王小胡等人到长安。范愿等人既愤窦建德被杀，也看到王世充降后，部将不能保全。于是决定起兵反唐，并通过卜卦问得知奉姓刘的为主能够成事，就去找窦建德旧将刘雅。刘雅认为天下已平，不愿起事。范愿等怒斥刘雅不义，杀对方后逃跑。又找到刘黑闼，陈说因由。刘黑闼大喜，杀牛会众，招得百十号人，袭破漳南县城。击败贝州刺史戴元详、魏州刺史权威，全部收对方武器及余众2000人。七月十九日，刘黑闼在贝州漳南设坛，祭奠窦建德，自称大将军，正式大举起兵。

八月二十二日，刘黑闼攻陷历亭，屯卫将军王行敏战死。窦建德故将旧吏纷纷杀死唐朝官吏，响应起义。八月二十六日，深州人崔元逊杀其刺史裴晞，叛附于刘黑闼。唐兖州总管徐圆朗也起兵响应。

九月，刘黑闼大败淮安王李神通、幽州总管罗艺联军。十月初六日，刘黑闼攻陷瀛州，抓获刺史卢士睿，又攻陷观州。

十一月十九日，刘黑闼攻陷定州，杀死总管李玄通。十一月二十七日，杞州人周文举杀刺史王孝矩，投降刘黑闼。

十二月初三日，刘黑闼攻陷冀州，杀总管麹棱。十二月十二日，刘黑闼在宋州击败左武候将军李世绩，生擒薛万均兄弟，兵势大盛。突厥颉利可汗也派人马来援。唐廷震动，十二月十五日，派秦王李世民、齐王李元吉征讨刘黑闼。刘黑闼兵锋不减，十二月十七日至十九日，三天之内又接连攻陷邢州、魏州、莘州，杀魏州总管潘道毅。半年便全部恢复了窦建德原先的地盘。

2. 洺水大战，兵败被杀

武德五年（622年）正月，刘黑闼在相州自称汉东王，建年号为天造，任命范愿为左仆射，董康买为兵部尚书，高雅贤为右将军，将窦建德的夏政权文武官员全部恢复原职，定都洺州（今河北永年东南）。建立法规主持政务，全部效法夏政权的制度。

二月，秦王李世民率军讨伐刘黑闼，军队驻扎在卫州，刘黑闼多次派兵挑战，都被唐军挫败。刘黑闼害怕，放弃相州，撤退到列人营设防守卫。这时洺水县（今河北曲周西）的人要求当刘黑闼的内应，李世民派遣总管罗士信进城据守，刘黑闼又攻克洺水县城，罗士信阵亡，刘黑闼于是据守洺州。

三月，李世民依仗洺水的险要，摆开军营来威逼刘黑闼，分别派遣突袭部队，截断他的运粮通道。刘黑闼又多次挑战，李世民坚守壁垒不应战，来挫伤他的锐气。刘黑闼城中的军粮已尽，李世民料定他必然要来决战，预先命人堵住洺水上游，对守堤的官员说，战斗打响时，等刘黑闼军过河走到河中间就挖开堤坝。刘黑闼果然率领步兵、骑兵两万人要过洺水摆阵，跟唐军大战，刘黑闼军溃不成军，河水又汹涌而来，刘黑闼的人马无法过河，

隋代石刻玄武

被杀死一万多人，被淹死几千人。刘黑闼和范愿等带着1000多人逃往突厥。

武德五年（622年）六月，刘黑闼借得突厥兵再起，侵犯山东。

七月，刘黑闼到了定州（今河北定县），他原来的将领曹湛、董康买以前逃亡在鲜虞，这次又招集人马响应刘黑闼。十五日，唐高祖任命淮阳郡王李道玄为河北道行军总管，与原国公史万宝讨伐刘黑闼。

九月，刘黑闼攻陷瀛州，杀死瀛州刺史马匡武。东盐州人马君德背叛唐朝，以东盐州归附刘黑闼。

十月初一日，唐高祖派齐王李元吉为统帅讨伐刘黑闼。初五日，刘黑闼军进攻郓县，贝州刺史许善护战死。初六日，观州刺史刘君会反叛唐朝，投靠刘黑闼。十七日，刘黑闼军与唐军李道玄部在下博（今河北深州市东南）交战，唐军战败，李道玄阵亡，史万宝轻装骑马逃了回去。洺州总管庐江王李瑷弃城西走，相州（今河南安阳）以北州县相继归附，十天时间全部收复原有城镇，又在洺州建都。

十一月初三日，刘黑闼军攻陷沧州。初七日，唐廷三次换帅，以皇太子李建成代替李元吉。

十二月十一日，刘黑闼军攻陷恒州，杀刺史王公政。十八日，刘黑闼军攻打魏州（今河北大名县北）不下，与建成、元吉大军相持于昌乐（今河南南乐）。太子李建成督兵进讨，取得节节胜利。二十五日，刘黑闼又在馆陶被唐军打得大败。刘黑闼带领队伍向北逃到了毛州（治馆陶，今属河北）。刘黑闼整顿部队，背靠永济渠列阵，建成、元吉联合组成1000多人的骑兵部队聚集在永济渠，经过一番猛烈冲刺搏杀，刘黑闼军被砍落水死的就有数千人，刘黑闼再次败逃，李建成命骑将刘弘基追击。

刘黑闼被刘弘基紧追不舍，得不到休息，路途遥远士卒疲劳。武德六年（623年）正月初五，刘黑闼逃到饶阳（今河北饶阳）时，跟着他的才100多骑兵，大家都饥肠辘辘，想进城弄东西吃。刘黑闼委任的饶州刺史诸葛德威出城大礼迎接，请他们进城。刘黑闼开始不同意，诸葛德威假装真诚恭敬，哭着坚持邀请。刘黑闼才走进城门，诸葛德威就指挥部队拘捕了他，送到李建成面前。二月，李建成在洺州将刘黑闼及弟刘十善一并斩首，山东平定。

十四、杜伏威纵横江淮，投大唐寄人篱下

杜伏威（？—624年），隋朝末期农民起义军领导者之一。齐州章丘人。

1. 强盗变身成将军

杜伏威年轻时潦倒失意，也不经营谋生之业，家庭贫困不能养活自己，经常穿壁翻墙偷东西。他与辅公祏是生死之交。辅公祏的姑姑家以牧羊为业，辅公祏多次偷羊来送给杜伏威。辅公祏的姑姑心有怨恨，于是告发了他们偷盗的事情。郡县紧急追捕他们，杜伏威与辅公祏一起逃命，聚集了一帮人组成强盗集团，他当时年仅16岁。

大业九年（613年），杜伏威逃窜到长白山（今山东章丘东北）地区，组织山贼，与辅公祏率众起义。

两人就近参加了一支小起义军，刚加入时只是小卒，但杜伏威十分勇猛，出则居前，入则殿后，很快就取得了大家的尊敬和信任，被推为首领，这是杜伏威势力的开始。江淮一带隋朝的力量比较强大，杜伏威意识到自己的小部队实力太弱，如果不尽快壮大就根本无法生存，于是努力寻找机

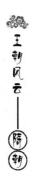

会去联合和吞并附近的其他起义军。

比较典型的例子有两个，其一是下邳苗海潮，杜伏威派辅公祏对他们说："现在我们共同遭受隋朝暴政之苦，各自为正义而起兵，力量分散势力薄弱，经常担心被抓获，为什么不联合起来使力量变得强大些呢，就不会担心隋军来制约我们了。如果你能够做首领，我定当恭敬地跟随您，如果您估量自己不能胜任，可以前来听从我的指挥，不然的话，我们就打一仗来一决高低。"苗海潮害怕了，立即率领他的同伙归附了杜伏威。

另一个例子是海陵赵破阵，赵破阵听说杜伏威的士兵少就轻视他，派遣使者召唤他，要求和他合并兵力。杜伏威命令辅公祏整肃军队屯驻赵营外以防事态变化，亲自带领十个将士带着牛肉和酒进去拜见。赵破阵非常高兴，拉着杜伏威进入营帐内，把所有的头目召集到一块，举行盛大宴会并尽情痛饮。杜伏威在席上斩杀了赵破阵，然后兼并了他的同伙。从此，杜伏威军队的势力逐渐强盛起来。

实力大增后，杜伏威自称将军，纵横淮南，屯并六合，威胁江都（在今江苏省扬州市境）。江都留守派校尉宋颢前来镇压，杜伏威用计将其引入芦苇荡中，放火将其烧死，不久又屠安宜城。

2. 死里逃生败隋将

大业十一年（615年）十月，东海李子通率所部万余人来淮南投靠杜伏威。这个李子通也是隋末一家反王，起兵时是依附在长白山（是山东的，不是东北那个）左才相手下，后来因为太得人心，被左才相嫉恨，只得离开长白山，这次到淮南其实有些逃难的意味。李子通部的加入使杜伏威势力增强，杜伏威当然高兴，不料李子通也是个胸有大志不肯屈居人下的人，竟然突然兵变，妄图吞并杜伏威的地盘。杜伏威措手不及，全军大乱，杜伏威本人在李子通的追杀下身负重伤，关键时刻，杜伏威的养子（杜在军中挑选壮士收为养子,共有30余人）兼大将王雄诞背负他藏匿到芦苇丛中，侥幸躲过了追杀。这次兵变，杜伏威的势力受到很大打击，从此与李子通结仇。

祸不单行，趁杜伏威兵败，隋军也前来进攻，杜伏威此时正在养伤，无法指挥，结果全军大败，其部将西门君仪的妻子勇而多力，背了杜伏威夺路而逃，王雄诞领着敢死队拼命断后，杜伏威这才逃得一命。

连续两次死里逃生，杜伏威部伤亡很大，失去了称霸的实力，只好四处游击，不断吸收流民加入以扩充势力。经过半年的恢复，杜伏威又有了数万人的实力，并控制了江都附近的六合县作为根据地。与此同时，左才相往来淮北，李子通占据海陵，都有数万兵力，江淮一带即以这三家起义军为首。

大业十二年（616 年）七月，杨广因北方多事，不顾群臣反对，离开长安前往江都巡幸，杜伏威部正好就在江都眼皮底下，为了保障皇帝巡幸的安全，隋派出虎牙郎将公孙上哲率军前往镇压，双方战于盐城（今江苏盐城），公孙上哲军队被全歼，随后，大将陈陵带 8000 精锐讨伐杜伏威，陈陵、杜伏威多次交手，毕竟陈陵的军队训练和器械远强于杜伏威，杜伏威军连连失利。但陈陵兵力不多，想剿灭杜伏威也不容易，双方打成僵持。

同年十二月，隋炀帝车驾到达江都，护驾骁果十余万人，声威赫赫。

隋代石刻门楣

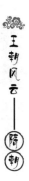

按理隋军应该军心大振，杜伏威难逃灭亡，不料正是杨广的到达给了杜伏威崛起的机会。正逢当年是荒年，老百姓本来就已无以为生，再被官府如此压榨，终于造成了一场大饥馑。据记载，老百姓先是吃树皮树叶，后煮土为食，"诸物皆尽，乃自相食"。大量百姓揭竿而起，杜伏威乘机吸收了大批手下，势力迅速膨胀。

这时杜伏威与陈陵强弱之势已经倒转，于是主动向陈陵挑战。陈陵也知道战局不利，因此龟缩不出，任由杜伏威自己去耀武扬威。杜伏威于是派使者给陈陵送了一套妇女衣裳，并送了陈陵个外号叫陈姥（就是陈老太太的意思）。陈陵怒火中烧，全军出战。这一仗打得十分激烈，杜伏威亲自上阵，不小心被一员隋将暗箭射中，杜伏威怒吼说："不杀了你，箭矢不拔！"然后就直冲过去，把那吓呆了的射手斩于马下，又拿着那个弓箭手的首级连续杀了几十人，隋军士气大挫，被打了个全军覆没，陈陵单骑逃回江都去了。杜伏威趁势扩大战果，占据了高邮、历阳等重镇，并在历阳自称总管，封辅公祏为长史。

这时的杜伏威吸取了以前的教训，从部队中挑选最精锐的成员组成自己的卫队，称为"上募"，兵力为5000人。杜把上募作为自己的子弟兵，平时非常宠爱，但要求也非常严酷，每作战必以上募为先锋，战后检查每人身上的伤痕，如伤在背后，即刻处斩，因为那表示其临阵退后。每次战胜，杜伏威都把抢掠到的资财赏给全军，如果手下战死，就以死者的财产甚至妻妾殉葬，因此杜伏威所部皆为杜伏威尽死力，人自为战，所向无敌。杜伏威号令所到之处，江淮间各路小起义军争相归附，郡县纷纷投降。

3. 尽有淮南江东地

随着势力和地盘的增长，始有士人（今称知识分子）投靠杜伏威，依靠这些士人，杜伏威放弃了以前的流寇式战术，开始努力建设自己的地盘。由于本身就深受赋税之苦，杜伏威对领地内只收很低的赋税，同时，可能是出于贫苦农民对贪官污吏的先天仇恨，杜伏威下令凡官吏贪污者无论轻重一律处死，这当然是不太合理，但却使杜伏威得到了人民的支持。

大业十四年（618年），江都兵变，宇文化及弑杨广，委任杜伏威为历阳太守，杜伏威没有接受。同年，向东都（今河南洛阳）越王杨侗称臣，被封为楚王，拜东道大总管。

武德二年（619年）九月，李子通先下手为强，率主力围攻江都。陈陵兵微将寡，只得分别向杜伏威、沈法兴求救。二人均不愿李子通占领江都，于是都派出援军，杜伏威是亲自领兵，沈法兴则派出自己的儿子沈纶。如果只有一方派出援军，也许事情就简单得多，但既然双方都来了，结果就是谁也不动手，大家互相观望。

李子通抓住杜伏威、沈纶双方互不信任的弱点，派出小部队化装成沈纶部夜袭杜伏威，杜伏威果然上当，怒火中烧下立刻突袭沈纶部，两路援军先打成一团。李子通于是得以全力进攻江都，陈陵势不能支，弃城而逃，投奔杜伏威去了。李子通占领江都后，以得胜之师进攻沈纶，沈纶兵败逃走。三大势力中本以杜伏威兵力最强，结果反而让李子通取巧占领了江都，杜伏威对此深恶痛绝，但大局已定，也只好愤愤收兵。李子通随即自称皇帝，国号吴。这时李渊已经消灭了关西的割据势力薛举、李轨，开始谋求关东。李渊派出使者向杜伏威招降，杜伏威就于武德二年九月十二日（619年10月24日）宣布归降唐朝，受封为淮南安抚大使，后来又逐步升官到东南道行台、尚书令、楚王，最后在武德三年（620年）升级为总管江淮以南诸军事、吴王，赐姓李。当然，这种归降只是名义上的，李渊此时不可能来干涉杜伏威的事务，所以杜伏威仍然是一家独立势力。杜伏威为何在此时降唐，其理由历史中没有明确记载，当时李唐的势力还远未达到一统天下之势，比杜伏威自己也强不了多少，其老巢太原正被刘武周猛攻，河北窦建德、河南王世充也正在蚕食唐朝的地盘，别说统一，连李渊自己的生死都还是未知之数。杜伏威居然在此时降唐，应该说实在是眼光独到。不过由此可见，杜伏威此人并无天下大志，其起义只是形势所迫，所图的和翟让一样，在乱世中保全一方而已。

武德三年（620 年）是乱世的高潮，天下局势已经明朗，李渊、王世充、窦建德三足鼎立之势已基本形成，三巨头之间摩擦不断，时刻准备决战。其他中小势力为求生存，也加剧了彼此的兼并，都力图在短期内壮大自己以增加自保的能力或归降的筹码。在这种背景下，李子通全力进攻沈法兴，渡江攻克了沈法兴的重镇京口，又击杀了沈法兴派来迎击的大将蒋元超，沈法兴主力丧失殆尽，只得放弃丹阳、毗陵，逃回吴郡老家。趁李子通、沈法兴交战，杜伏威以辅公祏为主将，阚陵、王雄诞为副将（这二人是杜的养子，军中号称大将军、小将军），领数千精锐进攻李刚刚夺取的丹阳。但时机没掌握好，沈法兴败得太快，李子通得以亲率主力数万迎战，军容极盛。辅公祏眼看众寡不敌，情急之下活用了杜伏威对上募的那套手段，辅挑选千人持长刀为前锋，又以千人紧随其后，自己领其余兵力再紧随其后，宣言说，前阵有退后者，后阵斩之。江淮军本就剽悍，再有如此严酷的军法，自然人人奋勇向前，尤其前锋的长刀阵更是有进无退。双方一接战，李子通部气为之夺，当即败退。辅公祏忘记了自己兵力过少，下令追击，结果反而被逼急了的李子通军击败，从追击者沦为逃跑者。当夜，

隋代开皇十二年造像拓片

李子通因取胜而轻敌，扎营不设防备，王雄诞力劝辅公祏夜袭，辅公祏过于谨慎不敢出击，王雄诞干脆擅自领了几百人自行出击。王雄诞在李子通营中大肆纵火，李子通猝不及防，大败溃散，几万人一夜间散个干净。这一仗是杜伏威与李子通的决战，关系到江淮的霸业，杜伏威先胜后败最后全胜，戏剧性地击破十倍于己的李子通主力。

武德三年六月初一（620年7月5日），唐朝徙封杜伏威为吴王，赐姓李氏，加授东南道行台尚书令。同年，击败李子通，将根据地迁至江南的丹阳（今江苏南京）。战败后，李子通守不住江都，只得主动撤往京口，又逃往太湖，江西之地尽为杜伏威所有。

李子通随即收集余部，又聚集了二万余人，这时李子通的地盘已归杜伏威所有，势力又远不如杜伏威，因此只好向沈法兴下手。李子通突袭沈法兴的老巢吴郡，沈法兴根本没来得及恢复元气，自然不是李子通的对手，结果只剩几百人逃了出来，打算投奔同乡闻人遂安（闻人是复姓），不料又和闻人遂安所部起了冲突，沈法兴落水溺死，江淮三大势力之一的沈法兴就此了账，从起兵到灭亡仅三年时间。

李子通灭沈法兴后势力又有所恢复，为永绝后患，杜伏威于武德四年（621年）十一月派王雄诞进攻李子通。李子通领精兵据守独松岭与王雄诞相持，王雄诞看出李子通色厉内荏，派人多造旗鼓，夜间则虚设灯火，尽力制造数十万大军的假象。可能是上次被夜袭留下了严重的心理阴影，李子通草木皆兵之下，居然自行烧了营帐，连夜全军撤退。王雄诞追击到杭州城下，李子通部崩溃，李子通无奈投降，被杜伏威献俘给李渊，就此被软禁在长安。

消灭李子通后，杜伏威又派王雄诞进攻江淮间其他独立势力。这时杜伏威已是江淮霸主，其老板李渊更已经消灭大敌王世充、窦建德，天下大势已定，因此各势力如汪华、闻人遂安等纷纷投降，杜伏威完成了江淮的统一，尽有淮南江东之地。

4. 晚景凄凉莫名亡

武德五年（622年）夏，李世民率部平定窦建德余部刘黑闼和徐圆朗，徐圆朗的地盘与杜伏威接壤，李世民借攻击徐圆朗之机，陈兵杜伏威境上耀武扬威。当此之时，隋末蜂起的各路反王大多已经烟消云散，梁师都、高开道、徐圆朗之辈或僻处边疆，或灭亡在即，唯一还能对李唐构成威胁的就是杜伏威了。杜伏威自然明白李世民的用意，心中十分不安，担心成为李唐下一个进攻目标。为免嫌疑，杜伏威索性上书李渊，请求入朝。李渊收到报告后自然高兴，批准杜伏威入朝，于是杜将江淮军交给义子王雄诞，自己带了少数亲信于当年七月到长安朝见李渊。

杜伏威的主动献忠心让李渊很是满意，同时也是为了在天下人面前做个样子，李渊加封杜伏威为太子太保，位在齐王元吉之上（那应该就是仅次于李渊、李建成、李世民三人，为大唐第四号人物）。

这时在长安受到软禁的还有一个人，那就是当年的吴国皇帝李子通。李子通看到杜伏威被羁縻于长安，李子通料想江淮军没了首领，江淮的局势一定不稳，自己正可趁此良机回去混水摸鱼，集合旧部东山再起。李子通此人待下宽厚，能得士卒之心，如果让他逃回去，也许真能东山再起。可惜的是李子通逃到蓝田关时不幸被守关士兵发现，束手就擒后又被押回长安。李渊这次没再手下留情，给了李子通与李密相同的下场。

果然如李子通所料，杜伏威离开后，江淮军出了大乱子。当年创立江淮军时，最高领袖是杜伏威和辅公祏两个人，二人自幼为友，长大后又共同起义打天下，号称刎颈之交，辅公祏比杜伏威年长，杜伏威就称辅公祏为兄，军中称辅公祏为"辅伯"，辅公祏的地位与杜伏威相当。但随着势力的壮大，在权力的引诱下两人的友谊终于出现了裂痕，杜伏威认为辅公祏的地位过高影响了他的领导权，因此杜伏威夺了辅公祏的兵权，只让他担任位高而无权的仆射一职。辅公祏对此心中不平，于是借口与故友左游仙学神仙术，主动退出权力之争，平时不理政务。杜伏威临去长安时，将政务交给辅公祏，而将军务交给了自己的心腹义子王雄诞，同时秘令王雄诞监视辅。当年的好友如今竟成了提防的对象。

辅公祏毕竟不是甘心雌伏的人，杜伏威一走，他就和左游仙密谋发动兵变。辅公祏唯一的障碍就是王雄诞，王雄诞是杜伏威的义子和最宠爱的大将，绝对忠于杜伏威，王雄诞手握江淮军军权，不除掉他兵变就不可能成功。辅公祏于是使出反间计，伪造了杜伏威的笔迹写信给王雄诞，信中无缘无故地责备王雄诞有贰心。王雄诞在战场上是有勇有谋的良将，但讲到政治斗争就不是对手了，收信后王雄诞非常伤心，就此托病在家不再沾手军务，大概是想以实际行动向杜伏威证明自己的忠心耿耿绝无贰心。王雄诞的行为正中辅公祏下怀，辅就势接管了江淮军，又伪造了杜伏威密令，说在长安受到虐待，要辅公祏起兵造反。以辅公祏在江淮军中的号召力，加上又有杜伏威的密令，兵变非常顺利，江淮军于武德六年（623年）八月宣布脱离李唐重新独立，辅公祏自称皇帝，国号宋，以左游仙为兵部尚书。

直到辅公祏派人到王雄诞家中劝王归顺，王雄诞才终于明白自己上当受骗，但大势已去，已无法阻止。王雄诞尽忠于杜伏威，严词拒绝了辅公祏的劝降，终于被辅公祏杀害。后来李渊和李世民感于王雄诞的忠心，封了王雄诞的儿子为郡公，其子后来做到安西大都护。

自己的旧部造反，杜伏威在长安的日子自然可以想象，历史中倒也没有记载李渊是否因此而怪罪或处分杜伏威，但寄人篱下如坐针毡的滋味恐怕是免不了的。武德七年（624年）二月，杜伏威在长安暴卒，死因不明。贞观元年（627年），李世民即位，才为他平反恢复名誉，以国公之礼下葬。

十五、徐圆朗四处依附，高开道联兵反唐

1. 徐圆朗

徐圆朗（？—623年），兖州（治今山东兖州）人，隋末农民起义军首领。

大业末年，徐圆朗聚众为盗，据守兖州。大业十三年（617年）正月三十日，徐圆朗攻陷东平，他分兵攻占土地，从琅邪以西，北到东平的地域都为徐圆朗所有，拥有精兵两万余人。同年，徐圆朗率部加入瓦岗军，依附魏公李密，一同围攻洛阳。唐高祖武德元年（618年）七月，李密与宇文化及大战，实力削弱，王世充乘机围攻李密。同年九月，李密大败，仓皇降唐，徐圆朗被迫投降王世充。

武德二年（619年）七月，徐圆朗脱离王世充，以数州之地投降唐朝。唐高祖李渊任命徐圆朗为兖州总管，封爵鲁国公。十月，唐朝滑州刺史王轨的奴仆杀死王轨，携带王轨的首级向窦建德投降，窦建德下令斩杀那位奴仆，将王轨的首级送回滑州。滑州百姓深受感动，当天就请求投降。于是附近的州县以及徐圆朗等人都望风归附窦建德。

武德四年（621年），唐高祖次子秦王李世民围攻洛阳，王世充向窦建德求助。窦建德准备南下援救。徐圆朗闻讯后，起兵叛唐，依附窦建德，随其进攻虎牢关。不久，虎牢大战，窦建德被生擒，王世充投降。徐圆朗为保存实力，再次降唐，唐高祖不计前嫌，仍封他为兖州总管、鲁郡公。

同年七月，窦建德旧部刘黑闼等人在漳南起兵反唐。八月，徐圆朗扣留唐将盛彦师，割据兖州，起兵响应刘黑闼。不久，徐圆朗自称鲁王，并发兵围攻虞城（今河南省东部），以此牵制唐军；唐将任瑰据城守之，双方临城对峙。

武德六年正月十四日（623年2月18日），徐圆朗攻陷泗州。二月，李建成诛杀刘黑闼。徐圆朗闻得刘黑闼死讯，弃城而逃，途中为村民所杀。

2. 高开道

高开道（？—624年），字开道，渤海蓚县（今河北省景县）人。隋朝末年河北农民起义军领袖。

高开道其家世代靠煮盐为生。少年时矫捷勇悍，跑起来追得上奔马。

隋朝末年，赋役繁重，灾荒连年，民不聊生。大业九年（613年），河间人格谦在豆子航（今山东惠民境内）起义，拥众十万，自称燕王，高开道于是投奔义军。起初高开道不被格谦所看重。有一次格谦遭到隋兵围捕，左右奔散，不敢救援，高开道只身奋战，连杀数十名隋兵，解除围攻，格谦方才免难，随即委派他为将军。

大业十二年（616年），隋将王世充受命剿灭起义军，格谦率军几经决战，兵败被杀。高开道率余党100多人逃往海边。经过休整，军威复振，于是转战劫掠沧州，贼众渐附，因而北上攻掠戍堡，从临渝到怀远全都被他攻占。当时，隋朝右武卫大将军李景守卫北平（今河北卢龙），高开道率兵包围北平，一年多未能攻陷。辽西太守邓暠领兵救援，李景带领部下迁到柳城；后来准备回幽州，在路上被强盗杀死。高开道于是攻取北平。

武德元年（618年），高开道率军攻陷渔阳郡（天津蓟州区），拥有甲马（披有铠甲的战马）数千匹，徒众万人，自称为燕王，都城设在渔阳，年号始兴。

起初，怀戎县（今河北张家口）僧人高昙晟趁县令设斋来了很多百姓时，与50名（《资治通鉴》作5000人）僧人裹胁参加斋会的人反叛，杀了县令以及镇守的将领，自称大乘皇帝，立尼姑静宣为耶输皇后（《资治通鉴》作邪输皇后），建年号为法轮。当天晚上，高昙晟派人招降高开道，封高开道为齐王，高开道率领5000人归顺了高昙晟。三个月后，高开道杀了高昙晟，兼并了他的全部兵马。

武德二年（619年）三月二十三日，高开道被唐朝营州总管邓暠打败。

武德三年（620年），高开道重新自称燕王，年号天成，设置百官。

武德三年（620年）九月，唐将罗艺守卫幽州（今北京），被夏王窦建德军围困，罗艺向高开道求救，高开道率骑兵2000人前去援助，窦建德畏惧高开道军都是勇猛精锐之士，于是率军撤退。十月十九日，高开道便借助罗艺遣使奏请归降唐朝，唐高祖李渊下诏任命他为蔚州总管、上柱国，封为北平郡王，赐姓李氏。

高开道率轻骑五百到达幽州，想对罗艺下手。高开道带领随从骑士数人进入都督府，观察罗艺动静，罗艺设宴与他畅饮尽欢，高开道明白不能下手，便离开幽州。

武德五年（622年），幽州发生饥荒，高开道答应输送粮食。罗艺派遣老弱前往就食。高开道接待很周到。罗艺很高兴，不加提防，随即调拨兵士3000人，车数百辆、马驴千余匹前往借粮，高开道全都留下而不予遣返。于是北与突厥联兵，并且与罗艺断绝往来，重称燕王。

同年，刘黑闼进犯山东，高开道与他联合共同抵抗唐军。高开道率军进攻易州，未能攻下而退兵。后又派部将谢棱诈降于罗艺，并请求派兵救援。罗艺率众接应，将到怀戎时，谢棱纵兵将其击破。接着高开道引突厥南侵，恒州（今河北正定）、定州（今河北定县）、幽州、易州（今河北易县）等州尽遭蹂躏。突厥颉利可汗因高开道部众善用攻城器具，与他一道攻拔马邑。当时群盗相继平定，高开道想归降唐朝，又怕多次反复，不能取信于人，仍然依仗突厥自保平安。但将士多是山东之人，思还家乡，众人更加厌恶作乱。

武德六年五月二十八日（623年7月1日），高开道带领奚族骑兵侵犯幽州，被唐朝幽州长史王诜打败。刘黑闼反叛时，靺鞨首领突地稽带兵协助唐朝，将他的部落迁到幽州的昌平城。高开道带领突厥侵犯幽州时，遭突地稽带兵阻截，而被打败。

武德六年（623年）七月，高开道掠夺赤岸镇以及灵寿、九门、行唐三个县之后离去。

武德六年（623年）八月，高开道率领奚族军队侵犯幽州，被唐朝幽州军队击退。

武德六年（623年）九月二十九日，高开道带领二万突厥骑兵侵犯幽州。

起初，高开道招募壮士数百人为养子，常在阁下护卫。刘黑闼部将张君立逃归高开道，高开道命张君立与爱将张金树分督其兵。武德七年二月十八日（624年3月12日），张金树暗自命令左右数人装作与高开道诸养子嬉戏，到了晚上，进入阁内，偷偷地断其弓弦，又取刀矛藏于床下。天黑后，张金树率其部下鼓噪来攻，先前派出的几个人抱着刀矛跑出阁来。高开道诸养子准备出战，但找不到兵器。张君立又在外城举火相应，帐下大乱，诸养子感到困穷，争先归附张金树。高开道知道此难难免，披甲持刀据堂而坐，与其妻妾奏乐酣饮，张金树畏惧而不敢进逼。二月十九日天将亮时，高开道先缢死其妻妾儿女而后自杀（一说被张金树所杀）。

十六、辅公祏反隋入唐，败丹阳传首长安

辅公祏（？—624年），齐州临济（山东章丘西北）人。隋末唐初江南地区农民起义军领袖。

1. 起兵反隋，归顺大唐

辅公祏与齐州章丘人杜伏威是生死之交，他的姑姑家以牧羊为业，他常从姑姑家偷羊给杜伏威吃。两人还常共率乡里伙伴劫富自给或接济贫苦人。

隋朝大业九年（613年），辅公祏与杜伏威亡命为盗，起兵反隋。他们每次行动，杜伏威总是走在前面，撤退则走在最后，因此受到徒众推举为统帅。下邳人苗海潮也聚众为盗，杜伏威派辅公祏对苗海潮说："如今我和您都是不堪忍受隋朝的苛政，各举义旗，但力量分散，势单力薄，常常恐惧被擒获，若是我们合二为一，那么就足以与隋朝为敌。要是您能做主帅，我理当恭敬从命，要是您估计自己不能做主帅，最好前来听命，否则我们就打一

仗以决雌雄。"苗海潮恐惧，就率领部众归降杜伏威。辅公祏与杜伏威率众在淮南地区一带转战掠夺。隋朝江都留守派校尉宋颢率兵讨伐杜伏威。杜伏威与宋颢交战，佯装战败，将宋颢率领的军队引入芦苇丛中，于是顺风势放火，隋军都被烧死。海陵贼帅赵破阵认为杜伏威兵少而看不起他。赵破阵召杜伏威来，想兼并他。杜伏威让辅公祏率兵在外严阵以待，自己和亲信十余人带着牛、酒进入营帐谒见赵破阵，在座位上将赵破阵杀死，兼并他的部众。

义宁元年（617年）正月，杜伏威大败隋将右御卫将军陈陵，乘胜攻破高邮，率兵占据历阳（今安徽和县），于是杜伏威自称总管，任命辅公祏为长史。杜伏威分派诸将领攻取江都郡所属各县，江淮地区的小盗争相归附杜伏威，因此其势力非常强盛。

武德二年（619年），辅公祏与杜伏威归附唐朝。武德三年（620年）六月，唐朝任命辅公祏为淮南道行台尚书左仆射，封爵舒国公。当时，李子通击败沈法兴，占据江都。同年十二月，杜伏威派辅公祏率领数千精兵渡江攻打李子通，任命养子将军阚陵、王雄诞作为辅公祏的副将。辅公祏渡过长江攻打丹阳（一作丹杨），李子通大败，数千士卒投降。李子通粮草食尽，放弃江都，保守京口，于是江西地区全部为杜伏威所有，杜伏威迁居丹阳。

起初，杜伏威与辅公祏很要好，辅公祏年纪大，杜伏威像对兄长一样对他，因此军中称辅公祏为辅伯，敬畏他同敬畏杜伏威一样。后来，杜伏威逐渐猜忌辅公祏，于是任命阚陵为左将军，王雄诞为右将军，推尊辅公祏为仆射，暗中解除他的兵权。辅公祏知道后，内心很不服气，假装和他的老相识左游仙学修道、辟谷之术来掩饰自己。

2. 反叛称帝，唐军讨伐

武德六年（623年），杜伏威入朝，留辅公祏守卫丹阳，命王雄诞掌握军队做辅公祏的副手，私下对王雄诞说："我到长安，假如没有失去职位，千万不要让辅公祐发生变故。"杜伏威走后，左游仙劝辅公祐反叛，但是王雄诞掌握兵权，辅公祐无法动手。于是他假称收到杜伏威的来信，怀疑王雄诞有二心，王雄诞听说后很不高兴，声称有病不到衙门治事，辅公趁机夺取王雄诞的兵权，让自己的党羽西门君仪告诉王雄诞反叛的计划。王雄诞才醒悟并后悔不已，说道："如今天下刚刚平定，而吴王在京师长安，大唐军队威力，所向无敌，怎么可以无缘无故自找灭族呢？我王雄诞唯有一死相报，恕不能听从命令。现在跟着您倒行逆施，也不过是延长一百天的性命而已，大丈夫怎能因为舍不得片刻之死而陷自己于不义呢？"辅公祐知道不能说服他，便勒死王雄诞。辅公祐假称杜伏威无法返回江南，送来书信命他起兵，于是他大肆装备武器，运粮储备。同年八月初九日，辅公祐在丹阳（一作丹杨）称帝，国号宋，修复陈朝的旧宫殿居住，设置百官，任命左游仙为兵部尚书、东南道大使、越州总管，并与张善安联合，以张善安为西南道大行台。

武德六年（623年）八月二十二日,唐高祖下诏任命襄州道行台仆射、赵郡王李孝恭率领水军开赴江州（今江西九江），岭南道大使李靖带领交、广、泉、桂等州兵力开赴宣州（今安徽宣城），怀州总管黄君汉取道谯州、亳州，齐州总管李世勣取道淮水、泗水，共同讨伐辅公祐。九月十五日，辅公祐派遣他的将领徐绍宗攻打海州（今江苏连云港），陈政道攻打寿阳（今安徽寿县）。十一月，唐朝黄州总管周法明带兵攻打辅公祐，张善安占据夏口抵抗周法明。当时周法明

隋代书法石刻

驻扎在荆口镇,十一月初十日,张善安趁周法明在战船上饮酒之机,派遣几名刺客伪装成渔民杀死周法明。十一月十二日,唐朝舒州总管张镇周等在猷州的黄沙攻打辅公祏的将领陈当世,大败陈当世军。

武德七年(624年)正月十一日,李孝恭在枞阳(今安徽合肥)打败辅公祏的别将。二月,辅公祏派兵围攻猷州,唐朝唐猷州刺史左难当环城自卫。安抚使李大亮带兵打败辅公祏。李孝恭攻克辅公祏的鹊头镇。二月十二日,唐朝行军副总管权文诞在猷州打败辅公祏的党羽,攻克枚洄等四镇。三月十六日,李孝恭在芜湖打败辅公祏,并夺取芜湖,继而攻克梁山等三镇。三月二十一日,唐朝河南安抚大使任瑰攻克扬子城,广陵城主龙龛投降,进据扬州。三月二十八日,李孝恭攻克丹阳。当时沈法兴占据毗陵,辅公祏率军将其击败。

3. 兵败丹阳,传首长安

此前,辅公祏派遣部将冯慧亮、陈当世率领三万水军驻扎在博望山,陈正通、徐绍宗率领三万步兵、骑兵驻扎在青林山,并在梁山用锁链切断江中航道,修筑却月城,延绵十多里,还在长江之西构筑工事抵抗唐军。李孝恭与李靖率领水军停泊在舒州(今安徽潜山),李勣率领一万步兵渡过淮河,攻下寿阳,驻扎在硖石。冯慧亮等人坚壁不战,李孝恭派奇兵切断冯慧亮等军的粮食运输线,冯慧亮等军因缺乏军粮,半夜派兵逼近李孝恭的军营,李孝恭坚持不出战。李孝恭召集诸位将领商议军事行动,各位将领都说:"冯慧亮等人拥有强大的军队,占据水陆两方面的险要,我军进攻不能很快奏效,不如直接进逼丹阳,出其不备袭击辅公祏的老巢,丹阳溃败后,冯慧亮等人自然会投降!"李孝恭准备采纳众将领的意见,李靖说:"辅公祏的精锐部队虽然在这里有水陆两支军队,但是他自己统率的军队也不少,如今博望的各个敌营尚且不能攻克,辅公祏凭借石头城自保,岂是容易攻克的!进军攻打丹阳,十天半个月攻不下,冯慧亮等人紧随在我军背后，我军腹背受敌，这是很危险的。冯慧亮、陈正通都是身经百战的老将，并非他们不想出战，而是因为辅公祏定下的计策让他们按兵不动，想以此拖垮我军而已。我们现在主动挑战攻城，可一举破敌！"李孝恭表示赞同，用老弱残兵先进攻冯慧亮等军的营垒，自己统领着精兵严阵以待。攻打冯慧亮等军营垒的部队失败逃跑，冯慧亮等军出兵追击，走出几里地，遇到唐军，双方交战，唐军大败冯慧亮等军。阚陵摘下头盔对冯慧亮等军说道："你们不认识我吗？怎么胆敢来与我交战！"冯慧亮等军中有很多阚陵的旧部下，均丧失斗志，因此溃败。

冯慧亮、陈正通逃走，李孝恭、李靖乘胜追击他们，转战100多里，辅公祏在博望山、青林山两处部队均溃败，冯慧亮、陈正通等人仅带500名骑兵逃回丹阳，遭唐军杀伤及淹死的有一万多人。李靖的部队先到达丹阳，辅公祏大为惊慌，带着几万兵马，放弃丹阳城向东逃跑，打算到会稽（今浙江绍兴）投靠左游仙，李勣在后面追击他。辅公祏到句容，随从的军队能跟上他的才500人，夜晚在毗陵（今江苏常州）宿营。辅公祏手下的将领吴骚、孙安等人谋划把他逮起来，辅公祏觉察到吴骚等人的意图，丢下妻子儿女，独身带领几十名心腹，冲破关卡逃走。辅公祏到武康（今浙江德清）时，受到当地农民的攻击，西门君仪战死，农民捉住辅公祏，送到丹阳。李孝恭下令将辅公祏处斩，悬首示众，而后传首于长安。唐军分别搜捕辅公祏的余党，全部处决，江南地区全部平定。

第四章 科技精英

一、博学通儒述五经，呕心沥血《皇极历》

刘焯（544—610年），字士元，信都昌亭（今河北冀州市）人。隋代经学家、天文学家。

刘焯自幼聪敏好学，少年时代曾与河间景城（今献县东北）人刘炫为友，一同寻师求学。后师从武强交津桥藏经大儒刘智海门下，寒窗十载，苦读不辍，终于学有所成，以儒学知名受聘为州博士，与刘炫当时并称"二刘"。

开皇年间，刘焯中举秀才，射策甲科，拜为员外将军，与著作郎王劭一起修定国史，并参议律历。他曾与诸国子共论古今滞义，常有高论，众人皆佩服其学识渊博。开皇六年（586年），洛阳"石经"运抵京师，文字多处磨损，极难辨认。隋文帝便诏刘焯、刘炫等人考证，他们经过努力，一一辨清。在国子监举行的一次经学辩论中，他与刘炫力挫诸儒，因此受到忌恨和诽谤，被革职还乡。后隋文帝派刘焯到蜀王杨秀府下做事，他不肯去。杨秀得知，将刘焯发配到边远充军。杨秀的蜀王封号被废后，刘焯才重新得到起用，在朝中做了云骑尉。刘焯秉性耿直，为官期间经常抨击时政，终为朝廷所不容，再次被罢职回乡。两次挫折之后，遂使他专心著述，不问政事。他游学授徒于闾里，致力于教育和著述，先后写出《五经述义》等若干卷，传播开来，名声大振。其间天下名儒有了疑问、学子求学，常千里慕名而至。据史书载："名儒后进，博学通儒，无能出其右者。"他的门生弟子很多，成名的也不少，其中衡水县的孔颖达和盖文达，就是他的得意门生，孔颖达、盖文达后来成为唐初的经学大师。

隋炀帝即位后，他又重被起用，任太学博士。当时，历法多存谬误，刘焯多次建议修改。公元600年，他呕心沥血，造出了《皇极历》，因与太史令张胄玄的观点相左而被排斥，未被采用。但他对天文学的研究，达到很高水平。唐初李淳风，依据《皇极历》造出《麟德历》，被推为古代名历之一。

在《皇极历》中，他首次考虑视运动的不均匀性，并主张改革推算二十四节气的方法，废除传统的平气，使用他创立的定气法。这些主张，直到1645年才被清朝颁行的《时宪历》采用，从而完成了中国历法上第五次也是最后一次大改革。

刘焯力主实测地球子午线。源起是中国史书记载说，南北相距1000里的两个点，在夏至的正午分别立一根8尺长的测杆，它的影子相差1寸，即"千里影差一寸"说。刘焯第一个对此谬论提出异议。后于724年，唐张遂等才实现了刘焯的遗愿，并证实了刘焯立论的正确性。

另外，他还较为精确地计算出岁差（假定太阳视运动的出发点是春分点，一年后太阳并不能回到原来的春分点，而是差一小段距离，春分点逐渐

《尚书注疏》书影

西移的现象叫岁差），定出了春分点每 75 年在黄道上西移 1 度。而此前晋代天文学虞喜算出的是 50 年差 1 度，与实际的 71 年又 8 个月差 1 度相比，刘焯的计算要精确得多。唐、宋时期，大都沿用刘焯的数值。

刘焯的创见和一些论断，在当时未被采纳，但却在后世被接受，或在他的研究基础上发展、改进，因而他对科学的贡献是不容磨灭的。

刘焯的著述有《稽极》10 卷、《历书》10 卷以及《五经述议》等书，后均散失。清马国翰《玉函山房辑佚书》中辑有《尚书刘氏义疏》1 卷。唐魏徵《隋书》"儒林"中介绍刘焯时说："论者以为数百年以来,博学通儒,无能出其右者。"现代历史学家范文澜在《中国通史》第三册中写道："隋朝最著名的儒生只有刘焯、刘炫二人。"

二、建筑学家宇文恺，营建大兴东京城

蜚声中外的唐代京师长安，以及东都洛阳，实际上都是在隋代建造的，创建这两座历史名城的第一功臣是杰出的建筑学家宇文恺。

宇文恺（555—612 年），字安乐，代郡武川（今内蒙古武川县）人，鲜卑族。隋朝城市规划和建筑工程的专家，北周大司徒宇文贵之子。

大业八年（612 年）十月去世,谥号为康。撰有《东都图记》20 卷《明堂图议》2 卷、《释疑》1 卷，见行于世。

1. 出身显赫，初露锋芒

宇文恺出身武将世家，生于长安城。宇文恺 2 岁时就被赠爵双泉县伯，6 岁时袭祖爵安平郡公，但身在将门的宇文恺却不好弓马，而喜好读书。自幼博览群书，精熟历代典章制度和多种工艺技能。勤奋好学，擅长工艺，精善建筑。

北周末，宇文恺累迁右侍上士、御正中大夫、仪同三司。大象二年（580

年），杨坚任北周宰相后，宇文恺又被任命为上开府、匠师中大夫。据《唐六典》卷二三"将作都水监"记载："后周有匠师中大夫一人，掌城郭、宫室之制及诸器物度量。"又据考证，北周设有"匠师中大夫，一人，正五命"。因此可以推知，当时年轻的宇文恺已经在建筑科学和工程管理方面崭露锋芒。

581 年，杨坚建立隋朝，是为隋文帝。为了巩固自己的统治地位，他大肆诛杀北周宗室宇文氏，以清除北周残余势力。宇文恺原也被定入诛杀之列。由于宇文恺家族与北周宗室有别，二兄宇文忻又拥戴隋文帝有功，加上他本人的才华深得隋文帝的赏识，因而方幸免一死。隋文帝"修宗庙"，宇文恺被起用，任营宗庙副监、太子左庶子，负责宗庙的兴修事务。宗庙建成后，被加封为甑山县公，邑千户，随后投入了隋代都城大兴城（今西安城）的营建工程。隋朝建立之时，仍承袭北周以长安城为京都。长安城始建于汉代，已有近 800 年的历史，城市已显得过于狭小，宫宇亦多朽蠹，加上供水、排水严重不畅，污水往往聚而不泄，生活用水受到严重污染，已经不能适应社会发展和人们生活的需要。因此，隋文帝嫌其"制度狭小，又宫内多妖异"，通直散骑常侍庾季才也奏云："汉营此城，经今将八百岁，水皆咸卤，不甚宜人。"于是决定另建新都。

2. 营建岐州仁寿宫

开皇二年（582 年）六月，隋文帝下诏："此城从汉，凋残日久，屡为战场，旧经丧乱。今之宫室，事近权宜，又非谋筮从龟，瞻星揆日，不足建皇王之邑，合大众所聚"，"今区宇宁一，阴阳顺序，安安以迁，勿怀胥怨。龙首山川原秀丽，卉物滋阜，卜食相土，宜建都邑，定鼎之基永固，无穷之业在斯。公私府宅，规模远近，营构资费，随事条奏"。隋文帝下诏于是"诏左仆射高颎、将作大匠刘龙、巨鹿郡公贺娄子干、太府少卿高龙叉等创造新都"。"以太子左庶子宇文恺有巧思，领营新都副监。"时高颎虽为大监，不过总

领大纲，而规模计划皆出自宇文恺。由于杨坚在北周时曾被封为大兴郡公，故新都命名为大兴城（今陕西西安）。开皇三年（583年），新都建成，而仓廪尚虚，需要大量转运关东米粟，渭水多沙，不便漕运。开皇四年（584年），下诏兴建漕渠，令宇文恺率领水工凿渠，引渭水通黄河，自大兴城东至潼关300余里，名叫广通渠。渠成后，转运便利，隋唐关中的富庶颇得益于此。其后，他受到其兄宇文忻被杀事件的牵连，一度罢官居家。

开皇十三年（593年），隋文帝要在岐州（今陕西凤翔）建仁寿宫，经右仆射杨素推荐，隋文帝任命宇文恺为检校将作大匠，后又拜为仁寿宫监、将作少监。在杨素主持下，仁寿宫建造得非常华丽，成为隋文帝经常临幸的别宫。

开皇十三年（593年）二月，隋文帝令杨素在岐州（今陕西凤翔）北营造仁寿宫。杨素以宇文恺有巧思，"奏前莱州刺史宇文恺检校将作大匠"，负责仁寿宫工程的筹划和设计。"于是夷山堙谷以立宫殿，崇台累榭，宛转相属"，整个宫殿区"制度壮丽"，是一组极其雄伟的宫殿建筑群。开皇十五年（595年）三月，仁寿宫建成，宇文恺被任命为仁寿宫监，授仪同三司，接着又被任命为将作少监。

仁寿二年（602年）八月，隋文帝皇后独孤氏卒。闰十月，杨素和宇文恺受命营造皇陵太陵。独孤皇后葬后，宇文恺复爵安平郡公，邑千户。

3. 营建东京洛阳城

仁寿四年（604年）七月，隋炀帝杨广继位。鉴于大兴城位置偏西，又水陆交通不便，也为了更进一步加强对河北、山东以及江淮地区的控制，决定在洛阳故都附近建造新城，作为东京。十一月癸丑，隋炀帝在巡幸洛阳时下诏说，洛阳的地理位置"控以三河，固以四塞，水陆通，贡赋等"，"今可于伊、洛营建东京，便即设官分职，以为民极也"。

据《隋书·炀帝纪》记载，大业元年（605年）三月丁未，隋炀帝"诏尚书令杨素、纳言杨达、将作大匠宇文恺营建东京，徙豫州郭下居人以实之"。又据《资治通鉴》卷一八〇记载，"每月，役丁二百万人。徙洛州郭内居民，及诸州富商大贾数万户以实之"。大业二年（606年）春正月辛酉，"东京成"，其营建过程前后仅历10个月，是又一座在短时间内经周密规划、设计、建造而成的大型城市。在营建东京时，宇文恺"揣帝心在宏侈，于是东京制度穷极壮丽"。故此宇文恺博得隋炀帝的欢心，被进位开府仪同三司。其间，宇文恺还受命在河南郡寿安县（今河南宜阳）营造显仁宫，"南接皂涧，北跨洛滨"，为此，曾"发大江之南、五岭以北奇材异石，输之洛阳；又求海内嘉木异草，珍禽奇兽，以实园苑"。

4. 修筑长城及相关建筑

大业三年（607）六至八月，宇文恺跟随隋炀帝北巡。在此期间，他奉命修筑长城，创制了三项活动性的建筑物。

关于宇文恺修筑长城事，有的论著仅引述《隋书》本传的记载："及长城之役，诏恺规度之。"未指明修长城时间，所修是哪段长城。在《隋书》本传长城役记载之后，也说"时帝北巡"，宇文恺在此期间造大帐和观风行殿，故可判定，宇文恺规度长城之役为炀帝时的第一次修长城，即大业三年七月，所修长城为榆林至紫河一段。

此外，宇文恺还曾经建造大帐，帐下可以容纳数千人。又造观风行殿，殿上可以容纳侍卫数百人，行殿下装轮轴，可以迅速拆卸和拼合；下面设置轮轴机械，可以推移。《资治通鉴》卷一八〇记载："又作行城，周二千步，以板为干，衣之以布，饰以丹青，楼橹悉备。胡人惊以为神。"行城应是一种板装并附有布屏的围城，《资治通鉴》虽未明言系宇文恺所作，但其记述紧接在造观风行殿之后，当亦是宇文恺负责制作的。

5. 明堂设计与其他成就

除了规划、设计和主持施工，建造了一系列大型建筑工程外，宇文恺还在明堂设计方面花费了大量心血，取得了重要的成就。

明堂原是周代朝廷的前殿，传说其形制是周公所立，并"朝诸侯于明堂，制礼作乐，颁度量，而天下大服"。后世追崇周制，把明堂制度神圣化，成为中国古代举行大典和宣明政教的大殿，凡朝会及祭祀、庆典、选士、教学等大典，都在其中举行。也可以说，明堂象征着帝王的权威，即所谓"天子坐明堂"。因此，历代统治者都对明堂制度非常重视，但具体的明堂形制是什么样子，则仅凭臆测，众说纷纭，争论不休。因而各代虽都有制定明堂制度之举，却均未能形成定制。

隋文帝平陈之后，也把建立明堂制度提上了议事日程。开皇十三年（593年），诏命礼部尚书牛弘等议定明堂制度，当时任检校将作大匠的宇文恺曾献上明堂本样。他"依《月令》文，造明堂木样，重檐复庙，五房四达，丈尺规矩，皆有准凭"。宇文恺所献的明堂木样受到隋文帝的赞赏，但由于诸儒异议，久不能决，而作罢。"高祖异之，命有司于郭内安业里为规兆。方欲崇建，又命详定，诸儒争论，莫之能决。弘等又条经史正文重奏。时非议既多，久而不定，又议罢之。"

隋炀帝继立之后，宇文恺又上"明堂议"及明堂木样。关于宇文恺所上明堂议及木样事的具体时间，据《隋书·礼仪志》一记载："及大业中，恺又造《明堂议》及样奏之。炀帝下其议，但令于霍山采木，而建都兴役，其制遂寝"，则似应该是在大业元年三月营建东都开始之前，即大业元年一、二月间。但此时隋炀帝刚登位不久，忙于巩固其统治地位，又欲兴建东都，宇文恺是很会揣测帝心的，想不至于在此时奏上"明堂议"及木样。而此记载也仅言大业中，若是在大业元年初，当会指明是大业初，而不会称"大业中"的。据《隋书·宇文恺传》记载："帝可其奏，会辽东之役,事不果行。"《资治通鉴》卷一七八引《隋志》亦说:"会辽东之役,不果行。"隋炀帝征辽东之役,是大业七年着手进行准备,第二年发兵的,则宇文恺所上的奏议和木样当在大业六年底至七年初之间,这应是比较可信的。

宇文恺所上的《明堂议表》除引经据典,考证明堂制度外,还附有建筑设计图和立体木制建筑模型。为完成此一工作,他花费了大量的心血。他"远寻经传,傍求子史,研究众说,总撰今图。其样以木为之,下为方堂,堂有五室,上为圆观,观有四门"。这是一篇很有学术价值的建筑考古学文献。虽说其所议定的明堂制度只能作一家之说,无能定论,但从他所绘制的建筑图和据此制作的木制立体模型,却可以推断他已经使用了比例尺。这种利用比例关系绘制建筑图和制作立体建筑模型的方法,在中国建筑史上是一大创举,具有重大的科学意义。

宇文恺在建筑学方面的著述有《东都图记》20卷,《明堂图议》2卷,《释疑》1卷,均见行于世。但除《明堂图议》的部分内容保存在《隋书·宇文恺传》《北史·宇文贵传》和《资治通鉴》等史籍中外,其他的后来都亡佚了,这实是建筑学史上的一大损失。

宇文恺的一生,主要是担任营造方面的高级官员,主持过许多大型的建筑工程,起着相当于工程总指挥、总设计师和总工程师的作用。他在建筑方面取得了许多重大的成就,有些成就甚至具有划时代的意义。但也应该指出的是,在他设计和主持的工程中,除了开凿广通渠,客观上有利于国计民生外,其余大多是为了满足统治者的统治需要,尤其是宫殿建筑,不顾劳民伤财,取悦帝王。如营造仁寿宫时,"役使严急,丁夫多死,疲顿颠仆,推填坑坎,覆以土石,因而筑为平地。死者以万数","时天暑,役夫死者相次于道,杨素悉焚除之"。营建东京时,他"揣帝心在宏侈,于是东京制度穷极壮丽","东京官吏督役严急,役丁死者什四五,所司以车载死丁,东至城皋(今河南荥阳),北至河阳(今河南孟州市南),相望

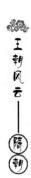

于道"。长城之役，"死者十五六"。

三、桥梁专家第一人，世界之最赵州桥

河北省赵县城南的洨河上有座雄伟的石桥，叫作赵州桥。这座桥的设计和监造者，是隋朝时候的一个名叫李春的石匠。尽管经历了1400多年的风吹雨打和无数次的洪水冲击，赵州桥依然挺立在河面上，这不能不说是一个伟大的奇迹。据一些研究者介绍，赵州桥不仅是我国，也是全世界现存的最古的一座石拱桥。

赵州桥建于隋代，隋朝统一中国后，结束了长期以来南北分裂、兵戈相见的局面，促进了社会经济的发展。当时的赵县是南北交通必经之路，从这里北上可抵重镇涿郡（今河北涿州市），南下可达京都洛阳，交通十分繁忙。可是这一交通要道却被城外的洨河所阻断，影响了人们来往，每当洪水季节甚至不能通行，为此隋大业元年（605年）决定在洨河上建设一座大型石桥以结束长期以来交通不便的状况。李春受命负责设计和大桥的施工。李春率领其他工匠一起来到这里，对洨河及两岸地质等情况进行了实地考察，同时认真总结了前人的建桥经验，结合实际情况提出了独具匠心的设计方案，按照设计方案精心细致施工，很快就出色地完成了建桥任务。李春他们在设计和施工中创下许多技术成就，把中国古代建筑技术提高到一个全新的水平。

关于赵州桥的建造者李春，史书上并没有什么记载，实在令人感到遗憾。虽然我们已无从了解他的生平事迹，但是我们可以断定，他既是心灵手巧、不畏辛劳的工匠，也是才智出众、富于创造精神的建筑大师。他默默地劳动一生，没有人认识到他的价值；他的劳动成果却在我国的建筑史上留下了光辉的一页，后人无不感到赞叹。

赵州桥也叫"安济桥"，整个桥身只有一个弧形桥洞。这种弧形桥洞以及门洞之类的建筑，在我国历来习称为"券"。石桥的"券"，一般都是半圆形，而赵州桥却是小于半圆的一段弧，样子十分美观，唐代文学家张鷟曾经有过这样的比喻："望之如初月出云，长虹饮涧"，意思是说看起来好像是穿出云层的一弯新月，又像是入涧饮水的一道长虹。券的两肩叫作"撞"。一般石桥的"撞"都用石料砌实。赵州桥却与众不同，券的两肩还有两个弧形小券。人们把这种形式的桥叫作"空撞券桥"。

李春为什么要把桥造成这样呢？

原来，这样的设计符合科学原理。首先，节省了大量石料。科学家曾作过估算，不把撞砌实而砌成四个小券，节省的石料约为 180 立方米，使桥身的重量减轻 500 吨左右。其次，减轻了洪水对桥身的冲击。在洪水季节，洨河暴涨，流量很大，如果把桥的撞砌实了，水流不畅，上游的水就会漫上岸来，石桥很难承受洪水的冲击。有了四个小券，增加了桥洞的过水量，自然大大减轻了洪水对桥身的冲击，保证了石桥的安全。这种空撞券桥，在欧洲直到 14 世纪才出现于法国，也就是法国太克河上的赛雷桥。算起来，赛雷桥已比赵州桥晚了 700 多年，却早就毁坏了（不是因为战争的破坏）。从这个方面来看，我们更能看出李春设计的高明与卓越。

赵州桥的设计，除了采用"空撞券桥"这种形式外，还有许多别致而值得称道的地方。例如，赵州桥的桥洞跨度很大，两端的距离长 37.4 米，在当时可算是世界上最长的石拱。这样长的跨度，按照通常的设计，采用半圆形，券的高度一般是长度的一半。这样算来，赵州桥的桥洞就有 18.7 米高，车马行人过桥，像是翻过一座小山，多有不便之处。因此，跨度较长的桥，只好多造几个桥洞，以减低桥的高度，这样做，又会导致另一不足，既费石料又费工时。赵州桥的高度比通常的设计低出很多，只有 7.23 米，克服了两方面的缺陷，而这主要归功于李春独特的创造，他设计的桥洞不是半圆形，而是小于半圆的弧形，像一张弓。因此，赵

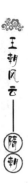

州桥的桥面没有陡坡，比较平缓，便于车马上下、路人行走，而且省工省料，这样的设计精彩绝伦。

赵州桥设计的别致处，还在于桥洞的砌法也是一反常规的。桥洞的砌法，常用的是"纵联式"，就像砌墙那样，一层一层往上砌，各层石块相互交错，最后形成的桥洞是一个整体，比较坚固。另一种砌法，叫作"并列式"。这种方式是先并排砌成许多道窄券，最终合成一个整券。由于各道窄券的石块之间没有联系，因此不如纵联式坚固，一般得不到人们的重视。然而，李春的设计却恰恰选择了后一种。整个赵州桥的宽度是9.6米，这么宽的大券，就是由二十八道小券并列而成。李春之所以采用并列式而不用纵联式，是因为他看到了纵联式的缺点，发挥了并列式的长处。纵联式虽然坚固，但是只要有一块石块坏了，修补起来十分困难，就会牵连整个桥洞，以致造成全部的倒塌。恰恰相反，并列式的桥券，坏了一块石块，只不过是坏了一个窄券，在整个大券中是微不足道的，根本不会影响全局，而且坏了的石块，修补起来也并不困难，即使在修补的时候，桥上也照样通行。正是因为李春看到了一般人所没有看到的两种方式的短长，所以他大胆地采用了并列式，同时又吸取了纵联式的优点，即在各道窄券的石块

赵州桥

之间加了铁钉，把各道窄券拴连在一起，成为整体，从而形成一个既相互独立又紧密联系的独特结构，达到了前所未有的坚固效果。经历了1400多年的漫长岁月，赵州桥仍然屹立。

四、中医论证第一书，永垂史册巢元方

巢元方约生活于隋唐年间，籍贯、生卒年均不详，一说为西华人。巢元方在隋大业年间（605—618年）医事活动频繁，任太医博士，业绩卓著。然而《隋书》无巢氏传记，仅宋代传奇小说《开河记》有一段关于巢氏的记载。说隋大业五年八月，开凿运河总管患风逆症，隋炀帝命太医令巢元方往视得疗。虽然巢元方的生平事迹缺乏史料记载而混没于历史的尘封中，但巢元方对于中华民族5000年文明的伟大贡献，却以他殚精竭虑主持编纂整理的中医病因学巨著《诸病源候论》为载，而永垂史册。

隋朝建立了中国历史上最早的医学教育"太医署"，这也是世界文明史上最早见于记载的规模宏大的官办医学教育。隋王朝还组织海内学者广泛搜集中医药资料，主要是历代及民间方剂、验方单方，卷帙浩繁的大型方剂学著作《四海类聚方》2600卷编撰成书。由朝廷下诏，命巢元方主持编纂的中国第一部病因证候学专著《诸病源候论》，就是在这社会时代背景下成书问世的。

巢氏曾奉诏于大业六年（610

《诸病源候论》书影

年）编撰《诸病源候论》50卷，分67门，载列证候1739论，分别列述了内、外、妇、儿、五官、口齿、骨伤等各科疾病的病因与证候，并讨论了一部分疾病的诊断、预后以及预防、摄生、导引按摩、外科手术等一些治疗方法。此书为中国第一部中医病因证候学专著，也是第一部由朝廷组织集体撰作的医学理论著作，在中国医学史上占有重要地位，对后世影响十分深远。

《诸病源候论》主要有以下特点：

（1）书中主论病因证候，不载方药：书中以病为纲，每类疾病之下，分述病证概念、病因、病机和证候。收罗病证之全前所未见，对病因病理的阐述和对证候的描述具有较高水平。

（2）发展了中医病因学理论，提出"乖戾之气"是传染性疾病的致病因素，并提出预先服药可以预防疫病感染。书中记载了多种人体寄生虫病，详述其形态及感染途径；并提出疥疮与疥虫侵染有关；炭疽病为传染所致；漆疮系"禀性畏漆"引起的过敏；山区瘿病是饮用了"沙水"致病。书中的许多新观点和记载有较大进步。

（3）在病理方面，书中对多种疾病的病变、转归有详细记载和系统描述，突出了各病的特殊证候，在临床鉴别诊断上有重要意义。

（4）在证候分类学方面：对病症分门别类，使之系统化。如妇产科分杂病、妊娠病、将产病、难产病、产后病五类。这种分类更加细致、明确，有利于临床应用。

该书内容丰富，描述详尽，分析准确，明确易懂。其中《养生方导引法》，论述1727病候，大都附"补养宣导"法，"以代药品"。如"风痹手足不随候"，其"补养宣导"法："左右拱手，两臂不息九通，治臂足痛、劳倦、风痹不随"，对发展医疗体操有积极贡献。

除此之外，《诸病源候论》还是一部记载了当时医学发展水平的重要著作，从该书所载的对于病因的认识方面的内容看，当时的医学对于疾病的认识已经达到了全面周到、分析透彻的程度。也许是受到了文化导向的影响，医学史上，多数医家更加重视对于理、法、方、药等方面的研究和著述，这方面的专著非常少。而《诸病源候论》内容的全面和周到恰恰弥补了这一空缺，直到今天的医学发展水平，它仍称得上是一部完备的好书。

第五章 / 文化名人

一、应手成曲万宝常，怀才不遇命坎坷

万宝常（？—595年），隋代音乐家。

万宝常，不知是什么地方的人。他的父亲叫万大通，跟随梁将王琳归顺了北齐。天嘉五年（564年），王琳抗陈战死，其父图谋逃回江南梁朝，事情泄露，被杀。万宝常被发配为乐户，因此他精通音律，各种乐器都能精熟演奏。他自己曾制造了一组玉磬，献给北齐皇帝。万宝常曾和别人正在吃饭，饭间讨论起音调，当时现场没有乐器。他就拿面前的餐具和其他杂物，用筷子敲击，定其音调的高低，五音配齐，敲击起来，和乐器一样音调和谐，被当时的人大为赞赏。但他经历了北周和隋朝，都没能被提拔。

隋文帝开皇初年（581年），沛国公郑译等人重定乐律，制黄钟调。万宝常虽然只是一个艺人，郑译等人也常常叫他来一起商量，但他的主张大多不被采纳。后来，郑译的乐曲编成上奏皇帝，皇帝召见万宝常，问他这些乐曲是否可行。万宝常说："这是亡国之音，陛下您不应听这种声调！"隋文帝很不高兴。万宝常就极力说明这种声调表现了哀怨、淫邪、放肆的情绪，不是庄重的雅音，请求用水尺为准，来调正乐器声调。隋文帝采纳了他的意见。万宝常得到皇帝的命令后便制造各种乐器，乐器的声调都比

郑译等人所定的调值降了两个调。同时，他还撰写了《乐谱》64卷，全面论述8种音高可以递相为基调的规律，以及音调调整的变化。总括起来，共有84调，144律，能变化出1800声调。当时的人认为，

隋代乐器尺八成

《周礼》一书记载了8种音高可以递相为基调的说法，但是从汉、魏以来，历代音乐家都弄不懂，见到万宝常对此记载的创解，都嗤之以鼻。到这时，皇帝让他试奏，简直是应手成曲，在场的人，莫不惊异赞叹。于是经他淘汰、创制、改进的乐器数不胜数；但这些乐器的音色淡雅，当时人不喜欢，音乐官署太常寺里的音乐家多数人持排挤、诋毁的态度。

太子洗马苏夔以擅长音律自命不凡，尤其嫉妒万宝常。苏夔的父奈苏威有权有势，因此凡是谈论乐律的人，都附和苏夔，而说万宝常的坏话。万宝常多次到达官贵人们那里诉苦，苏夔因此责问万宝常，问他的音律理论从哪里学来的。有一个和尚对万宝常说："皇帝平素喜欢祥瑞征兆的音乐，有说到祥瑞征兆的，皇帝都很高兴。先生您应该说您的乐律理论是从外族僧人那里学来的，并说这是佛门菩萨亲身所传，那么皇帝心里会喜欢的。这样，你所作的乐律就可以推行了。"万宝常认为这样说对，就按和尚教的那样来回答苏威。苏威听了，勃然大怒，说道："外族僧人所传授的，是四周蛮夷的音乐，不应该在中原地区推行。"这事最后还是被搁置下来。

万宝常曾经听太常寺演奏的乐曲，听完之后，流泪哭泣。人们问他为什么哭，万宝常说："这乐声淫厉而悲哀，预示着天下不久将自相残杀，并

且人也要差不多被杀光。"当时全国正处全盛时期，听他说的都认为不会这样。隋炀帝大业末年，他的话应验了。

怀才不遇的人生极其悲凉。万宝常虽身为一介乐工，却是当世最能通晓各国音乐的大才，只是他的才华并不被重视，加上身世坎坷，内心的痛苦可想而知。同时，他的个人生活也一样可怜。他没有儿子，只有一个老婆。他卧病在床时，他老婆没有嘘寒问暖，而是带着他少得可怜的东西逃跑了。万宝常没人养，没人管，最终冻饿而死。临死前，他用尽所有的力气，把自己的著作全然烧毁，留下了在世上最后一句话："何用此为？"

二、文章宗师薛道衡，以文获罪梁落泥

薛道衡（540—609年），字玄卿，河东汾阴（今山西万荣县）人。隋朝大臣、诗人，东魏仪同三司薛孝通之子。

1. 少年奇才，政治结怨

薛道衡，字玄卿，河东汾阴（今山西万荣县）人。历仕北齐、北周、隋朝，与李德林、卢思道齐名，为当时文坛领袖。

薛道衡出身官僚家庭，生于东魏孝静帝兴和二年（540年），六岁时父母双亡，成为孤儿。专精好学，13岁时，读《春秋左氏传》，有感于子产相郑之功，作《国侨赞》一篇，辞藻华美，时人称为奇才。由此以文才召世。北齐时，薛道衡待诏文林馆，兼主客郎，负责接待、应对北周及陈的使者，与当时文坛才子李德林、卢思道等常相过从。

北齐亡，周武帝用薛道衡为御史二命士，薛道衡自以为不受重用，便弃官归乡里。后来又入仕途为州主簿，不久又为司禄上士。

杨坚为相时，薛道衡效力于大将军梁睿府下，参与平定王谦之乱。后又从征突厥，还朝后，被任命为内史舍人，仕途上开始有起色。当时薛道

衡还兼任聘陈主使，多次往还江东，对陈朝的腐败情况了解很深，所以多次上奏隋文帝，要求对陈"责以称藩"，也就是不承认陈朝和隋对等，实有灭陈、统一南方之意。

隋文帝开皇八年（588年），薛道衡被任命为淮南道行台吏部郎，随从晋王杨广、宰相高颍出兵伐陈，专掌文翰。隋师临江，高颍问薛道衡："此番举兵，能否克定江东，请君言之。"道衡回答说："凡论大事成败，先须以至理断之。《禹贡》所载九州，本是王者封域，南北分裂已久，战争不息，否终斯泰，以运数言之，其必克一也；有德者倡，无德者亡。自古兴亡，皆由此道。我隋主上躬履恭俭，忧劳庶政，陈叔宝峻宇雕墙，酣酒荒色。其必克二也；为国立体在于用人，陈重用小人，命将非才，其必克三也；陈甲士不过十万，西至巫峡，东至沧海，分之则势悬而力弱，聚之则守此而失彼，其必克四也。"高颍听完之后，忻然叹服，说："君言成败，事理分明，吾今豁然矣。本以才学相期，不意筹略乃尔！"从这里可以看出，薛道衡对当时的局势分析得极有见地，表明他是一个有政治才能的人。

在隋文帝时，薛道衡倍受信任，担任机要职务多年，当时名臣如高颍、杨素等，都很敬重他。因而他的名声大振，一时无双。皇太子及诸王都争相与之结交，引以为荣。这对薛道衡来说本来应该是值得荣耀的事，然而，他却因此得罪晋王杨广而罹祸。

2. 以文获罪，逼令自尽

薛道衡曾与晋王杨广一起伐陈，杨广对薛道衡的文才极其爱慕。隋文帝时，有一次，薛道衡被人弹劾在朝中结党，被除名，处以流放岭南。当时晋王杨广正坐镇扬州，听说这件事后，就秘密派人到长安通知薛道衡，让他取道扬州到岭南，等他到了扬州，就上奏皇帝，把他留在扬州幕府中。但薛道衡讨厌杨广的为人，就没有走扬州路，而走了江陵道。

杨广即位后，薛道衡从地方上回到京师。当时的隋炀帝对薛道衡尚有一丝爱慕之心，本打算委以秘书监显职，但薛道衡不识时务，写了一篇《高祖文皇帝颂》奏上。薛道衡高估了皇帝的心胸，最要命是高估了自己的分量。隋炀帝看了以后，大怒，对大臣苏威说："道衡至美先朝，此《鱼藻》之义也。"《鱼藻》是《诗经》中的一篇，据《诗序》讲，此诗通过歌颂周武王而讥刺周幽王。薛道衡是否有此意不得而知，但隋炀帝猜忌心很强，他岂能容忍别人把自己和周幽王联系在一起，由此便产生了杀害薛道衡之心。

当时，薛道衡的朋友司隶刺史房彦谦（唐初名臣房玄龄之父），觉察到隋炀帝对薛道衡的歹意，就劝薛道衡杜绝宾客，闭门自守，以求保全，但薛道衡却不以为然。有一次，朝臣们在一起讨论新令，争论不已，薛道衡就说："向使高颎不死，令决当久行。"薛道衡的文人气太重，出语尖刻，当下有人受不了，就密报了隋炀帝。高颎在杨广与杨勇争夺太子之位的斗争中站在杨勇一边。薛道衡公然讲崇敬高颎的话，隋炀帝岂能容忍。当时正好是大臣裴蕴担任御史大夫，他知道炀帝讨厌薛道衡，就上奏弹劾，说："道衡负才恃旧，有无君之心。见诏书每下，便腹非私议，推恶于国，妄造祸端。论其罪名，似如隐昧，原其情意，深为悖逆。"这真是欲加之罪，何患无辞，隋炀帝览奏大喜，称赞裴蕴说："公论其逆，妙体本心。"下令将薛道衡逮捕审讯，最后逼令自尽。

薛道衡

薛道衡从少时就是一个用心于文章字句之间的人，他喜欢在沉静中构思，史称："道衡每至构文，必隐坐空斋，踏壁而卧，闻户外有人便怒，其沉思如此。"尤其长于诗作，比如他的《出塞诗》一首:"绝漠三秋幕,穷阴万里生。寒夜哀笛曲,霜天断鸿声。"诗中有一种边地的悲论情调,而又弥漫着一股粗犷壮大之气,体现了北朝文风的特点。同时,薛道衡因多次出使江南陈朝,受南方文风的影响也较深,比如他的《昔昔盐》一诗,辞采绚丽,对仗工整,描写铺排,极为细腻,其中"暗牖悬蛛网,空梁落燕泥"一句,为千古吟诵的名句。当时,薛道衡的诗名就极著,《隋书》讲:"江东雅好篇什,陈主犹爱雕虫,道衡每有所作,南人无不吟诵焉。"文风极盛的南方都很推崇道衡的诗作,可见其成就之高。

薛道衡死后,尚有文集 70 卷行世,后散失,明人辑有《薛司隶集》,从中还可略窥这位隋代大文豪的风采。

3. 才华横溢,迂诞狷介

薛道衡出身世家,天资早慧,成人后文名大著,与卢思道、李德林齐名。为一代文章宗师的薛道衡,在每一朝都主要从事秘书工作,一生的大部分时间是在秘书岗位上度过的。他写文章用心很专,"每至构文,必隐坐空斋,蹋壁而卧,闻户外有人便怒";每有文章写出,人们"无不吟诵焉"。隋文帝杨坚每次谈到他,总是说:"薛道衡作文书称我意。"

薛道衡不仅善于作文,而且善于谋事,是一个很有政治远见和军事谋略的人。北齐末年,薛道衡多次建议执政者采取对策,以防北周侵犯,遗憾的是这一极具政治远见的意见未被执政者所采纳,后来北齐果然为北周所灭。开皇八年(588 年)三月隋文帝下令伐陈后,担负指挥重任的高颎特意找到薛道衡,要他分析和预测战争形势,薛道衡纵论天下态势,明确指出隋必胜、陈必亡,从而彻底打消了高颎心头的疑虑。高颎对薛道衡说:"君言成败,事理分明,吾今豁然矣。本以才学相期,不意筹略乃尔。"然而人有所长,必有所短,薛道衡也是如此。薛道衡的"短",用隋文帝杨坚的话说,就是"迂诞",也就是为人迂阔,不得"转"。隋文帝曾经多次对他"诫之以迂诞",然而薛道衡就是改不了,结果由此得祸。

隋文帝开皇年间，薛道衡因受株连除名，流放岭南。晋王杨广（即后来的隋炀帝）时任扬州总管，想拉拢他，便派人传话，要他取道扬州去岭南，打算启奏文帝，把他留在自己身边。然而薛道衡历来看不惯杨广的为人，不乐意去晋王府工作，于是取道江陵而去，不给杨广面子。杨广即位后，仍旧对薛道衡存有一丝爱慕之心，外放他到番州去做刺史。薛道衡又不与杨广合作，只过了一年多，便上表请求致仕（退休）。杨广同意他回京，并打算留他做秘书监。薛道衡到京后，却呈上一篇长文《高祖文皇帝颂》，对已仙逝的隋文帝极尽赞颂之词。杨广读了此文，气得要命，对大臣苏威说："薛道衡极力赞美先朝，和《鱼藻》的用意相同。"《鱼藻》是《诗经》中的作品，据说是借怀念武王来讽刺幽王的。但杨广隐忍未发，只是安排薛道衡去做司隶大夫，然后找机会给他安上一个罪名，治他的罪。可是薛道衡一点也没有去想自己的处境有什么不妙。司隶刺史房彦谦是薛道衡的朋友，眼看薛道衡大难临头，便劝他"杜绝宾客，卑辞下气"，要他夹紧尾巴做人，他也不听。有一次朝廷议定新的律令，议论了许久也没有结果，薛道衡便对同僚说："要是高颎不死，新律早就制定并且颁布实行了！"高颎是文帝朝宰相，相当能干，后因得罪杨广被处死。此话传到杨广耳中，他怒不可遏，当即把薛道衡传来责问："你怀念高颎吗？"于是下令逮捕他，并给他安上一个"悖逆"的罪名，命他自尽。他的妻子儿女也跟着倒霉，被流放到新疆的且末。

薛道衡如此"迂诞"，总不给杨广面子，他由此得祸，虽然让人深感痛惜，却不使人觉得意外。只是给他定一个"悖逆"的罪名，显然是"欲加之罪，何患无辞"。他一介书生，手无一兵一卒，怎么可能心怀叛逆和起兵造反！他无非是不愿意讨好人，不知道卖身投靠罢了！他如果处世圆滑，善于阿谀奉承，不用心琢磨事而专心琢磨人，当然不会如此"迂诞"，也不会遭此大祸了。薛道衡的悲剧，与其说是他个人的悲剧，倒不如说是旧时代忠直耿介之士的共同悲剧。

说到薛道衡的"迂",《隋唐嘉话》等野史笔记记载的咏诗一事，倒是很能反映他的性格特点。隋炀帝杨广爱好文学，才华横溢，他曾对臣下说："人们都认为我是靠父祖的原因当上的皇帝。即使让我同士大夫比试才学，我还是天子。"在这种思想的支配下，他自然不能容忍别的文士在诗文上超过自己。有一次，朝廷聚会上，有人出题以"泥"字押韵，众大臣苦思冥想而不见起色，隋炀帝便作了一首押"泥"字韵的诗，众大臣惊叹不已。薛道衡也作了一首以"泥"字押韵的诗，为所和之诗最佳，其中以"空梁落燕泥"一句尤受激赏，众大臣惊叹不已，高呼厉害。当然使隋炀帝嫉妒。据说薛道衡临刑前，炀帝曾问他："更能作'空梁落燕泥'否？"后人依据此类记载，把薛道衡之死看作诗祸，虽然完全不符合事实，但由此也可说明薛道衡的个性的确狷介，不善于矫饰，更不愿意扭曲本性投人所好，这当然也是一种"迂诞"的表现。

三、"唐画之祖"展子虔，千古留名《游春图》

展子虔（约545—618年），隋代绘画大师，渤海（山东惠民何坊）人。历经东魏、北齐、北周、隋朝，到隋代为隋文帝所召，任朝散大夫、帐内都督等职。

展子虔是有画迹可考的隋朝画家，在中国绘画史上占据着重要位置。擅画佛道、人物、鞍马、车舆、宫苑、楼阁、翎毛、历史故事，尤长于山水。人物描法细致，以色景染面部；画马入神，立马而有走势，其为卧马则有腾骧起跃之势。写山水远近，有咫尺千里之势。作品《仙山楼阁图》以青绿勾勒为主，笔调甚为细密，被后世誉为"唐画之祖"。作品《游春图》是中国山水画中独具风格的画体，中国存世最古老的山水画。

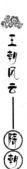

1. 生平传奇

展子虔的童年和少年时光在乱世之中度过。童年的展子虔表现出了绘画的天赋，手持树枝能在土地上将花鸟鱼虫描绘得惟妙惟肖。在父母的支持下，展子虔开始拜师学艺，走上了绘画之路。

经历东魏、北齐、北周的乱世之后，展子虔在进入隋朝之时一心只想过安定生活。但是刚刚取得天下不久的隋朝皇帝知道了展子虔的才华，命人将展子虔请入朝中，封为朝散大夫。随后展子虔凭借过人的学识和一心为民的优秀品格，又晋升为帐内都督，一直到晚年告老还乡。

展子虔身为文官，公务较为闲暇，这为他的绘画创作提供了有利条件。由于他生性耿直，在官场中很不得意，朋友也不多。他却十分泰然，潜心作画。他在为官之余研习书画，生活简朴，不断探索新的绘画技法，在山水画的研究上成就显著，创立了"青绿山水"的绘画形式。从已知的山水画迹来看，青绿山水的鼻祖当推展子虔。他是绘画史上承上启下的画家，所处地位具有不同寻常的意义。

展子虔在晚年时期辞去官职，回归故里渤海郡，以画为业，寄情于书

展子虔《游春图》

画之中，直至终老。就是这样一位成就突出、影响唐代绘画发展的画家，历史文献却很少有关他生平的记载。根据唐代画史文献的粗略记载，展子虔被隋文帝所诏时来自黄河下游以北地区，后来又有"渤海人"之说，故展子虔之故里应为隋代之渤海郡（郡治今山东阳信县）一带。他辗转于大江南北，在洛阳、西安、扬州及浙江等地的寺观中创作了许多壁画。所绘物象，生动而富情趣，颇受时人重视，与当时另一画家董伯仁齐名，人称"董展"。

2. 艺术风格

（1）笔墨技法。展子虔所绘人物全以细劲的线条勾描，纤如毫发，人物形态神采奕奕；其画山水，更是一丝不苟，画面显得柔美流畅；而所绘树叶，纵有勾笔、散点画法，却类似"个""介"字点法，似不成形，然显得朴拙古拗。那山顶坡脚的点苔，劲健爽朗，显得浑朴谨拙；树木种类繁多，运笔流畅，笔法墨法有轻重变化，虽未用皴法，却仍能看出山石树木的质感。

（2）设色敷彩。展子虔擅画青绿山水，其作品中山石树木虽然空勾无皴，然全以色渲染。山水以青绿设色为主，山顶以青绿敷之，山脚则用泥金；树叶设色，或以色染，或以色填，或点以白粉桃红，松树不写松针，直以深绿点之。全图在青绿设色的统一格调下，显得激滟而生拙，丰富而单纯，富丽而古艳，充分展示出我国早期山水设色那种"青绿重彩，工细巧整"的样式，标志着山水画的创作，已从原先设色古艳而富有装饰意味的图式，向较为完整的山水画创作过渡，自此始开青绿山水之源。

（3）构图布局。展子虔作画讲究布局的巧妙性，以《游春图》为例，右上部分绘有崇山峻岭，山峦起伏，数峰叠起；右下部绘有土坡，低坡丛树，山路逶迤，既为崇山峻岭的下段延伸，又作为铺垫，使全图具有稳重感。左下部绘一低峦小山，与右上边山脉遥相呼应，形成对比；中间绘有大片

水域，波光潋滟，湖天一色。一小船点缀其间，船内绘有三四人物，姿态不同，形态各异。全图比例恰当，层次分明。这种以山水为主体，人物为点景，恰当配以殿阁舟桥，并开始注意客观物象之间的远近、高低、大小的一般关系，以及深度、层次、比例等透视关系的变化处理，使山水画创作变得较为合乎现实生活的新格局，这正是隋朝山水画的特有表现形式。也正如《后画录》所评述展子虔的山水"远近山川，咫尺千里"和《宣和画谱》论展子虔的山水画"写江山远近之势尤工，故咫尺有千里趣"相合相成，浑然一体。

3. 艺术成就

展子虔的《仙山楼阁图》以青绿勾勒为主，笔调甚为细密，被后世誉为"唐画之祖"。美学史家称顾恺之、陆探微、张僧繇、展子虔为唐以前杰出的四大画家。他在长安的定水寺、灵宝寺、崇圣寺，洛阳的天女寺、云花寺、龙兴寺，以及江都（扬州）的寺院创作壁画多幅。他曾辗转西安、洛阳、永济、扬州及四川等地，领略大江南北山水之美，观赏各地画家名品真迹，承魏晋南北朝绘画技法，开隋唐山水画之新风。

展子虔的绘画题材广泛，手法多变。他不仅善画人物、车马、山水、台阁，而且大都臻于精妙。在着色技巧上，他用青绿设色。他的画法为唐代绘画名家李思训、李昭道父子所宗法。他所画之马，神采飞扬，十分有神。他所画"立马而有走势，其为卧马则有腾骧起跃势，若不可掩复也"。展子虔能够抓住马的瞬间神态，表现出整个绰约风姿，达到以形传神，以神带形，形神兼备，惟妙惟肖的艺术境界。

展子虔的山水画被称为"远近山川，咫尺千里"。他画人物描法工细，以色晕染面部，神采意态俱足；画马各尽其妙，将马站立走卧腾跃奔飞之姿描摹得栩栩如生；画山水则有咫尺千里之势，充分表现出自然中深远的空间感。展子虔"天生纵任，亡所祖述"，而自能开一代风气。他与当时另一画家董伯仁齐名，人称"董展"。他的山水画风直接影响到唐代李思训父子的金碧山水创作。

4. 代表作品

（1）《游春图》。现藏北京故宫博物院的《游春图》是展子虔的传世之作，也是现存的最早的卷轴画。该画用青绿重着色法画贵族春游的情景，用笔细劲有力，设色浓丽鲜明。图中的山水"空勾无皴"，但远山上以花青作苔点，已开点苔的先声。人马体小若豆，但刻画一丝不苟。此画已脱离了为山水为人物画背景的地位，独立成幅，反映了早期独立山水画的面貌。

（2）《授经图》。现藏于台北故宫博物院，绢本设色，纵 30.1 厘米，横 33.7 厘米。唐朝张彦远评展子虔的此画："细密精致而臻丽。"从这一幅《授经图》中可以看出其刻画人物手法之高超。

（3）壁画。展子虔在洛阳天女寺、云花寺、长安灵宝寺、宗圣寺等绘有

展子虔《授经图》

壁画，画迹有《长安车马人物图》《南郊图》《王世充像》《法华变相图》《朱买臣覆水图》《北齐后主幸晋阳宫图》《感应观音》《维摩诘像》《石勒问道图》《北极巡海图》《弋猎图》《踏雪图》《按鹰图》《人骑图》《人马图》《八国王分舍利》《授塔天王图》《摘瓜图》等分别著录于《贞观公私画史》《历代名画记》《宣和画谱》。

四、宣德先生多奇能，名重当时称"二刘"

刘炫（约546—约613年），字光伯，隋河间景城（今河北献县东北）人。

1. 生平简介

少时与刘焯友善，同受《诗》于刘轨思，受《左传》于郭懋，问《礼》于熊安生。为人聪敏，能五事同举：左手画方，右手画圆，口诵，目数，耳听。

周武帝平齐，由刺史宇文亢引荐为户曹从事。后刺史李绘署为礼曹从事，以干练而知名。后奉敕与王劭同修国史，又参加修定天文律历，兼与内史省考定群官。

刘炫自言《周礼》《礼记》《毛诗》《尚书》《公羊》《左传》《论语》孔、郑、王、何、服、杜等注，凡十三家，皆能讲授，史子文集，皆涌于心。在朝名士十余人保其所言无谬，于是拜殿内将军。就是这样一个学问淹通的人物，竟然在朝廷购求天下逸书的时候，为了领取几个赏钱，造起假来。隋开皇年间，刘炫入朝参与撰写国史和修订天文律历。当时，大臣牛弘奏请购求逸书。他运用自己的才华技能，伪造书籍100多卷，题名为《连山易》《鲁史记》等。卖给官府。后来被人揭发。刘炫为此差点丢了性命，刚刚得到的一个官职也被撤掉，打起铺盖回老家去了。归家后以讲学著书为务，后与诸儒修订《五礼》，授旅骑尉。

隋炀帝即位，经牛弘推荐，参加修订律令。后经杨达荐举，射策高策授太学博士。岁余，以品卑辞职，归河间以讲学为业。

隋末，妻子离散，饥饿无所依，冻馁而死。门人谥为"宣德先生"。

刘炫学通南北经学，精博今文、古文经典，崇信《伪古文尚书礼传》和《伪古文考经孔传》。对先儒章句，多有非议。指陈杜预《左传集解》失误之处，达150余条。所制诸经义疏，为当世士人奉为师宗。孔颖达撰《尚书正义》《毛诗正义》，皆本于刘炫义疏。

2. 大学问家

刘炫的确是一位名重当时的大学问家。史学家范文澜先生说，隋代能称得起儒学大师的只有两个，即刘炫与刘焯。他与刘焯时称"二刘"。《北史·儒林传》称："惟信都刘士元（焯）、河间刘光伯拔萃出类，学通南北，博极今古，后生钻仰。所制诸经义疏，搢绅咸宗之。"又称："刘炫学实通儒，才堪成务，九流七略，无不该览。虽探赜索隐，不逮于焯；裁成义说，文雅过之。"

刘炫对《毛诗》的研究，有很大贡献。《毛诗》之传，发轫于西汉河间国，当时不显于朝。直到东汉郑玄为其作笺，《毛诗》才盛行于世。南北朝魏朝饶阳人刘献之，精通《毛诗》。其弟子刘轨思，"说《诗》甚精"。刘炫和刘焯就从刘轨思学《诗》。刘炫著有《毛诗述义》四十卷，《注诗序》一卷，《毛诗谱》二卷。这些著作虽已失传，但其精义，已被后人吸收。唐朝孔颖达作《五经正义》，其中《毛诗正义》即以刘炫的《毛诗述义》和刘焯的《毛诗义疏》为稿本。

刘炫对《左传》有独到见解。《春秋》之传，晋代《公羊》《穀梁》《左传》俱立国学。隋代《左传》盛行起来。刘炫治《春秋》相当精深，曾作《春秋攻昧》12卷，《春秋规过》三卷，《春秋述议》37卷。其中《规过》一书，是专给杜预的《春秋左氏经传集解》挑毛病的。杜预是西晋大臣，文武全才，曾因军功封"当阳县侯"，他的《集解》是流行的"左学"权威著作。刘炫敢向权威挑战，可谓艺高人胆大。

《毛诗注疏》书影

3. 不合时宜

刘炫在他才华初露时，被地方官举荐到朝廷做事。修过国史，订过律历，兼于内史考订群言。他先后值班于尚书、门下、内史三省，但却没有一官半职，以至于生活窘迫，家中交不起税赋。地方官去催促，他才向内史令诉苦。内史令送他去吏部，吏部尚书韦世康考察他，见他口说大话，不予信任，又经众人举荐，好容易得到一个"殿内将军"的职衔，又因"造假书案"而丢掉了，而且还背上了一个鄙俗的恶名。

造书骗赏，完全是穷困造成的，整天饿着肚子，还讲什么斯文道德？按《隋书·儒林传》记载，当时的巨儒在品行上多鄙俗。因为国家不重儒，没有俸禄，"此所以儒罕道人，学多鄙俗者也"。

刘炫丢了官差，回老家教书。后又被太子杨勇召至京师，要他去侍奉蜀王杨秀。刘炫拖延不愿从命，惹恼了蜀王，将其"枷送益州"。一介书生，披枷带锁，千里跋涉，其凄苦之状，可想而知。到了益州，蜀王安排他在帐内"持仗为门卫"，多么令人尴尬汗颜的差事？

后蜀王被废，刘炫授旅骑尉，与诸儒修《五礼》。又被命修律令，后升为太学博士。

在朝期间，刘炫提出过很多正确的建议，他认为事繁政弊，公文烦琐必然造成"老吏抱案死"的忙乱局面。主张简化办事程序。对外，他反对出兵高句丽，作《抚夷论》指陈利弊。他有许多为政治国的主意是很高明的。但是，这人性格躁竞，自恃才高，目中无人，经常轻慢当局，上司不喜欢，同僚也忌妒。他讲古文《孝经》，"儒者喧喧，皆云炫自作"。说那书是他自己假造的。其实他所讲的《孝经》正是孔子传人藏之于鲁壁的真本，刘炫曾作《稽疑》一篇，欲兴坠起废，但是他造假书的前科，常被人提及，不能见容于世人，结果太学博士当了一年多，即被以品行卑下而辞退了。

4. 晚景凄凉

其时各地农民起义军纷纷揭竿而起，天下已经大乱，刘炫颠沛流离，孤身回到河间郡。城外战乱不已，他困顿城中，与在景城老家的妻子仅隔百里，但无法通音讯。

谷米越来越贵，教书换钱吧，已没有地方能放他那张讲桌了。刘炫郁郁寡欢，著文排遣胸中块垒。文章中感叹生不逢时，无法与前代通儒相比。晚境已近，顿生悲凉："日迫桑榆，大命将近，故友飘零，门徒雨散，溘死朝露，埋魂朔野。亲故莫照其心，后人不见其迹，殆及余喘，薄言胸臆。……天违人愿，途不我与。世路未夷，学校尽废。道不备于当时，业不授于身后。衔恨泉壤，实在兹乎？"（见《隋书·刘炫传》）

当时，刘炫的许多门人已经参加了义军。他们体恤老师的困境，到河间郡城去把刘炫索要了出来。后来，起义军失败，刘炫孤苦无所依，踉踉跄跄奔回老家景城。景城的官员，知道刘炫"与贼相知"，怕受牵连，哪里敢接纳他？于是将城门紧闭。当时正是严冬季节，已经是 68 岁老人的刘炫，腹中饥饿，衣衫褴褛，在那冰冷的寒夜里，呼天不应，叫地不灵，满腹经纶的一代巨儒冻馁至极，惨死城下。

刘炫死后，门人们尊他为"宣德先生"。

刘炫在处境那样艰难的情况下，仍然顽强地从事经书、历法等研究，进行大量的著述，对我国文化科学事业的发展，起到了一定的推动作用。

五、音韵学家陆法言，"以为典规"著《切韵》

陆法言（约 562—?），隋朝音韵学家，名词，以字行，临漳（今河北临漳南）人。

陆法言生于官宦之家。祖父陆概之曾任北齐霍州刺史。父亲陆爽素负

才名，曾任北齐中书侍郎，北齐灭后，为北周武帝慕名征召入关，授官宣纳上士。隋文帝杨坚受禅后，陆爽迁官至太子洗马。陆法言自幼在父亲的熏陶下，刻苦学习，知识广博，尤其在音韵学方面，有精深的造诣。

陆法言在仕途上不顺，但潜心学问却使其在中国语音史上永垂不朽。陆法言是鲜卑贵族的后裔，撰成一流的汉语言音韵专著。他是鲜卑族对汉族文化认同的代表。

隋文帝开皇初年，与刘臻、萧该、颜之推、卢思道、李若、辛德源、薛道衡、魏彦渊等八人讨论音韵学，评议古今是非。他们认为，自西晋吕静《韵集》以下所成韵书，定韵缺乏标准，各有错误。陆法言根据议论的要点，经过认真斟酌，于仁寿元年（601年）编成《切韵》五卷。

《切韵》一书，不仅对审音辨韵有参考价值，而且对研究汉语音史，也有重要的资料价值。《切韵》以当时洛阳语音为基研，酌收古音及其他方言音而成书，通过它可以研究上古音和古代方言。

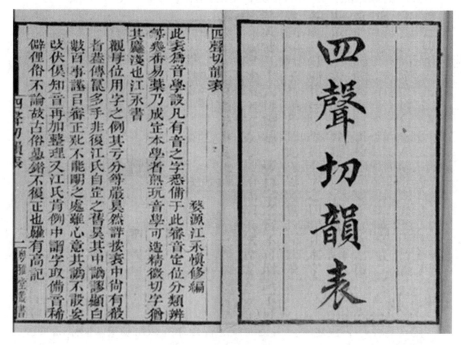

《四声切韵表》书影

陆氏家族不见容于隋朝，因此陆法言的著作只是私家著述。但是到唐以下却大为流行，因为他的书吸取了以前诸家韵书的长处。自《切韵》问世，六朝诸家韵书均逐渐消亡。《切韵》成为考订古音及作诗文的根据，研究汉语的中古音韵的主要资料，也是重要的语文工具书。唐孙愐《唐韵》、宋陈彭年《广韵》及其他韵书均以《切韵》为基础修改演变而成。原书已佚。敦煌留有残本三种，互相补充，约成原书 3/4 左右。《切韵》一书可追上古汉语，下启唐宋汉语，具有承先启后的作用。又因为《切韵》代表了中国研究语音的规则标准，所以《切韵》成为汉语音韵学的第一经典，掌握《切韵》音系是了解和研究语音史的基础。

《切韵》收录了 12158 个汉字，共分 193 韵。其中平声 54 韵，上声 51 韵，去声 56 韵，入声 32 韵。他在研究前人韵书的基础上，使之更加完整系统。当时人称颂《切韵》是"时俗共重，以为典规"。《切韵》是我国隋以前韵书史上最完美、详尽、准确的一部韵书。

六、"永字八法"立典范，千古《真草千字文》

智永和尚（生卒不详），南朝人，本名王法极，字智永，会稽山阴（今浙江绍兴）人。书圣王羲之七世孙，第五子王徽之后代，号"永禅师"。

智永常居永欣寺书阁，临池学书，闭门习书 30 年。初从萧子云学书法，后以先祖王羲之为宗，在永欣寺书阁上潜心研习了 30 年。

智永继承了祖辈学书锲而不舍的精神，有"退笔成家"之说。传说智永居永欣寺 30 载，每日深居简出，专心习字。他准备了数个一石多的簏子，笔头写秃了就换下来丢进簏子里。日积月累，竟积攒下十大簏子。他在门前挖了一个深坑，将这些笔头掩埋其中，上砌坟冢，名之曰"退笔冢"。

经过二三十年的努力，智永的书法果然大有进步。他的名气也越来越大，求其真迹者很多，智永穷于应付，以至于"缣素□纸，堆案盈几，先后积压，尘为之生"。登门求教的也极多，以至他户外之屦常满，连门限也踩坏了，智永又只好用铁皮来加固门槛，时人称之为"铁门槛"。这"退笔冢"与"铁门槛"便成为书坛佳话，与汉张芝洗笔洗砚的"池水尽墨"交相辉映，同为千古美谈。

智永的书法真迹有《真草千字文》《楷书千字文》《归田赋》等，其中以《真草千字文》最佳，传所书有 800 本之多。

智永的书法代表作《真草千字文》，法度谨严，一笔不苟，其草书则各字分立，运笔精熟，飘逸之中犹存古意，其书温润秀劲兼而有之。宋米芾《海岳名言》评曰："智永临集千文，秀润圆劲，八面具备。"又如苏轼所评："精能之至，返造疏淡。"此书代表了隋代南书的温雅之风，继承并总结了"二王"正草两体的结体、草法，从体法上确立了它的范本作用。

智永禅师草书"千字文"，完全得笔于乃祖王右军，并师承了草字法规。但此帖每格一字，每字独立，写起来循规蹈矩，而不似乃祖与张颠那样"笔墨飞舞"、字字相连呼应。智永禅师继承了王羲之的笔法，但每个字中又都有一两笔特别加重笔力，更显示出智永作书时的神情专注、神力内敛，重笔之处也显得圆润合拍，健肥适当。智永在《真草千字文》中的真书（楷书）是行楷，比正楷更轻快。智永行楷每字中也有一二重笔，因而字态更生动，更劲雅，唐宋以后的书法大家也大多喜欢

智永《真草千字文》

師承永禅师的楷字。

智永的书法对初唐虞世南等的书法很有影响。与智永同时而年少的释智果亦曾师事智永。智果也是永欣寺僧，工于书铭，传说隋炀帝特喜其书，他曾对智永说过："和尚得右军肉，智果得右军骨。"意思是智永书法圆润，智果笔法腴润不足，而骨力超过。智果的行书、草书，张怀瓘《书断》皆列为能品，可见智果也是书僧中之佼佼者。

今日所见《真草千字文》一为纸本墨迹卷，为日本小川简斋氏所藏。文凡200行，已有残缺。书中不避隋唐帝讳，又有数字与唐以来传本不同，如"召"，后世本作"吕"等。据考此卷于唐代传入日本，著录于日本《东大寺献物账》中。

另一代表书作《楷书千字文》笔力遒劲，结构端庄，笔画的起止提按痕迹十分清晰，富有虚实变化。传智永曾写千字文八百本，散于世间，江东诸寺各施一本。现传世的有墨迹、刻本两种。墨迹本为日本所藏，纸本，册装。计202行、每行十字，原为谷铁臣旧藏，后归小川为次郎。后有杨守敬、内藤湖南所写两跋，论者认为墨迹本为智永真迹，也有人疑为唐人临本。故宫博物院藏拓本。

传智永禅师晚年时，有天正在指导一位小沙弥练字，几位年轻书生慕名来寺谒求大师的墨宝，并请教写字秘诀。智永笑答，赠字不难，但秘诀实无，不过老衲可奉送诸位四字："勤学苦练"，如能持之以恒，保你一生受用不尽。书生闻言，大失所望。智永禅师便耐心开导他们：俗话说"锲而不舍，金石可镂"。即以老衲先祖羲之公和献之公为例，羲之公以东汉张芝"临池写书，池水尽黑"的事迹激励自己，一生苦练不辍。洗砚曾染黑过庐山的归宗寺、临江的新城山、建康的钟山、浙江的积谷山和山阴等地的五六处池水。献之公学书曾用尽18大缸清水，老衲学书也是靠勤学苦练，才有今日的成就。

众书生听后，并未尽信。智永禅师便命小沙弥打开后院门，带领他

们去寺中的塔林，在一棵枝繁叶茂的大树下有一座高高的坟冢。书生们大惑不解，禅师指冢说："我习书一生，练字磨秃的笔头尽在于此。"冢前立一石碑，上刻"退笔冢"3字，下有"僧智永立"几个小字，背后还有智永写的一篇墓志铭。偌大一座坟冢，贮满秃笔头，书生们看罢，惊愕不已。小沙弥告诉书生，师父写字的秃笔，初时装满5大筐。为练好字，在寺内阁上住了多年，还临写了800多本《真草千字文》，分赠浙东各寺庙。

书生们听后恍然大悟，智永所言不谬："宝剑锋从磨砺出，梅花香自苦寒来。"任何学术要达到高峰，没有捷径可走，亦无秘诀可言，只有勤学苦练，才是唯一的途径。

七、音乐哲学看何妥，工艺建筑有何稠

1. 何妥

何妥（生卒年不详），字栖凤，西城人。隋代音乐家与哲学家。

何妥的父亲何细胡因经商进入西蜀，于是就在郫县安家，侍奉梁朝武陵王萧纪，主管金帛交易，因而成为巨富，号称"西州大贾"。

何妥小时就机警聪敏。8岁时游国子学。17岁时，何妥因灵巧机敏侍奉湘东王萧绎。后来，萧绎知道他聪敏，又召为诵书，侍奉于左右。

江陵沦陷后，周武帝特别器重他，命他为太学博士。

开皇元年（581年），隋文帝篡周建隋，何妥被授予国子博士，兼通直散骑常侍，晋爵为公。

何妥生性急躁，也颇具口才，喜欢评议人物。当时，纳言苏威曾对隋文帝说："我的先父常常告诫我说，只要通读《孝经》一卷，就足以立身治国，何必多学！"隋文帝觉得他说得在理。

何妥为此向隋文帝进言道："苏威所学，不只《孝经》一卷。他的先父倘若确实说过这话，那么，苏威就没有听从父训，这说明他不孝顺；假如他父亲根本没有说过这番话，那么，他就是公然在皇上面前说谎话，这说明他不忠诚。既不忠，又不孝，这种人怎么能侍奉皇上？况且孔子曾经说过：'不读《诗经》，就无话可讲；不读《礼记》，就不能立身行事。'苏绰教子怎么竟然违反圣人的训导呢？"苏威当时身兼五职，隋文帝十分亲近、器重他。何妥因此对隋文帝说，苏威不可信任，并具体提出八件事上奏。

当时苏威权兼数司，而先前曾隐居武功县，所以何妥说他自负有傅岩、滋水之气，以此引起皇上注意。何妥书上奏给隋文帝后，苏威对他怀恨至极。

开皇十二年（592 年），苏威定考文学，又与何妥互相诋毁、攻击。苏威勃然大怒说："没有何妥，不必担心无国子学博士！"何妥应声说："无苏威，也不必担心无人管理国家大事！"因此，何妥与苏威有矛盾。

之后，隋文帝命令何妥考定钟律，何妥又上表奏道：作为一国之君，要谨慎对待自己的好恶。

北方民族歌舞岩画

奏表上给隋文帝后，隋文帝又命太常寺归何妥管辖。于是作清、平、瑟三调声，又作八佾及《革卑》《铎》《巾》《拂》四舞。在此之前，太常寺所流传的宗庙雅乐，几十年来只作大吕，废弃了黄钟。何妥又认为这种做法违背了古人的初衷，于是上奏隋文帝请求再度使用黄钟。隋文帝下诏命令众臣讨论，众臣都同意这种做法。

不久，何妥的儿子何蔚做秘书郎，犯罪应当斩首，隋文帝同情他，减免了他的死罪。从此对何妥的恩遇日渐淡薄。

开皇六年（586年），何妥出任龙州刺史。当时，常常有一些背着书箱四处求学的人，何妥都亲自给他们讲学。他写了《刺史箴》，雕刻在州门外。任刺史三年后，因病请求还京，隋文帝有诏同意。

后又主管学事。当时，隋文帝让苏夔在太常寺任职，参与商定钟律。苏夔提出了一些建议，朝中官员大都赞同，唯有何妥不赞同，常常揭苏夔的短处。

隋文帝让朝中官员再议，朝臣大都反对何妥。何妥又上密奏给隋文帝，指陈得失，大抵说的是时政得失，并指责当时的朋党。于是，苏威和吏部尚书卢恺、侍郎薛道衡等都因此获罪。

后被任命为伊州刺史，何妥没去上任。不久，又被授为国子祭酒。死于任上。谥号肃。

何妥一生著述很多，曾撰《周易讲疏》13卷、《孝经义疏》2卷、《庄子义疏》4卷，与沈重等撰《三十六科鬼神感应等大义》9卷、《封禅书》1卷、《乐要》1卷、其他文集10卷，都流行于世。

2. 何稠

何稠（生卒年不详），字桂林，益州郫（今四川成都郫都区）人，北周至唐初著名工艺家，建筑家。

何稠是国子祭酒何妥的兄长的儿子，父亲何通，善于琢玉。何稠好学、博识、善思，用意精微。他十余岁的时候，遇到江陵陷落，跟随叔叔何妥来到长安。到隋文帝杨坚时，召他为补参军，同时掌管细作署，开皇初期，授予他都督职位，后升迁为御府监，历太府丞。何稠常常广泛地阅览古图，认识许多以前的器物。波斯（今伊朗）献金绵锦袍，编织华丽，他奉旨仿织，较原物更加精美，杨坚甚为高兴。当时中国制作琉璃的手艺失传了很久，匠人都没有注意这些，何稠以绿色的瓷器制作，制成品与真琉璃无异，何稠因此被封为外散骑侍郎。

大业八年（612年），隋炀帝攻高句丽，命何稠在辽水上造桥，两天而成。他还设计制造"行殿"及"六合城"，一夜之内在前线合成一座周围8里、高10仞的大城，四隅有阙楼，四面有观楼，城上布列甲士，立仗建旗。次晨高句丽人看见，惊奇以为是神功。

杨坚在临终前对何稠说：以前你曾经办了文献皇后的后事，现在我也快死了，也需要好好办，嘱托这事有什么益处，只是没法忘记这事，如果你死了以后魂魄有知觉的话，当在地下与我相见。随后又召见太子杨广，用手摩挲着杨广的脖子，说："何稠此人做事很用心，我已经把后事托付给了他，你行事应当和他商量。"

隋末，宇文化及杀隋炀帝，以何稠为工部尚书。窦建德败宇文化及，复以何稠为工部尚书。窦建德败，何稠入唐为将作少匠。

八、王通名高列"五子"，弘扬儒学《续六经》

王通（584—617年），字仲淹，道号文中子，隋朝河东郡龙门县通化镇（今山西省万荣，一说山西河津）人，著名教育家、思想家、道家。著名的启蒙读物《三字经》把他列为诸子百家的五子之一："五子者，有荀、扬，文中子，及老、庄。"

王通从小受家学熏陶，精习《五经》。传说他15岁时便开始从事教学

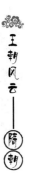

活动，18岁时有"四方之志"，游历访学，刻苦读书，"不解衣者六岁，其精志如此"，学问大有长进。

隋文帝仁寿三年（603年）考中秀才后西游长安，见隋文帝，奏上《太平十二策》，主张"尊王道，推霸略，稽古验今，运天下于指掌"，深得隋文帝赞赏。但下议公卿时却被冷落排挤县通化，遂作《东征之歌》，抒发了怀才不遇的心情。此后，虽被任命为蜀郡司户书佐、蜀王侍读，但不久便因对朝廷失去信心而辞官归乡，只将兴王道之志付诸续述《六经》和聚徒讲学的文教事业上去。

回乡后，王通首先确定了续述《六经》的计划，决心以古代隐逸贤才为榜样，"退而求诸野"，以著述和教学来为弘扬儒学作贡献。就这样，王通用了九年的时间著成《续六经》，亦称《王氏六经》，包括《续诗》《续书》《礼论》《乐经》《易赞》《元经》等，共80卷。

王通死后，众弟子为了纪念他，弘扬他在儒学发展中所作的贡献，仿孔子门徒作《论语》而编《文中子》一书，用讲授记录的形式保存下王通讲课时的主要内容，以及与众弟子、学友、时人的对话，共为道篇、天地篇、事君篇、周公篇、问易篇、礼乐篇、述史篇、魏相篇、立命篇和关朗篇等10个部分，是后人研究王通思想以及隋唐之际思想发展的主要依据和参考。

《文中子》虽在形式上仿效《论语》，但在内容上却有所创新，并有明显的时代特点。

首先，王通以昌明王道、振兴儒学为教育的根本目的。在卷首《王道篇》中记有："文中子曰：吾视迁、固而下，述作何其纷乎！帝

王通

王之道其暗而不明乎！"为了扭转这种状况必须注重教育和人才。他认为一个国家的兴衰要依靠各种人才，而人才的养成必经学校的培养，有了合格的人才王道才能倡明，儒学才能振兴。

其次，王通认为人性都是善的，都具有本然的仁、义、礼、智、信"五德"。这在人身上体现为人的本性，在宇宙及广大的社会中则称作天理。只有通过教育才能帮助人们养成完全的人格，达到"乐天知命，穷理尽性"的境界，最终被造就成"君子""圣贤"。

再次，王通处于儒佛道三教争衡碰撞的思想动荡时期，传统儒学教育的正统地位受到严重威胁，而且儒家思想本身也出现陈旧和僵化的现象。为了振兴和发展儒学，王通认为一味地排斥佛道并非良策，而应探索一条融汇三教的合理途径。为此，他明确提出了"三教可一"的主张，以积极的态度吸收佛道思想及方法之长，为儒学的改造和发展提供有益的养料。他在回顾了儒佛道兴衰和古代学术发展的历史之后，认为这三教可以在相互吸收、取长补短的基础上朝着"使民不倦"的目标努力，共为加强对民众的思想控制出力。在此，王通并没有明确提出援佛道入儒的思想，只是在这三者之间寻求可被利用的共同点，为当时的统治者提供治世良方。当然王通的立足点还是在振兴儒学上，认为佛道的某些内容应该适应儒学的传统。

最后，王通十分注重教材、教法等方面的改造与发展。他一生著述颇丰，在隐居教授之余"续孔氏《六经》近百余类"（王绩《游北山赋》自注），为学生提供了大量的经学辅助读物。

在教法上的改进，主

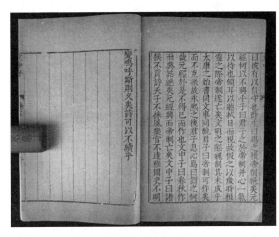

《文中子》书影

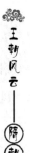

要从《文中子》的具体教学记载中可以看到一些，和孔子教育思想在《论语》中体现大致相同。他以佛道的某些可借鉴的内容来丰富和充实儒学，调节思想界长期以儒学为一统的单调乏味的情况。

在历史观上，他以"道"的主宰取代了"天"的主宰，成为理学天理史观的前奏，在伦理学上，他较早提出"穷理尽性"和"主静"的修养方法，对唐代儒学，特别是宋替代学有着极重要的影响，开了理学某些重要概念范畴，治学方法以及修养方法之先河。可惜王通仅活了33岁，未能充分展示才华和发挥作用。

第六章 ╱ 民族首领

一、"岭南圣母"冼夫人，巾帼英雄第一人

冼夫人（522—602 年），又称冼太夫人、冼太、岭南圣母。名英，高凉郡（今广东茂名、阳江一带）人。出生于今茂名市电白区电城镇山兜村，嫁于高凉郡良德县（今广东省高州市长坡镇一带）时任高凉太守冯宝。梁、陈、隋三朝时期岭南部落首领，史称谯国夫人。中国古代杰出的政治家和军事家，被奉为"岭南圣母"。

冼夫人的一生是伟大的一生，她以崇高的品德和坚强的毅力，顺历史潮流而动，创造了辉煌的业绩，永远为人民所崇敬、所歌颂。她的伟大历史功勋，概括起来，大体上有如下几个方面：

1. 促进民族的团结融合

史书上记载，"越人之俗，好相攻击"。冼夫人在婚前，已"在父母家，抚循部众"，"劝亲族为善"，主张各部族和睦相处，不要动辄兵戎相见，"互相攻击"，多构仇怨。特别是规劝其兄南梁州刺史冼挺，不要"恃其富强，侵掠旁郡"。这对岭南的影响是很大的。"由是怨隙止息，海南儋耳归附者千余洞"。

冼夫人塑像

冼夫人本是俚人首领，她带头与汉官冯宝结婚，这是俚汉两族和睦及融合的动力。冼夫人与冯宝结婚，本身就是一种促进民族团结的行为，更何况她结婚后，"诫约本宗，使从民礼。每与夫宝参与辞讼，首领有犯法者，虽是亲属，无所舍纵"，"自此政令有序，人莫敢违"。南疆民族团结的局面更为牢固，许多俚人都将冯宝视为自己的首领，显示了俚汉民族的团结融合，对当时社会俚人的汉化和岭南社会的长期稳定起到了推动作用。

到了隋代，她化解民族矛盾，严惩贪官，招慰亡叛，安定百姓，既铲除了腐败，又为维护和促进民族团结立了新功。

2. 维护国家统一

冼夫人的一生，以其卓越的远见，智勇双全的胆识，非凡的谋略，果毅的决策，竭力维护国家统一，反对地方割据，打击一切分裂活动，为国家的统一和岭南的安定作出了卓越的贡献。据正史记载，冼夫人主要有四次军事行动。一是梁太清二年（548年）八月，智挫高州刺史李迁仕，配合陈霸先平定了侯景的叛乱，解救了梁朝的危亡，维护了国家的统一。二是陈太建元年（569年），与陈朝的章昭达配合，内外夹攻，击败了广州刺史欧阳纥声势浩大的反叛，粉碎了分裂国家的阴谋。三是隋开皇九年（589年），打破徐登的封锁抗拒，迎隋将韦光入广州，为隋的统一全中国做出了重大的贡献。四是隋开皇十年（590年），指挥军队击溃王仲宣的叛乱，进军南海，解救了广州之围，又一次维护了国家的统一。她还在耄耋之年，亲自戴盔披甲，骑着穿甲衣的战马，带着硬弓强弩的骑兵，护着隋使者巡抚各州，安定了整个岭南的局势。

3. 推动岭南社会经济的发展

冼夫人与冯宝结婚后，在岭南地区积极传播汉族的先进生产经验，她教育百越各部落"尽力农事"，提倡男耕女织。经过数十年的开发，岭南地区的农业、手工业，如纺织、铸铜、制陶瓷、造船等都有很大的发展。特别是海南岛，她在梁朝时请建崖州后，加速了当地封建经济发展的历史进程，至今海南各地人民还对她感恩戴德，顶礼膜拜，奉若神明。

4. 发展封建文化，推动社会进步

冼夫人大力宣传汉族的文明与进步，改革俚人落后的社会习俗，发展封建文化，不断推动社会进步。"以礼仪威信镇于俗，汲引文华，士相与为诗歌，蛮中化之""蕉荔之圩，弦诵日闻"。岭南地区"自隋之后，渐袭华风，休明之化，沦洽于兹，椎跣变为冠裳，侏离化为弦诵，才贤辈出，科甲蝉联，彬彬然埒于中土"。冼夫人为岭南社会的进步，的确做出了重大贡献。

冼夫人的一生，顺应人民的要求和愿望，致力于维护国家统一和民族团结，她和她的子孙们相继为岭南地区持续百年的相对稳定，促进广东南部地区社会和

冼夫人

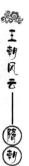

经济发展，做出了杰出的贡献，是爱国主义的杰出典范。

冼夫人的一生有大功于三朝，受到历代朝廷多次封赐：被陈、隋皇朝敕封为"石龙郡太夫人""宋康郡夫人""谯国夫人"，死后谥封为"诚敬夫人"。后来，又被明太祖和清朝同治皇帝分别谥封为"高凉郡太夫人""慈佑太夫人"。中华人民共和国成立后，被周恩来总理誉为"中国巾帼英雄第一人"。她的生平被载入《二十五史》的《隋书》《北史》和《资治通鉴》。

二、都蓝可汗雍虞闾，启民可汗名染干

1. 都蓝可汗

都蓝可汗（？—599 年），全称颉伽施多那都蓝可汗，突厥族，姓阿史那氏，名雍虞闾，沙钵略可汗阿史那·摄图之子，莫何可汗（叶护可汗）阿史那·处罗侯的侄子，东突厥可汗（588—599 年在位）。

开皇七年（587 年），雍虞闾的父亲沙钵略可汗病重，沙钵略可汗由于雍虞闾性格懦弱，因此临终前遗命让弟弟处罗侯继任可汗。沙钵略可汗死后，雍虞闾派遣使者前往迎接处罗侯，将拥立他为可汗。处罗侯说："我突厥国自木杆可汗以来，可汗继承多是以弟代兄，以庶夺嫡，违背祖宗之法，互相不加尊重。你是先可汗嫡子，理当继位，我不在乎跪拜你。"雍虞闾说："叔父与我父亲是一母所生，共根连体。我是晚辈，好比枝叶。怎能使根本反而服从枝叶，叔父屈居于晚辈之下呢！况且这是先父的遗命，怎么可以违背呢！希望叔父不要再有疑虑。"双方互相派遣使者，相互推让有五六次之多，处罗侯最终继位，号叶护可汗（一作莫何可汗）。处罗侯继位后，任命雍虞闾为叶护（突厥官名，地位仅次于可汗）。

开皇八年（588 年），叶护可汗西征阵亡，突厥人拥立雍虞闾为可汗，

号颉伽施多那都蓝可汗（简称都蓝可汗）。都蓝可汗继位后，依照突厥习俗续娶曾嫁给其父的北周和亲公主大义公主为妻，并派遣使者到隋朝都城长安（今陕西西安），隋文帝杨坚赐给他物品三千段。从此突

突厥人物形象

厥每年都派遣使者来隋朝朝贺贡奉。当时有一流民名叫杨钦，逃到突厥国中，谎称彭国公刘昶和宇文氏图谋造反，让大义公主发兵侵扰边境。都蓝可汗把杨钦抓起来送回隋朝，并且贡奉羖布（一作勃布）、鱼胶。他的弟弟钦羽设的部落强盛，都蓝可汗忌恨他，出兵进攻，将钦羽设在阵前斩首。同年，都蓝可汗派遣同母弟褥但特勤到隋朝进献于阗玉杖，隋文帝任命褥但为柱国、康国公。

开皇九年（589 年），隋朝消灭陈朝后，隋文帝把陈朝皇帝陈叔宝的屏风赐给大义公主，大义公主心里一直不高兴，于是就在屏风上写诗，叙述陈朝的灭亡，寄托自己的情思。隋文帝得知这首诗后，很厌恶大义公主，礼仪赏赐越来越少。大义公主暗中与西突厥泥利可汗联合，隋文帝恐怕大义公主有什么变故，准备谋取大义公主。适逢大义公主和侍从胡人私通，于是揭露这件事情，颁布诏命废除大义公主。恐怕都蓝可汗不听从诏令，隋文帝派遣奇章公牛弘带着四名美丽的歌女前往引诱都蓝可汗。当时都蓝可汗的兄弟（一说堂兄弟）染干，号突利可汗，居住在北方，派遣使者来隋朝求婚。隋文帝命裴矩对突利可汗说："应该杀掉大义公主，才答应求婚。"突利可汗认为应当这样，便向都蓝可汗谗言陷害大义公主。都蓝可汗于是发怒，就在帐中把大义公主杀死。都蓝可汗因为和突利可汗有仇恨，多次相互征伐。隋文帝为他们和解，各自带

兵而去。

开皇十七年（597年），突利可汗派遣使者到隋朝迎娶公主。隋文帝把他安排在太常寺，教他学习六礼，将宗室之女安义公主嫁给突利可汗为妻。隋文帝想离间北方夷狄，因此故意给突利可汗丰厚的礼物，相继派遣牛弘、苏威、斛律孝卿作为使者。突利可汗先后派遣使者到隋朝，多达370人。突利可汗本来居住在北方，因为娶安义公主的缘故，南迁到度斤旧镇，赏赐优厚。都蓝可汗大怒说："我是大可汗，反而不如染干！"于是就断绝向隋朝朝见贡奉，多次侵扰边境。

开皇十八年（598年），隋文帝诏令蜀王杨秀从灵州道出兵攻打都蓝可汗。

开皇十九年（599年），隋文帝任命汉王杨谅为元帅，左仆射高颎率领将军王詧、上柱国赵仲卿一同出兵朔州道，右仆射杨素率领柱国李彻、韩僧寿出兵灵州道，上柱国燕荣从幽州出兵，进攻都蓝可汗。都蓝可汗和玷厥发兵进攻突利可汗，把突利可汗的兄弟子女全部杀光，继而渡过黄河进入蔚州。突利可汗夜里带着五名骑兵和隋朝使者长孙晟回到隋朝。隋文帝让突利可汗与都蓝可汗的使者因头特勤相互对质辩白，突利可汗有理，隋文帝就厚待突利可汗。都蓝可汗的弟弟都速六丢弃妻子儿女，和突利可汗一起归附隋朝。隋文帝嘉奖他们，敕令突利可汗和都速六掷骰子赌输赢，稍稍输给他们一些财物，用以让他们真心归顺。

同年六月，高颎、杨素进击玷厥，大败玷厥兵众，隋文帝任命突利可汗为意利珍豆启民可汗（简称启民可汗），汉语的意思就是智慧勇健。启民可汗上表谢恩。隋文帝令人在朔州修筑大利城，让启民可汗居住。当时安义公主已死，隋文帝就把宗室之女义城公主嫁给启民可汗为妻。突厥部落归附启民可汗的人很多。都蓝可汗再次进攻启民可汗，隋文帝命启民可汗进入塞内。都蓝可汗不停地侵扰掠夺，隋文帝就令启民可汗迁居黄河以南，在夏州、胜州之间，动用民工挖掘几百里长的壕沟，东西黄河之间，都成为启民可汗放牧的地方。于是，隋文帝派遣越国公杨素出兵灵州，行军总管韩僧寿出兵庆州，太平公史万岁出兵燕州，大将军姚辩出兵河州，进攻都蓝可汗。隋军兵马还没出塞，都蓝可汗却已遭其部下杀害。

2. 启民可汗

启民可汗（？—609年），亦称突利可汗（其孙什钵苾亦号突利可汗），姓阿史那氏，名染干，阴山人，突厥祖。东突厥可汗，沙钵略可汗之子（一说莫何可汗之子），都蓝可汗之弟。

启民可汗是沙钵略可汗子。因沙钵略嫌自己的儿子雍虞闾懦弱，不能对抗西突厥，故死前遗命立自己的弟弟处罗侯为可汗。处罗侯立，号莫何可汗。莫何可汗去世后，沙钵略子都蓝可汗雍虞闾立，而染干为突利可汗，居北方。

都蓝可汗娶后母为妻，即北周赵王宇文招之女，号千金公主，后改封大义公主。隋灭陈后，隋文帝以陈后主宫中屏风赐大义公主，"公主以其宗国之覆，心常不平，书屏风，为诗叙陈亡以自寄"，文帝知道后不悦，后来担心大义公主煽动都蓝可汗入侵，打算铲除公主。此时正好突利可汗向隋请婚，文帝派裴矩对其使者说："当杀大义公主者，方许婚。"突利劝告都蓝，后者便杀了公主。

597年，突利向隋遣使求婚。隋文帝以宗室女安义公主妻之。隋为了离间都蓝、突利，厚赐突利，都蓝果怒，于是与隋绝交，并联盟西突厥达头可汗合攻突利。599年突利兵败于塞下，只剩下部众数百人。此时，突利想降隋，但又恐不被重视，又想投奔达头可汗，正犹豫不决。而隋正是要利用他的名号，势力弱小，利用起来更方便。故隋长孙晟设计挟突利可汗到长安归降。入塞降隋后，被隋封为意利珍豆启民可汗（意思是"意智健"，简称启民可汗），在朔州（今山西朔县）定居。因为都蓝的侵逼，突利迁居于黄河以南，夏、胜二州之间（今内蒙古河套南）。

599 年底，都蓝被部下刺杀。达头自立为步迦可汗，攻隋（后败奔吐谷浑）。仁寿元年（601 年），隋派杨素协助启民北征，当时漠北大乱，许多部落归附启民，启民便成为东突厥大可汗。

603 年，铁勒十余部背达头归启民，达头逃吐谷浑不知所终，启民收其余众，并统领东方之奚、霫、室韦等，臣服于隋。

大业三年（607 年），启民可汗南下榆林（今内蒙古托克托西南）朝见隋炀帝。大业五年（609 年），启民再往东都洛阳朝见炀帝，同年去世，其子咄吉继位，是为始毕可汗。

三、始毕可汗咄吉世，突利可汗什钵苾

1. 始毕可汗

始毕可汗（？—619 年），姓阿史那氏，名咄吉世（一作咄吉、吐吉），启民可汗阿史那·染干之子，东突厥可汗（609—619 年在位）。

大业五年（609 年），启民可汗病逝，咄吉世继位，号始毕可汗。大业十一年（615 年），当时突厥臣服隋朝，隋炀帝采纳大臣裴矩建议，分化突厥势力，拉拢始毕可汗之弟叱吉设，设计杀害始毕可汗宠臣史蜀胡悉，始毕可汗因此怨恨隋炀帝，遂与隋朝断交。同年八月，始毕可汗趁隋炀帝北巡之机，亲率数十万大军在雁门郡包围隋炀帝。隋炀帝向始毕可汗之妻、隋朝义成公主求救，义成公主派人对始毕可汗说北方边境告急，加上隋朝援军相继抵达，始毕可汗于是解围而退。

当时由于隋炀帝实行暴政，致使各地爆发大规模反隋起义，中原地区避乱者大多逃入突厥。义宁元年（617 年），始毕可汗派兵协助太原留守李渊平定长安。当时突厥势力强盛，拥兵百万，契丹、室韦、吐谷浑、高昌等国都臣服于突厥，中原割据势力薛举、窦建德、王世充、刘武周等人亦

皆向始毕可汗称臣。

武德元年（618年），李渊称帝，建立唐朝。始毕可汗自恃对唐有功，因而骄横，用兵威逼唐朝。武德二年（619年），始毕可汗与梁师都、刘武周谋袭太原，行至夏州时病逝。始毕可汗死后，其弟俟利弗设继位，号处罗可汗。

2. 突利可汗

突利可汗（603—631年），阿史那氏，名什钵苾，始毕可汗之子，东突厥小可汗。

武德二年（619年），始毕可汗病逝，什钵苾因年纪尚轻未能继任汗位，而由其叔父俟利弗设继位，号处罗可汗。处罗可汗继位后，任命什钵苾为泥步设（一作尼步设，一说什钵苾早年便任该职），把他安置在突厥的东部（其地与唐朝幽州的北部接壤）。后来，什钵苾娶原隋朝的淮南公主为妻。

武德四年（621年），处罗可汗去世，什钵苾另外一位叔父咄苾继位，号颉利可汗。

颉利可汗即位后，任命什钵苾为小可汗，主管契丹、靺鞨等部，其牙廷南接幽州，号突利可汗，仍居突厥东部。东方之众皆来归属，但由于突利可汗征税无定规，因此下属有怨心。所以薛延陀、奚、霫等部都归附唐朝。颉利可汗派突利可汗前往讨伐他们，突利可汗大败，其兵众骚乱离散，颉利可汗将他囚禁鞭打，很久才释放他。

突利可汗曾自己与唐太宗李世民结好，等到颉利可汗势衰，骤然向突利可汗征兵，突利可汗不从，于是叔侄两人相攻。突利可汗要求入朝。唐太宗对左右说："古代的国君劳己而为民，国运就长；奴役他人自己享受的，国家就亡，现在突厥内乱，是因可汗不行君职所致。突利可汗是他至亲，不能自保而前来。虽夷狄弱则边境安，但看他的败亡，我不

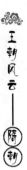

能不警惕，担心自己有做得不好的地方也会引起祸变。"突利可汗来后，唐太宗厚礼相待，赐以御膳，授官右卫大将军，封爵北平郡王，食邑七百户。

贞观四年（630年），唐军擒获颉利可汗，灭亡东突厥，唐太宗将东突厥领地划入唐朝版图，在其地设置顺州、裕州、化州、长州、定襄、云中等都督府。同年五月，唐太宗任命突利可汗为顺州都督，唐太宗对他说："以前你的祖父启民可汗亡失兵马，隋扶助复立。受恩不报，你的父亲始毕可汗反为隋敌。你今日困窘来归顺我，我所以不立你为可汗，正因为前车之鉴。我希望中国久安，你宗族也不会灭亡。所以任你为都督，不得再相互侵掠，永为我北方的藩屏。"突利可汗跪拜听命。

贞观五年（631年），突利可汗入朝，途中行至并州时病逝，时年29岁，唐太宗为之举哀，诏令岑文本为其墓刻写碑文。其子贺逻鹘继任其位。

第三编

隋朝史话

　　隋朝是中国历史上承南北朝下启唐朝的大一统朝代。隋朝在政治、经济、文化和外交等领域进行大刀阔斧的改革。政治初创三省六部制，完善于唐朝，巩固中央集权，正式推行科举制，选拔优秀人才，弱化世族垄断仕官的现象，另外建立政事堂议事制、监察制、考绩制，这些都强化了政府机制，根据南北朝的经验而改革政治，兴建了隋唐大运河以及驰道改善水陆交通线。在军事上继续推行和完善府兵制，经济上一方面实行均田制并改定赋役，减轻农民生产压力，另一方面采取大索貌阅和输籍定样等清查户口措施，以增加财政收入。

　　隋朝出现万国来朝的局面。当时周边国家如高昌、倭国、高句丽、新罗、百济与东突厥等国皆深受隋朝文化与典章制度的影响，以日本遣隋使最为著名。

第一章 社会发展

一、政治制度重革新，开创科举明律法

1. 三省六部制

隋文帝当了皇帝，那他的大臣都当的什么官呢？每种官都管什么呢？

隋文帝把以前当官的制度都废除了。他设立了一套新的当官制度，叫作"三省六部制"。

三省是：

内史省：主要是帮皇帝写诏书的，皇帝有什么命令，就让这里的官员写出来。

门下省：是看大臣们有没有很负责任地完成自己的工作。是皇帝的"眼线"。

尚书省：这里的官员的工作就是，皇帝有什么命令了，就交给他们，让他们去做。

这三个地方的职位最高的人都叫丞相。

在尚书省里，还分了六个部，分别是：

吏部：帮皇帝挑选大臣，给他们升官、降职或从一个地方换到另一个地方当官。

户部：管全国的人口和钱财。

礼部：负责国家一些重要的仪式。

兵部：管理军队。

刑部：负责审理案件。

工部：负责建造宫殿、道路或其他东西。

三省六部制

这六个部和三个省，就是隋文帝发明的新的当官的制度，隋朝主要的官都在这里了。

隋文帝即位后，废除北周附会《周礼》六官所建立的官制，代之以新的职官制度："置三师、三公及尚书、门下、内史、秘书、内侍等省，御史台、太常、光禄、卫尉、宗正、太仆、大理、鸿胪、司农、太府、国子、将作等监，左右卫、左右武卫等府。"以强化中央集权和恢复汉族王朝官制的传统。尚书、门下、内史三省制是隋代中央官制的核心。三师、三公虽然地位崇高，位居一品，但实际上只是荣誉。隋代尚书省的地位很高，《隋书·百官志》说"尚书省，事无不总"，反映了它作为最高国家行政机关的地位与权力。隋炀帝围绕封爵勋官制度而推行的政治改革，势在打破北周宇文泰以来实施的"关中本位政策"，通过限制、削弱关陇集团的势力和影响，以整饬吏政，加强了中央集权，扩大了统治的社会基础。但其政治改革的方案未尽成熟及过急的推进，未能与建立民生顺遂、团结安定的政治局面结合起来，最终爆发了严重的统治危机。

2. 科举制度

南北朝时期为了选拔有用人才已萌生出"举明经"等科举制度，但是魏晋以来的九品中正制仍然继续实施。

科举考试

开皇七年（587年），隋文帝正式设立分科考试制度，取代九品中正制，自此选官不问门第。科举制度初期设诸州岁贡，规定各州每年向中央选送三人，参加秀才与明经科的考试，大业二年（606年），隋炀帝增设进士科，科举制度正式形成。当时秀才试方略、进士试时务策、明经试经术，形成一套完整的国家分科选才制度。

当时以明经最为高级，进士居次。当时选士制度只称为秀才科，与唐之科举仍有一段距离。秀才科可谓科举的开端，亦为不完善的考试制度，对实际取士作用不大，但已改变了门第垄断官职的局面。科举制度顺应了历代庶族地主在政治上得到应有的地位的要求，缓和了他们和朝廷的矛盾，使他们忠心拥戴中央，有利于选拔人才，增强政治效率，对中央集权的巩固科举制的实行，在制度上使国家政权向社会各阶层开放，打破了世家大族垄断仕途的状况，促进了社会阶层的上下流动，使相当多的士人"朝为田舍郎，暮登天子堂"。贡举考试对于举人既不问家庭出身，也无须他人推荐。每当开科之年，一般士人只要品行端正、身份清白、身体健康、不为父母服丧者，都可以参加科举考试。这就是古人所说的"取士不问家世"，即士人可以自由报考。

科举出身的官员，一般具有比较多的文化知识，同恩荫补官、进纳买官等出身的官员相比，在素质上显然要好得多。

3. 法律制度

北周律法有时松，有时严，不好掌握，导致刑罚混乱。隋文帝即位后，于开皇元年（581年）命高颎等人参考北齐、北周等旧律，制定法律。开皇三年（583年），又让苏威等人加以修订，完成了《开皇律》。《开皇律》以北齐《河清律》为底本，参考北周和南朝梁的律典，简化律文，博取南北法律优点而成。史称"刑网简要，疏而不失"，规定对十恶者要严惩不贷。《开皇律》分十二卷，500条，刑罚分为死刑、流刑、徒刑、杖刑、笞刑五种二十等。废除了鞭刑、枭首、裂刑等酷刑，是唐代及其以后各代法典的基础。

这个新的封建法律，是维护统治阶级利益的。明文规定贵族官僚享有法律特权。凡是在议亲、议故、议贤、议能、议功、议贵、议勤、议宾，即所谓"八议"范围内的人和七品以上官吏，犯罪都可以减罪一等。九品以上官吏犯罪，可以用钱来赎罪。

十分明显，这个法律主要是对准人民群众的。有所谓"十恶"，即重罪十条：谋反、谋大逆、谋叛、恶逆、不道、大不敬、不孝、不睦、不义、内乱，就是镇压人民反抗的刑法。统治阶级在执行时，常常不依《开皇律》规定，生杀任情，律外施刑，私设公堂，都是司空见惯的情形。

二、分置诸卫统调度，控制军队府兵制

1. 部队建制

军事制度方面，隋朝分置诸卫，统率军府宿卫的制度源自西魏北周时的十二大将军制，设置司卫、司武官，统率府兵宿卫宫禁；又有武侯府统率府兵巡警京城，各置上大夫。隋初沿北周之制，隋文帝设置中央管理机关为十二卫，此即十六卫的前身。十二卫分为左右翊卫、左右骁骑卫、左右武卫、左右屯卫、左右候卫和左右御卫。十二卫负责戍卫与征战，戍卫分为内卫与外卫。有战事时，皇帝诏命行军元帅或行军总管为战时指挥官，组成作战组织。例如隋灭陈之战因为战区较大，行军元帅有杨广、杨俊及

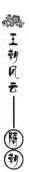

杨素，由杨广统一调度。

大业三年（607年）隋炀帝将十二卫扩充成卫统府的制度，这是为了扩张军事力量、加强中央侍卫力量以及分散诸将权力。卫统府有十二卫四府，合称十六卫或十六府。新成立的四府分别为左右备身府和左右监门府。十二卫负责统领府兵与宿卫京城；四府不统府兵，左右备身府负责侍卫皇帝；左右监门府分掌宫殿门禁。十二卫率领外军，属于左右翊卫的骁骑卫军、左右骁卫的豹骑军、左右武卫的熊渠军、左右屯卫的羽林军、左右御卫的射声军和属左右候卫的伏飞军。左右翊卫兼领内军。内军指左右翊卫的亲、勋、翊三卫统辖的五军府和另属东宫的三卫三府之兵，均由达官子弟担任。

隋文帝对府兵制也有所改革。将北周官职品级制度和文臣武将都纳入同一个等级系统内。590年颁布关于将军户编入民户的命令，军人除了自己本身军籍，还可以同家属列入当地户籍，按均田制授田，免除租庸调，并按规定轮番到京城宿卫，或执行其他任务。这个命令减轻中央朝廷经济负担，并且使军人能够和家属同住，也扩大朝廷兵源，堪称兵农合一。

2. 军事区域

隋文帝将全国各地区划分为若干军事区域，设总管负责该地区军事，平时备边防患，战时奉命出征。总管下设总管府，分上中下三等。另外尚有四大总管：晋王杨广镇并州、秦王杨俊镇扬州、蜀王杨秀镇益州、韦世康镇荆州。隋朝共设有三十至五十多个总管，以长安为中心分为东西南北四大军区，驻守天下诸州以抵御外患。并且以北部边疆地区为重点，镇守要害。军区共有：北及西北八府，主要防御突厥汗国；东北七府，防御突厥汗国和契丹；中西部八府，拱卫畿辅，扼守江源；东南九府，守南方形胜险固之地；另有防御吐谷浑的叠州，镇爨族之南宁；之后又增加遂、泸二府以防备当时的西南各部落。后来唐朝也继承这种做法,并且发展成"道"的军区或监察。

三、整顿经济搞建设,农工商贸齐发展

1. 整顿户籍

隋朝推行均田制,整顿户籍。实行了"大索貌阅法",要求官吏经常检查人口,根据相貌来检查户口,使编户大增。实行"输籍定样",在"大索"的基础上确定户口数,编制"定簿",以此为依据来收取赋税。

2. 改革货币

隋朝统一币制,废除其他比较混乱的古币以及私人铸造的钱币,改铸五铢钱,世称"隋五铢"。"隋五铢"背面肉好,皆有周郭,重如其文,每钱一千重四斤二两。"车书混一,甲兵方息。"度量衡在隋文帝时重新统一。"隋氏混一南北,凡齐、周之故老,梁、陈之旧臣,咸荟萃一朝,成文

隋五铢钱币

章之总汇。"除此之外,杨坚还曾颁布"人年五十,免役收庸""战亡之家,给复一年"等仁政措施。

3. 设置粮仓

隋朝在各地都修建了许多粮仓,其中著名的有兴洛仓、回洛仓、常平仓、黎阳仓、广通仓等。存储粮食皆在百万石以上。唐朝初年监察御史马周对唐太宗说:"隋家储洛口,而李密因之;西京府库,亦为国家之用,至今未尽。"

隋朝已灭亡了 20 年，隋文帝已经死了 33 年，可那时的粮食布帛还未用完。1969 年，在洛阳出土了一座隋朝粮仓——含嘉仓遗址。面积达 45 万多平方米，内探出 259 个粮窖。其中一个粮窖还留有已经炭化的谷子 50 万斤。由此可见隋朝的富裕与强盛。

隋朝国家粮仓

4. 手工业

隋代是中国瓷器生产技术的重要发展阶段。其突出的表现是，在河南安阳、陕西西安的墓葬中出土了一批白釉瓷。沼帔白瓷，胎质坚硬，色泽晶莹，造型生动美观，这是中国较早出现的白瓷。隋代青釉瓷器的生产则更广泛，在河北、河南、陕西、安徽以及江南各地皆有青瓷出土，并发现了多处隋代窑址。江南为手工业发达地区，隋朝瓷器的发展也带动了当时经济的发展。

5. 造船业

在造船业这一方面，隋朝也很发达。

开始时，为了打仗的需要，杨素就曾经在永安（今天的四川省奉节东白帝城）负责监督造战船的事。那时候，是要准备攻打陈国的。因为陈国呀，在长江南边。长江就像一个屏障一样，保护着陈的安全。所以，文帝要想打陈国，就必须过长江，必须要造战船。当时造的船叫作五牙大舰。看名字就知道这种船很大，它一共分5层，有100多尺高。这么大的一只船，肚子也就很大了，它能装800多人呢。

炀帝的时候，虽然不是为了打仗，但他非常爱玩，喜欢坐着船去游览，所以，他当皇帝的时候，造的船就更多了。这些船有大有小。不管大小，都造得非常精巧美丽。

炀帝有一只大龙舟，这只龙舟高有45尺，宽有50尺，长呢，有200尺。船一共有4层，上层有正殿、内殿，还有东西两个朝堂呢，皇帝在船上时，就在这儿办公。船的中间是120个屋子，一个比一个漂亮、华丽。所以整个船就像是水上的宫殿似的，要什么有什么，皇帝住在里面和皇宫里一样舒服呢。

6. 建设

为了巩固隋朝发展，隋文帝与隋炀帝兴建举世闻名的隋唐大运河以及驰道，兴建首都大兴城，并且兴建长城保护归附外族。这些都提升了位于关中的隋廷对北方地区、关东地区与江南地区的掌控力，使隋朝各地的经济、文化与人民能顺利交流，还诞生出经济重镇江都（今扬州）。

7. 商业

长安不仅是全国政治经济中心，也是国际上的大都会。长安有都会、利人两市，像这样规模宏大、商业繁华的都市，在当时的世界上是罕见的。

第二章 民族外交

一、隋祚虽短广外交，礼部鸿胪四方馆

隋王朝虽然只存在了 38 年（581—618 年），但它却是一个完整的历史时期。从外交上看，隋朝完善了外交体制，并运用军事与外交相结合的手段克服了周边危机，扩大了领土疆域。

隋是建立在北周基础上的一个帝国。中原经过东汉末年以来近四百年的战乱，生产力水平已不及江南。南方经六朝（孙吴、东晋、南朝之宋、齐、梁、陈）经营，生产力的发展已有了长足的进步。南北分裂时中外关系各行其是，隋的统一消除了这一弊病，并在不到 40 年的时间里开展了广泛的中外交往。

六朝最后一个政权是北周。北周皇后之父杨坚操有周室实

隋朝炳灵寺菩萨画像

权。公元 580 年，杨坚入宫辅政，次年废周，因杨氏曾被周封为隋国公，故新朝之号遂为隋。隋朝建立后的首要任务是消灭江南割据政权。隋文帝以新朝的朝气和中原的强大实力，于公元 507 年平定后梁，第二年开始伐陈。陈本在富饶的江南，当时江南经吴晋以来多年经营，生产力发展远胜于多年战乱的中原，但陈后主"生深宫之中，长妇人之手"，"耽荒为长夜之饮，嬖宠同艳妻之孽"，早已丧失统治能力。隋开皇九年（589 年），杨坚只用不到一年的时间就攻下建康，生擒陈后主，得陈三十个州，四百个县。隋灭陈后，中国恢复了统一。隋的版图为："东西九千三百里，南北万四千八百一十五里，东南皆至于海，西至且末（今新疆且末），北至五原（今内蒙古五原）"；公元 610 年，隋驻兵琉球，即台湾岛。大陆居民迁往岛上的日益增加。隋统一后第一件大事是整顿国家政权组织，这在公元 581 年隋文帝即位之后就陆续开始。北周时期曾模仿《周官》建立了六官体制，实际上政府组织机构极度混乱，机关虚设，官冗吏杂。杨坚改北周之六官，其所制名，多依汉魏之法。隋朝中央政府主要机关是五省、二台、十一寺，它们之间无统属关系，直接对皇帝负责。对外政策，由皇帝及其主要幕僚三省（尚书、门下、内史）长官等制订。皇帝是内外大事的最高决策者。开国之皇往往具治国之才，隋文帝杨坚是恃才傲物而"每事皆自决断"型的皇帝。

隋中央政府组织机构中的外事部门有：

（1）五省之一的尚书省下属有礼部，掌天下礼仪祠祭燕飨朝聘之事。礼部尚书为正三品，下领五品侍郎四：礼部侍郎、祠部侍郎、主客侍郎和膳部侍郎。

（2）十一寺中设鸿胪寺。鸿胪卿掌蕃客朝会，吉凶吊祭。下统典客、司仪、崇玄三署。典客署在炀帝时改为典蕃署。鸿胪一官，秦名典客。西汉时更名大行令。武帝太初元年改名为大鸿胪。王莽时称典乐，东汉复名为大鸿胪。鸿胪卿在汉朝的主要职务见《后汉书·百官志》本注："掌诸侯

及四方归义蛮夷，其郊庙行礼，赞导，请行事，既可，以命群司。请王入朝，当郊迎，典其礼仪。及郡国上计，匡四方来，亦属焉。皇子拜王，赞授印绶。及拜诸侯、诸侯嗣子及四方夷狄封者，台下鸿胪召拜之。王薨，则使吊之，及拜王嗣。"由此可见，鸿胪自古以来只是一种礼官。国内外大礼都归鸿胪长官——鸿胪卿或鸿胪丞掌管。汉时大鸿胪丞地位和丞相下的长史相当。隋之鸿胪从职权范围上看似乎与尚书省下属礼部有重叠之处，实际上，鸿胪寺和礼部都不完全是专门的涉外机构，这一现象，封建社会历代都有。公元608年，中国第一个访问日本的官方外交使团是由隋鸿胪寺掌管裴世清率领的。

（3）隋有四方馆，设在建国门外，以待四方使者。"每当正月，万国来朝，留至十五日于端门外建国门内，绵亘八里，列为戏场。"（《隋书·音乐志》）四方馆有类似近现代大使馆的地方。

二、降服突厥消北患，刘方显威征林邑

1. 降服突厥

突厥是隋帝国的北邻，也是隋的所有邻国中幅员最大、势力最强的一个。

突厥沙钵略可汗因其妻为北周千金公主，以为北周复仇为借口，联合原北齐营州刺史高宝宁，于开皇元年（581年）十二月攻占临榆镇。并联络各部，准备大举攻隋。开皇二年（582年）春，杨坚调整部署，于并州置河北道行台尚书省，以晋王杨广为尚书令；在洛阳置河南道行台尚书省，以秦王杨俊为尚书令；在益州置西南道行台尚书省，以蜀王杨秀为尚书令；并不断调兵遣将加强北方各要地守备，以御突厥。在元景山部击败陈将陆纶水军，攻占损口、沌阳，南朝陈被迫归还胡墅、遣使请

和后，又诏令高颍撤军，与陈朝结好，准备发兵北击突厥。杨坚利用突厥各可汗间的矛盾，采纳奉车都尉长孙晟建议，实行"远交而近攻，离强而合弱"的策略，先后派出使臣结好西面的达头可汗和东面的处罗侯（沙钵略之弟），以分化、削弱沙钵略的力量。

开皇二年（582年）五月，沙钵略可汗率本部与阿波可汗等各可汗兵40万突入长城，分路攻略北方要地。隋军曾分别在马邑、可洛峛击败来犯突厥军，但未能阻止其攻势。十二月，突厥大军深入武威、金城、天水、上郡、弘化、延安等地，大掠牲畜、财物等。在周桨之战隋军顽强抗击沙钵略主力后，突厥达头可汗不愿继续南进，引兵自去。长孙晟乘机通过沙钵略之侄染干诈告：铁勒等反，欲袭其牙帐。沙钵略恐其后方生变，遂撤兵北返。

隋朝经三年防御作战，争取了时间，基本上完成了反攻准备；而突厥则因隋之分化、离间政策，内部矛盾加深，加以灾荒严重，其势愈加不利。三年春，沙钵略再率各可汗兵南犯。四月上旬，杨坚下达"清边制胜"诏令，命卫王杨爽等为行军元帅，率隋军主力20万人分道反击突厥，以从根本上击破沙钵略，稳固北部边防。隋军先后在白道、高越原、灵州、和龙等地各个击败突厥各部，并乘机说服阿波可汗归隋，进一步促成突厥内乱，使沙钵略与阿波等相互攻战不止。四年春，达头可汗降服于隋。秋，沙钵略因屡为隋军所败和阿波军不断攻击，也向隋求和称藩。隋军反击突厥获胜，北部边患基本消除，解除了南下灭陈的后顾之忧。

西突厥则自达头奔吐谷浑后，又分为两个势力：一是最高可汗泥橛处罗，居伊犁河流域；一是射匮可汗（达头之孙，处罗之叔），据西突厥西部。隋室以婚姻为诱饵，劝射匮背叛处罗。大业七年（611年），射匮击败处罗，处罗率数千人降隋，炀帝赐号为曷萨那可汗，射匮遂取得西突厥的领袖地位。到隋灭亡，东西突厥均趋于极盛，在隋末唐初的十余年中，它们变成东亚大部民族的主人。

2. 征服林邑

林邑地处今越南中南部，且多珍奇宝物，大业元年炀帝委任刘方为罐州道行军总管，以尚书右丞李纲为司马负责征伐林邑，在此之前刘方已平定交趾。

大业元年（605年）一月，刘方率舟师主力至海口（林邑入海处）。林邑王梵志派兵据险抵抗，被隋军击溃逃散。三月，刘方率军进至阇黎江，林邑人据南岸立栏栅，意图阻止隋军渡江。刘方命令兵士盛举旗帜，雄击金鼓而进。隋军旌旗招展鼓声震天，强大的阵势与军威完全把林邑人惊惧了从而溃逃。刘方随即指挥大军渡过阇黎江。行至三十里，林邑人乘坐着大象，从四面八方围聚而来。妄图与隋军决战，威震住隋军。刘方忙命令士兵们用强弩射击大象，大象被纷纷射中受伤而溃乱逃跑，林邑人的军阵被受伤的大象践踏冲乱。刘方乘势指挥精锐之兵发起进攻，林邑军溃散。隋大军全线发起猛攻，大获全胜，只是抓着的俘虏就以万计。此次战役波澜壮阔场面宏大，隋军骁勇善战，表现出无畏无惧的英雄气概。

刘方率大军一路向南追击，屡战屡胜，战无不胜。

于是济区粟，度六里，前后逢贼，每战必擒。隋军进至大缘江，林邑人又据险为栅，击破之。并追过了马援铜柱以南。随后隋军又向南追击了八天，终于抵达林邑人的国都。夏季，四月，林邑王梵志被迫弃城奔逃到海上。刘方率隋军进入林邑都城，缴获林邑人用金子铸成的庙主牌位十八枚。"获其庙主金人，污其宫室，刻石纪功而还。"刘方命令刻石记录了这次征伐的功绩后班师还朝。

隋军此次过于深入南方，作战长达数月之久，从冬季打到夏季。班师回朝途中正处炎热的夏季，隋军士兵不适应南方闷热潮湿的气候，加上长途跋涉，士兵们很多染上疾病，死去十之四五。刘方将军也染上了病，不幸死在回军途中。杨广得知消息后为之惋惜，下诏褒奖赞美刘方将军。诏曰："方肃承庙略，恭行天讨，饮冰湍迈，视险若夷。摧锋直指，出其不意，鲸鲵尽殪，巢穴咸倾，役不再劳，肃清海外。致身王事，诚绩可嘉，可赠上柱国、卢国公。"

其后梵志遣使谢罪，炀帝许其自新，从此朝贡不绝。林邑初定时，隋室以其地设三郡，即比景（今越南顺化一带）、林邑（今中圻广南一带）和海阴（今金兰湾一带）。林邑王以余众建国于中南半岛的南端，隋兵退后，林邑收复一部分土地。直至唐高祖时（那时林邑已改名占婆），才完全恢复它旧有的疆域。

三、韦云起驯服契丹，二猛将攻拔琉球

1. 驯服契丹

大业元年（605年），因契丹人侵扰营州。隋炀帝诏令通事谒者韦云起监领突厥兵去讨伐契丹。突厥启民可汗派二万骑兵，听命于韦云起指挥讨伐契丹。韦云起把两万突厥骑兵分为二十营，分四道一同进发。每营相距

契丹武士

一里，不得交杂。闻鼓声而行，闻角声而止。韦云起命令没有公事派遣不得驰马，行军途中一个突厥纥干违犯了韦云起的军令，被韦云起斩杀并持其首以示众。从此突厥将帅拜见韦云起，皆膝行股栗，莫敢仰视。

契丹本是依附突厥的，所以对突厥骑兵并没有多少猜忌防范之心。韦云起率军进入契丹境内后让突厥兵士诈称他们是借道去柳城（今辽宁朝阳南）与高句丽人做交易，并严令有敢泄露营中有隋使者斩。契丹人不加防备，韦云起率领突厥军前进到距契丹营地一百里的地方又假装转向南方以蒙蔽契丹人。夜里又率军折了回来继续向契丹营地进发。离契丹营地只有五十里的地方韦云起命令部队结阵而宿。天微亮，契丹还处在梦乡之中。韦云起命令二万骑兵急驰，向契丹大营发起进攻。结果可想而知，战果辉煌。"尽获其男女四万口，女子及畜产以半赐突厥，余将入朝，男子皆杀之。"契丹人从此对隋朝服服帖帖，朝贡不断。

韦云起把俘获的契丹女人和畜产的一半赏赐给突厥人，把其余"胜利品"都带回隋朝。隋炀帝闻讯后大喜，招集百官高兴地说："云起用突厥而平契丹，行师奇谲，才兼文武，又立朝謇谔，朕今亲自（推）举之。"韦云起被升任为治书侍御史。

韦云起孤身一人前往突厥借兵两万并运用计谋击溃契丹人，堪称有勇有谋。这样的事迹在中国历史上"前无古人"。古人云："以蛮夷伐蛮夷"计之上者也。炀帝杨广只派一人，就取得俘获敌人四万人的辉煌战果。用突厥人打败契丹人，把中国"以胡制胡"的战略方针发展到极致。

2.攻拔琉球

琉球可能是今天的琉球群岛也可能是台湾岛及澎湖群岛，大业三年，隋炀帝杨广曾令羽骑尉朱宽入海求访异俗，到达琉球。因言语不相通，抓住一人，取其布甲而还。次年，炀帝又派朱宽到琉球去招降，琉球不从。于是派遣贲郎将陈棱与朝请大夫张镇周发东阳兵万余人自义安泛海击琉球国。

隋军大海航行一个多月后才抵达琉球国，陈棱率大军顺利登岸。陈棱曾经从南海诸国招募士兵，其中有昆仑人能懂琉球语，于是陈棱派其招抚。琉球不从，拒抗隋军。陈棱命张镇周为先锋进攻琉球人。琉球国王欢斯渴刺兜遣兵与隋军抗战，被张镇周频频击败。陈棱率主力进至低没檀洞，琉球小王欢斯老模率军出战，被陈棱击败并斩了欢斯老模。于是隋朝大军分为五军一路攻至琉球国都。琉球国王欢斯渴刺兜被迫亲自出战又被隋军击败。隋军随即攻入琉球国国都，并乘胜追击至流求军栅，攻拔之。隋军斩杀了琉球国王欢斯渴刺兜，俘获其子岛槌，并摧毁琉球的宫室。"二月乙巳，武贲郎将陈棱、朝请大夫张镇周击流求破之。献俘万七千口。"陈棱把琉球俘虏带回隋朝。隋炀帝大喜，把琉球俘虏赏赐给百官，加赏陈棱为右光禄大夫，张镇周为金紫光禄大夫。

四、世雄震服伊吾国，炀帝亲征吐谷浑

1. 经略西域

隋代周后，文帝也没有经略西域的意思，当时中国对西域内部的情形，相当陌生，仅知那里有 20 个左右的国家。至炀帝时，西域诸国胡人，有不少到张掖（今甘肃张掖县）做生意的。炀帝命裴矩加以管理，裴矩便引诱他们说出西域各国的山川风俗以及其国人的仪形服饰，根据这些资料，写成《西域图记》3 卷，所记凡 44 国。并另制西域地图，将西域各国的要害，尽行画出，图中所包括的地区，有 2 万里之广。书中说，从敦煌出发，共有 3 条通路贯穿西域，直达西域西界的"两海"（今地中海或里海）。裴矩的书，引起了炀帝的兴趣，于是派裴矩利诱西域人入朝。从此西域人来隋京朝谒观光的，络绎不绝；所经过的郡县，迎来送往，靡费极大，竟至

河北崇光寺阿弥陀佛大理石像

于民不聊生。

大业五年（609年），炀帝西巡燕支山（在今甘肃武威市），高昌（今新疆吐鲁番市）王麴伯雅、伊吾（今新疆哈密市）王吐屯设和西域27国的使者，都迎谒道左，伊吾王并献西域数千里之地。炀帝也派遣使者韦节、杜行满宣慰西域，在各国取得玛瑙杯、佛经、舞女、狮子皮、火鼠毛等物而还。次年春天，炀帝于洛阳盛陈百戏，招待来京的西域诸国酋长和使节。剧场周围5000步，仅奏乐的便有1.8万人，演戏的时间，长达一月之久，其后年年如此。西域普通人来隋的，有时也可得到免费酒食的招待。这些都是炀帝为夸示富强而做的。

西域文化在隋时仍照旧输入中国，西域人除擅长音乐歌舞外，并有他们独特的工艺技术，他们的这种奇技，对中国中古时代工艺的发展，有很大的贡献。隋代的三大技术家宇文恺、阎毗、何稠都有西域人的血统，隋代许多宏丽精妙的制作，都是他们以西域的奇技来附合中国的规制造成的。宇文恺曾于文帝时筑大兴城，开广通渠，修仁寿宫；又于炀帝时筑洛阳城，穷极壮丽。炀帝北巡塞外，命他做大帐，下可坐数千人，又造"观风行殿"，上容侍卫数百人，下施轮轴，可以推移。阎毗曾主持开凿永济渠，何稠则曾设计炀帝及皇后的车舆仪仗及百官仪服。炀帝伐高丽时，命稠造辽水桥，二日而成，又造"六合城"，周围八里，高十仞，可以牵引而行。至于西域人在隋做大官的，也颇不乏人，例如隋末群雄之一的王世充便是西域人，他于炀帝时曾做过江都通守等大官。

2. 震服伊吾

大业四年（608年）冬，隋炀帝授右翊卫将军薛世雄为玉门道行军大将，命他在西域伊吾国内修建一座伊吾城，并派吏部侍郎裴世矩共同前往经略。薛世雄乃大隋名将，凡所行军破敌之处，秋毫无犯，深得炀帝喜爱。隋炀帝曾夸奖他："世雄廉正节概，有古人之风。"

薛世雄与突厥的启民可汗约定联合集兵进攻伊吾国。薛世雄率军出玉门后，启民可汗因故失约没有到。薛世雄将军并没有退缩，而是毅然决定孤军穿越茫茫沙漠直捣伊吾国，此时正值冬季，西北地区正处在天气恶劣风沙猖狂之时。薛世雄进兵神速，势如天降。伊吾人根本就没想到隋军能来，所以都没做防备。当听说薛世雄率军已越过沙漠，兵临城下之时，伊吾人惊恐万分，不得不请求投降。薛世雄震服伊吾后，就在汉代旧伊吾城东筑了一座新城号"新伊吾"，裴世矩告谕西域诸国："天子为蕃人交易悬远，所以（筑）城伊吾耳。"薛世雄命银青光禄大夫王威率领一千多名士兵戍守伊吾屯垦戍边。然后率军班师回朝。隋炀帝大悦，薛世雄因功进位为正议大夫，并赐物二千段。

隋朝在伊吾国设立了伊吾郡和柔远镇，薛世雄兴建的"新伊吾城"成为隋朝控制东西交通要道上的一个重要军事据点。

3. 攻吐谷浑

吐谷浑比突厥人文明一些，处在半游牧半定居阶段。其首都在青海湖西四十五里的伏俟城。控制着丝绸南路河西走廊主干线青海道，此路是当时连结亚、非、欧三大洲的世界最长的陆路交通干线。吐谷浑人还占据着西秦故地。

负责西域事务的裴世矩在《西域图记》中说："伊吾、高昌、鄯善，亚

西域之门户也。总凑敦煌，是其咽喉之地。"隋炀帝要畅通丝绸之路深知占据吐谷浑之地的重要性。大业三年派遣吏部侍郎裴世矩引致高昌王麴伯雅及伊吾吐屯设等入朝，炀帝亲自与他们积极策划打击共同西域贸易的竞争者吐谷浑。

大业四年（608年），隋炀帝再次运用"以胡制胡"之战略，派裴世矩游说铁勒诸部，使他们攻击吐谷浑，吐谷浑被突袭而大败。吐谷浑可汗伏允向东逃走，逃入西平境内，遣使向隋朝请降求救。炀帝派遣安德王雄领兵出浇河，许国公大隋名将总领军事的宇文述率军出西平"应降"。宇文述率军浩浩荡荡地抵达临羌城，吐谷浑可汗伏允面对隋朝大军心惊胆战不敢投降，率领残部向西逃窜，宇文述统领鹰扬郎将梁元礼、张峻、崔师等引兵追击，接连攻下曼头、赤水两座城，斩3000余级，俘获吐谷浑王公以下200人，虏男女四千口而回师。

大业五年（609年），炀帝总领六军亲征吐谷浑，命银青光禄大夫刘权率军出伊吾道，与吐谷浑军相遇，吐谷浑人被痛击狼狈逃跑。隋军追至青海，虏获千余人，乘胜攻下吐谷浑国都伏俟城。炀帝命令刘权继续率军进攻占吐谷浑，曼头、赤水两座重要城池，并在赤水大破吐谷浑，击溃吐谷浑军主力。伏允率众保覆袁川。炀帝分命内史元寿南屯金山，兵部尚书段文振北屯雪山，太仆卿杨义臣东屯琵琶峡，将军张寿西屯泥岭，四面围之。吐谷浑可汗伏允仅仅率数十骑潜藏于泥岭之中而逃走，吐谷浑仙头王率男女十余万来归降，其中六万余人被斩杀。

隋炀帝的此次亲征，彻底地征服、占领了吐谷浑；彻底地打开了丝绸之路，畅通了中国与西方的联系；震服了西域各国，从此西域各国对中国朝贡不断。隋书赞曰："竟破吐谷浑，拓地数千里，并遣兵戍之。每岁委输巨亿万计，诸蕃慑惧，朝贡相续。"

伏允败走后，率数千骑作客于今青海湖东南的羌族部落党项。当吐谷浑尚对隋称藩时，伏允曾遣其子顺入朝，为炀帝所留；至此隋室送顺返吐谷浑，统其余众，但因其内部不协，未能成功。到炀帝末年，中国大乱，伏允乘机恢复失地，并且重新开始他的寇边生活。

五、万国来朝诸蕃至，恩威并施四夷顺

隋朝出现了万国来朝的局面。杨广即位后，奉行的对外政策是："诸蕃至者，厚加礼赐；有不恭命，以兵击之。"在他恩威并施的着力经营下，四夷归顺，八方来朝。

大业二年（606 年），突厥启民可汗染干来东京洛阳朝贺后，"每岁正月，万国来朝，留至十五日，于端门外，建国门内，绵亘八里"。在西域的 44 个酋长国中，"相率而来朝者三十余国"。北面的突厥、契丹，东面的高丽、百济、新罗、倭国，南面的林邑（今越南）、真腊（今柬埔寨）等政权，也先后遣使来洛阳朝觐通好。一时东京洛阳使节纷至，胡商云集，店肆林立，成为世界中心，"蛮夷嗟叹，谓中国为神仙"。隋炀帝对此也颇为自得。但在阔气排场之下，则是对民脂民膏的大肆挥霍和人民负担的急剧加重。

1. 倭奴国

倭奴国，简称"倭国"，自东汉对中国三度通使，至三国时，魏因控制朝鲜半岛之便，依旧与诸倭往来。魏时，倭国女王卑弥呼遣使入贡，魏封之为"亲魏倭王"，并派官吏前往其国答聘。中国的文字和古书（《论语》等），也于汉魏之交由百济传入倭国。其后因中国内乱，双方隔绝甚久，但倭曾与南朝的宋有往来，并受过宋的册封。至南北朝末叶（6 世纪中叶），佛教也经百济传入倭国；但同时中国的北方，周武帝正有灭佛之举。隋时，今日本诸岛列国并立，大都附庸于倭，新罗、百济，也奉之为上国。开皇二十年（600 年），倭女王阿每多利思北孤（即"推古天皇"）遣使来朝，据倭使说，其国"气候温暖，草木冬青"。又说："倭王以天为兄，以日为弟。

天未明时出听政，踟跌坐，日出便停理务，云'委我弟'。"文帝认为"太无义理，训令改之"。炀帝时，倭女王闻炀帝重兴佛法，于大业三年（607年）再遣使者小野妹子（华名苏因高）朝隋，并以沙门数十人随行来学佛法。倭王在国书中有这样的话："日出处天子，致书日没处天子无恙。"炀帝对这种称呼甚不高兴，但他为经营海外的浓厚兴趣所驱使，仍于次年派裴世清出使倭国。倭王甚表欢迎，并遣使随裴世清入朝，从此开始中倭通交的新页。倭国对中国文化不特做更大量而且开始做直接的吸收，自此以后，倭国不再完全依赖朝鲜半岛做输入中国文化的桥梁，而可以遣人向中国直接学习。

2. 赤土国

赤土是隋时"南海"中的一国，从中国前往，须航行一百余日始可到达。因为在它境中的土壤多为赤色，故而称为赤土。至于它的地理位置，则说法不一，有的以为当在今马来半岛中部，有的以为当在今苏门答腊岛东南部。炀帝时，招募通使绝域之人，常骏、王君政等应募。大业三年（607年），炀帝命他们携带大批物品，出使赤土。他们从南海郡（今广东广州市）乘船出发，沿着现在的越南海岸南驶，过金瓯岬，驶入暹罗湾，共行二十余日，抵达赤土国界。赤土王派船三十艘迎接，又行月余，到达赤土首都。据说赤土王的宫室器用，极其华丽，对使者也甚为优礼。次年，赤土王派王子那迦邪随常骏等返国，于大业六年（610年）谒见炀帝，炀帝对骏等及那迦邪均加官赏。

3. 高句丽

高句丽位于东北亚，隋灭南朝陈后，高句丽平原王即备战防御隋军来犯。开皇十七年（597年）高句丽婴阳王率众万余人攻辽西。隋文帝借此发动大军三十万，分水陆两路进攻高句丽。然而路途险恶，死伤惨重，隋

高句丽壁画

文帝只好退兵。随后婴阳王遣使请和，双方和平。

后来隋炀帝继续走隋文帝受挫的旧路，大业三年（607年）由于高句丽与突厥联盟，隋炀帝于大业八年（612年）、大业九年（613年）与大业十年（614年）对高句丽发动三次大规模战争。其中第一次东征高句丽遭受惨败，浪费了巨大的人力物力，加重人民负担，导致日后隋末民变的发生。

百济于隋文帝开皇初年遣使入隋，封余昌为"上开府、带方郡公、百济王"。隋灭南朝陈时，有战船漂入海中，百济供给丰厚物资送回，并派使祝贺隋朝统一。隋炀帝攻高句丽时，百济亦曾在境内调动军队，声言会协助隋军，实际上却是对高句丽保持友好，有意在两国之间图利。新罗于开皇十四年（594年）遣使入隋，隋封其王真平为"高祖拜真平为上开府、乐浪郡公、新罗王"。

隋炀帝在镇压杨玄感起兵后，不顾内外危机四伏，于大业十年发动第三次攻高句丽之战。二月，炀帝下诏复征天下兵，百道俱进。三月，炀帝幸涿郡。七月，炀帝到达怀远镇时，由于国内纷乱，所征之兵多数未能按期到达。右骁卫大将军来护儿在毕奢城大败高句丽军，并乘胜向平壤进发。时高句丽因连年倾国之力与隋朝作战，已困敝不堪，无力再战，又见隋军

突破重重防线，高元大惧，乃遣使请降，并将叛隋投奔高句丽的兵部侍郎斛斯政送还。炀帝接受了高元的投降，且国内烽烟四起，遂于八月初四班师还朝。

4.朝鲜与日本

隋朝初期，朝鲜半岛三国高丽、百济和新罗都是其藩属国，它们通使朝贡,接受册封。日本也有非经常性的通贡往来,不过它在与隋朝的交往中,往往不愿被视为藩属国家，而是想竭力维持一种对等的地位。

5.西域各国

同时隋朝还和欧洲许多国家进行商业交往，在打通丝绸之路后，大大刺激了中原和西域的交流,中原的商品还远销欧洲,罗马、波斯等许多西亚、欧洲国家的商人居住在大兴城，很多欧洲国家的使节前往大兴城朝拜。

第三章 两都风流

一、周密规划新开市，隋文营建大兴城

由于北周的都城仍然因袭了汉代所筑的旧长安城，在魏晋南北朝时期多次经过战乱的破坏，加之其地处龙首原北麓、渭河南岸，受这种地形的限制，难以进一步扩展，且地下水受到污染，所谓"水皆咸卤"。于是在开皇二年（582年）六月，下令在龙首原及其南麓兴建新的都城。这里原面开阔，面积广大，便于从东西两面引水入城，解决城市用水的问题，且远离渭河，可以避免渭河洪水对都城的威胁。这项工程由太子左庶子宇文恺设计规划，高颎负责施工。新建的都城取名大兴城，唐朝建立后仍称长安城，即今西安市所在地。

由于工程浩大，杨坚统治时期仅完成了宫城、皇城、两市、里坊以及部分引水工程。隋炀帝大业九年（613年）下令修筑外郭城，也没

隋朝大兴城遗址

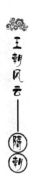

有全部完成。直到唐高宗永徽五年（654年）才算基本完工，并在东、西、南三面外郭城的9个城门上修建了高大的城楼。唐玄宗开元十八年(730年)继续修筑，至此彻底完成了这项伟大工程，遂使长安城成为世界上规模最大、人口最多的著名国际大都市。

大兴城的兴建，不是在旧有基础上进行改建、扩建而成的城市，而是在短时间内按周密规划兴建而成的崭新城市。全城由宫城、皇城和郭城组成，先建宫城，后建皇城，最后建郭城。开皇二年（582年）六月开始兴建，十二月基本竣工，命名大兴城，次年三月即正式迁入使用，前后仅9个月，其建设速度之快实令人惊叹。整个工程的规划、设计、人力、物力的组织和管理都应是相当精细和严谨的。在规划设计和建设施工中，还得考虑地形、水源、交通、军事防御、环境美化、城市管理、市场供需等的配套，以及都城作为政治、军事、经济、文化中心的特点等诸多方面的因素，解决一系列复杂的问题。因此大兴城的兴建标志着当时的中国所达到的经济和科学技术水平。

大兴城的规划吸取了曹魏邺城（故址在今河北临漳邺镇东）、北魏洛阳城的经验，在方正对称的原则下，沿着南北中轴线，将宫城和皇城置于全城的主要地位，郭城则围绕在宫城和皇城的东、西、南三面。分区整齐明确，象征着皇权的威严，充分体现了中国古代京都规划和布局的独特风格，反映了统治者专制集权的思想和要求。特别是把宫室、官署区与居住区严格分开，是一大创新。北宋吕大防在《隋都城图》题记中，曾称赞大兴城的布局思想："隋氏设都，虽不能尽循先王之法，然畦分棋布，间巷皆中绳墨，坊有墉，墉有门，通亡奸伪无所容足。而朝廷官寺，居民市区不复相参，亦一代之精制也。"清代徐松也说："自两汉以后，至于晋、齐、梁、陈，并有人家在宫阙之间。隋文帝以为不便于事，于是皇城之内惟列府寺，不使杂居，公私有辨，风俗齐整，实隋文之新意也。"

在大兴城的规划和兴建中，对于环境美化和给排水问题，也给予了高度的重视。整个城址位于渭水南岸，西傍沣河，东依灞水、浐水，南对终南山。根据其地理环境和河道情况，开凿了三条水渠引水入城。城南为永安渠和清明渠，城东为龙首渠，龙首渠又分出两条支渠。三条水渠都分别流经宫苑再注入渭水，不但可以解决给排水问题，而且可以进行生活物资的运输。水渠两岸种植有柳树，形成了"渠柳条条水面齐"的宜人景色。城东南还开辟有曲江"芙蓉园"，其"花卉周环，烟水明媚，都人游赏盛于中秋节。江侧菰蒲葱翠，柳荫四合，碧波红蕖，湛然可爱"，是全城的风景区和旅游区。

在大兴城的规划、设计中，也还存在着严重的缺陷。其突出者有三：

其一是没有很好地考虑当时社会发展的需求，城市规模过大，超越了时代的要求。其城南四列里坊，经过隋唐两代三百多年的时间，始终没有多少住户，非常冷落荒凉。正如宋敏求所说："自朱雀门南第六横街以南，率无居人第宅。"其注又云："自兴善寺以南四坊，东西尽郭，虽有居者，烟火不接，耕垦种植，阡陌相连。"

其二是大兴城的道路虽然很宽，但全是土路，雨雪时泥泞不堪，难以通行，有时连上朝都得停止。为了排水，路面都是中间较高，两侧有宽、深各两米多的水沟，但由于城内地形起伏较大，排水仍有困难，以致暴雨后常有坊墙倒塌，居民溺死的事故发生。

其三是在漕运方面也存在着较大的问题。有时漕运不通，即造成粮食供应匮乏。为此，终于酿成了都城的东迁。

在当时的社会、经济、科技条件下，大兴城有如此规模的建设和成就，是值得人们赞颂的。大兴城的设计和布局思想，不但对中国后世的都市建设有着很大的影响，而且对日本、朝鲜的都市建设也有着深刻的影响。如日本飞鸟、奈良时代的都城藤原京、平城京，就是仿效大兴城的布局特点而建造的。平城京东西三十二町，南北三十六町，每隔四町均有大路相通，形成整齐有序的棋盘状。宫城也是位于城北正中，四周以官衙和贵族邸第

围绕，明显地体现着大兴城的特征。

　　大兴城的外郭城虽然在隋代没有完成，直到唐代才最后完成，但其基本规模却已于此时奠定了，因此其历史功绩还是应该肯定的。

二、腐化炀帝求富丽，工程浩大建东都

　　隋文帝杨坚统一中国后，结束了南北朝对峙的局面，建都长安。隋炀帝杨广即位后，认为长安偏西，不利于对东方广大地区的统治，就决定在洛阳另建新都。炀帝大业元年（605年），命尚书令（总揽一切政令的首脑，相当于后来的宰相）杨素负责新都的建设，具体规划由将作大匠（掌握城市和宫廷建筑的官）宇文恺设计。由于炀帝是一个荒唐腐化的暴君，又是挥霍浪费的能手，在修建东都洛阳时，就极力追求富丽堂皇。洛阳在北魏末年虽然遭受到很大破坏，但仍保留了一些宫殿，炀帝却嫌不够大方阔气，就在原来"汉魏古城"西边十多里的地方，大兴土木，重建东都。

　　东都洛阳的建筑工程十分浩大。每月从各地征调200万老百姓去做工，其中土工就有80多万，筑宫城的有70多万，建筑宫殿墙院的有10多万，木工、瓦工、金工、石工又有10多万人。为了修建宏伟壮丽的显仁宫（在今河南宜阳县）等宫殿，从大江以南、王岭以北采伐大量珍贵木料，千里迢迢，日夜赶运洛阳。一根大的木料就费工数十万个。建筑宫殿需要大量木料，所费人力是无法计算的。修建东都，工役很苦，在夜以继日的繁重劳动中，在监工们压迫和鞭督下，上百万的人被活活累死在城墙脚下、宫殿旁边和运输路上。从首都洛阳东到成皋，北至河阳（今河南孟州）的路上，运送死尸的车辆络绎不绝，挤满了道路，有的尸体来不及外运，随便挖个坑就埋了。就这样，东都建筑了一年才完成。

　　隋炀帝为了自己享乐，还在都城的西边，修建了一个400平方千米的大花园，称为"西苑"。在苑内修了一个10多平方里的海，海中建有方丈、

蓬莱、瀛洲三个仙岛,高出水面一百多尺。海外四周还筑有延光、明彩、合香、丽景、飞英、流芳等十六院，每院有一个四品夫人主持。院内楼阁亭台，极其华丽，并从全国各地收集大量奇花异石、珍禽名兽，以充实"西苑"。每当秋冬树木花草凋谢时，就用各色绫绸剪作花叶，装饰在树上，色褪了更换新的，使园中四季如春。十六院的妃子们还想尽办法享乐，用来招引隋炀帝，而炀帝又很喜欢在月夜里带着骑马的宫女，演奏着《清夜游曲》去西苑游玩作乐。

相传，在十六院中，每院各种一棵奇木。明霞院种的是玉李，晨光院种的是杨梅。原来这两棵树长得都很茂盛，果实累累。有一天，晨光院中的杨梅树突然枯死，人们私下议论纷纷,说将来李姓要取代杨家天下。后来，隋朝果然被李渊所灭。这虽是一种牵强附会的说法，但也反映了当时人们对隋炀帝的极端不满。

隋代修建的东都城,周围约37.5千米。西边靠近王城，东边越过瀍水，北抵邙山，南达伊阙，洛河从城中央穿过，把都城自然地分成两部分。洛河以南是当时主要的里坊区，也就是居民区和商业区，有96坊；洛河北主要是皇城所在地，那是文武百官所居住的地方，地势较高，宫城在皇城的里面，宏伟壮丽的宫殿多集中在这里，居高临下，这样的布局体现了帝王的尊严。洛河北除宫城和皇城外，还有里坊36个。皇城的南面最热闹的一条街是端门大街，宽100步，街道两旁种植樱桃、石榴等树。

洛阳的规划市、坊里制度，在我国城市建

东都洛阳城楼

设史上，占有重要的地位。

还在隋炀帝时，就从各地迁徙大批豪族和富商于洛阳，又征集当时天下乐工三万多人于洛阳。运河的开凿也给东都带来了繁荣景象。当时横跨在洛河上的天津浮桥，是南来北往的通道，它建于隋大业元年，也叫洛阳桥。每当早起月亮还未落时，天津桥上已经是人行如织（行人像织布的梭子一样来回走动）、车水马龙了，它和洛河里来往运输的船只，互相辉映，形成一幅"马声回合青云外，人影摇动绿波里"的热闹场面。因而"天津晓月"，被人们称为洛阳八景之一。

隋东都洛阳商业的发达，超过以前历史上任何一个时期。当时著名的商业中心有南市，（又叫大同市），东市（又叫丰都市），北市（又叫通远市）。最大的市是丰都市，在洛河南岸，周围八里，占两个坊。丰都市内有120个行业，3000多处货栈，400多座商店，各种货物堆积如山。市内瓦屋齐平，榆柳成荫。通远市在洛河北岸，周围六里，市内集中有各地来的商船数以千计，是当时船舶、商业的集中地。大同市周围四里，占地一坊。除了这些集中的商业中心外，沿洛河两岸其他坊里，也分布有商业和服务行业，如道求坊，就集中有医药、算卦等行业。洛阳水运发达，从各地来的商船，都可以在城中直接靠岸。武则天时，又在皇城东南角的元德坊，开挖洛漕新潭，以容纳各州商船，江南运粮运货的数千船只，都停放在这里。当时的洛阳大市都与洛河和运河有直接联系，运河以南、洛河以北等里坊，也都是繁荣的商业区。

洛阳定鼎门

在洛河沿岸的中心商业区，不仅有从全国各地来的商船和商人，而且其他国家的商人也可在此进行贸易。隋大业六年（610年）春，很多外国商人纷纷来到洛阳，要求在丰都市交易，经炀帝许可后，先整理市面店铺，充实珍奇货物，并用绸缎缯帛把树加以缠绕装饰。各国商人来到丰都市后，都被邀请到酒食店，吃饱喝足，不取分文。外国商人看到中国如此华盛，都很惊奇，但也有了解情况的，知道中国也有穷人，衣不蔽体。他们提问：为什么用缯帛缠树？隋朝官员无言对答。

隋大业二年（606年），炀帝曾召集原来被隋灭亡了的周、齐、梁、陈等国家的乐家子弟于洛阳，又亲自在"芳华苑"检阅散曲、百戏，那些能歌善舞的演员都集中在那里；为了给这些演员做服装，把洛阳和长安的锦绣缯彩购买一空。演出的百戏中，首先由舍利兽跳跃，忽然水满街道，龟鳖鱼虫满地都是；又有鲸鱼喷雾，忽然化为黄龙；又有二人顶竿，竿上有人舞动，两竿上的人同时跳到对方的竿上；还有神鳌负山，幻人吐火等节目，千变万化，炫人眼目。炀帝还自制艳诗多篇，令乐官制作新声，叫乐队演奏。大业六年，炀帝把各藩国领导人召集到洛阳，从正月十五日开始，在端门大街盛演百戏，戏场周围5000步，那些官僚大臣，在街道两旁，搭起看棚，观看演出，仅乐器队就有1.8万多人，演员有3万多人。悦耳的乐器声、歌唱声，几十里外都可以听到。还新增加不少精彩的杂技节目，如双人走绳、夏育扛鼎等。炀帝也多次亲临观看。从黄昏到早晨，张灯结彩，灯火辉煌，如同白昼。就这样，从十五到月终才结束。以后每年都照例举行一次，成了传统的元宵节了。后来人们在正月十五这一天，吃着应节食品元宵（历史上叫汤圆），晚上看灯展、焰火和各种文艺节目，这样的传统佳节，就是从隋朝演变而来的。

三、水陆交通成中枢，享誉世界大都会

隋炀帝营建东都，对于巩固他的统治并没有起到多少作用，而对于南北的经济交流和洛阳都市的发展却是很大的促进。特别是举世闻名的南北

大运河的开通，使洛阳成了全国水陆交通的中枢；又由于建造众多的粮仓和中西交通的恢复，就形成了东部粮储丰实、布帛山积、商业盛极的国际贸易都会。

隋炀帝开凿运河与营建东都这两项艰巨的工程，互相间有着有机的联系。因为在营建东都的过程中，统治者发现工役实在繁重，运输也实在困难，如当时令百姓"往江南诸州采大木，引至东都，所经州县，递送往返，首尾相属，不绝千里"。每根大木，须2000人共拽，"而东都役使促迫，僵仆而毙者十四五焉"。在这种情况下，不仅不便于控制江南、河北的社会局势，也不便于收取那里人民所创造的物质财富。所以在营建东都的同时开凿运河的工程就开始了。

隋炀帝时利用旧河道凿通运河计有三段：一是大业元年（605年）"发河南诸郡男女百余万，开通济渠，自西苑引谷、洛水达于河，自板渚引河通于淮"。又疏导邗沟，引淮水注入长江。这一段"自东都至江都，二千余里"，名为通济渠。二是大业四年（608年），因"将兴辽东之役，自洛口开渠达于涿郡（北京），以通运漕"，这一段名为永济渠是"发河北诸郡男女百余万"，"引沁水南达于河"凿成的。全长二千余里，可直通龙舟。三是610年，从京口（江苏镇江）引江水入注钱塘江，以达余杭，全长"八百余里"，"又拟通龙舟"。这一段名为江南河。加上早在隋文帝时从长安引渭水至潼关入河，长三百余里的广通渠，隋代共计开凿运河四段。

以上可以看出，在四段运河中，除邗沟与江南河的衔接点在京口以外，其他三段的中心衔接点都在洛口。这样洛阳不仅可以"北通涿郡之渔商，南运江都之转输"，而且可以漕运江南、余杭地区的"鱼盐杞梓"和"丝绵布帛之饶"。至于同关中的经济交流，虽因开凿了广通渠，但由于三门砥柱险，漕运十分困难，特别是611年（大业七年）"砥柱山崩，偃河逆流数十里"，潼关以东的水路交通完全中断，因而从洛阳至长安的漕运，关东一段主要靠陆路运输。总之，运河的开凿，纵贯连接河、卫、汴、江、淮以至钱塘江，全长约5000里，隋代劳动人民创造的这一伟大奇迹，促成洛阳成为全国经济和物资交流的中心。

京杭大运河图

隋朝为了储藏从农民那里榨取的大量粮食、布帛等财物，在洛阳附近建造不少大型官仓。隋文帝时，为了解决京城长安的粮食供应问题，曾在洛阳至潼关的黄河沿岸，接连设置许多粮仓。在洛阳附近就有黎阳仓与河阳仓，用以"转相灌注"，漕运关东租粟，并在伊、洛等十三州置募运米丁。

隋炀帝营建东都时，又在洛阳城内，建筑了含嘉仓。据《元河南志》卷三载，在东城含嘉门"北即含嘉仓，仓有城，号曰含嘉城。其北曰德猷门。出外郭"。这座仓城，经1971年勘探发掘，证明位置与文献记载基本符合，即在今洛阳老城的西北侧，北墙与隋唐外郭城的城墙相吻合。仓城内有地下粮窖，已知在42万平方米内分布着259座，估计全城400多座。在已发掘的六座中，最大口径14.5米、深6米，最小口径11米、深7米。窖壁及底部均经烘烤，铺木板，储粮时上下用糠、席、单，然后用土密封。据说这样可以保存七至九年不腐烂。特别惊人的是，在160号窖内，发现有25万多公斤谷子，相距一千多年的今天，还含有58.3%的有机物，防腐、防潮效能之高，出乎人们的预料。同时，据杜宝《大业杂记》载，在宫城内右掖门"街西有子罗仓，仓有盐20万石；仓西有粳米六十余窖，窖别受八千石"。这是一座储盐储粮，可能直接为供应皇宫而建造的大型仓窖。此外，于大业二年（606年）在洛水入河处的巩县境内，"置洛口仓于巩

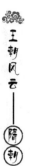

东南原上，筑仓城周回二十余里，穿三千窖，窖容八千石以还，置监官并镇兵千人。十二月，置回洛仓于洛阳北七里，仓城周回十里，穿三百窖"。这些仓窖"储米粟多者千万石，少者不减数百万石"。但是隋朝统治者却未料到，这些仓后来竟被农民军所据有，作为发展农民军的物质基础。虽然如此，直至唐朝建国20年后的637年，这些仓窖的粮食仍未用尽。因此马周曾告诉唐太宗说："隋家贮洛口仓，而李密因之；东京积布帛府库，王世充据之；西京府库，亦为国家之用，至今未尽。"东都城内贮藏布帛的地方缺乏记载，但《元河南志》卷三说，在宫城泰和门内有"左右藏库，左藏屋六重，重二十五间，总一百五十间；右藏屋两重，总四十间"。这里可能就是贮藏布帛和珍贵物品的地方。

漕运交通的便利和粮食的丰积，是工商业发展的前提。隋代洛阳就是一个容纳百万人口，在世界上颇有影响的大工商业都会。

隋代的手工业同先前诸代一样，多半掌握在官府手甲。东都设少府监，总管都城内的手工业工匠，并统领天下百工。当时规定农夫每年服劳役"为十二番，匠则六番"，即农夫每年服役一个月，而工匠却要两个月。这些工匠大多集中在洛阳，如兴建东都时，筑宫城者70万，建宫殿墙院者10余万，其余土工80余万，技术性很强的木工、瓦工、金工、石工，又役10余万人。同时隋炀帝还下令河北诸郡送工艺户三千余家徙居在洛水南岸。这些工匠和工艺户既是宏伟壮丽东都城的创造者，又是推动隋代手工业发展的主力军。

考古发掘得知，隋代的釉陶及瓷器烧造比前代有进一步发展。其特点是以豆青瓷为主，也有褐色和白色等单色釉。施釉方法除了续承刷釉技术外，又发明了蘸釉。洛阳出土的隋瓷，多是四系罐、双龙尊等，釉色呈淡青或浓绿色，瓷胎厚重，质地坚实。又在烧造绿瓷的基础上制造琉璃。居官洛阳的太府少卿何稠，"性绝巧，用意精微"，"时中国久绝琉璃之作，匠人无敢厝（措）意。稠以绿瓷为之，与真不异"。所谓"久绝琉璃之作"，并非不会制作，而是何稠结合制造绿瓷的方法，加以改革也可以制造出晶莹透亮的玻璃。已为考古发掘验证是确凿无误的。

造船业和木作业大多是为隋炀帝巡游享乐服务的，很少使用在生产上。据《大业杂记》载：他曾两次造游船各数十艘。604年，他从洛阳"乘小朱舟行次洛口"，向江都（扬州）巡游，所乘"龙舟高四十五尺，阔五十尺，长二百尺。四重。上一重有正殿、内殿、东西朝堂，周以轩廊；中二重有一百六十房，皆饰以丹粉，妆以金碧珠翠，雕刻奇丽，缀以流苏羽葆朱丝网络；下一重，长秋内侍及乘水手。以素丝大绦绳六条两岸引进"。"翔螭舟、漾彩船、朱雀、苍龙、白虎、元武、飞羽舫、青凫舸、凌波舸"等，分别为皇后、嫔妃、宫人所乘。又有"五楼船、三楼船、板舱、黄篾舫"等为文武官员及僧尼、道士、蕃客所乘。另有"平乘五百艘、青龙五百艘、艨艟五百艘、八棹舸二百艘、舴艋舸二百艘"，为卫兵所乘，并载兵器帐幕。其数量之多，规模之大及制作精巧程度都是前所未见的。后来杨玄感率军进攻东都，一举将这些楼船焚毁。隋炀帝又令更造，数量规模也都超过以前。这虽然暴露了隋炀帝的豪奢生活，但也反映出造船技术的高度发展。

观风行殿和六合板城是隋炀帝作陆路巡游使用的。《资治通鉴·隋纪》说：大业三年（607年）令宇文恺等造观风行殿，上可容侍卫数百人。这是用木板做的大屋，可以离合装卸，下有轮轴，又可推移。实际是一种大型车舆。六合板城更加可观，为大业四年所造。据《隋书·礼仪志》载：城"方一百二十步，高四丈二尺。六合（四方上下）以木为之"，也可离合装卸。城开南北门，四角起敌楼，形似土筑城郭。可见木作方面采用了比前代先进的工具。

隋炀帝重视优待工艺技术人才。将作大匠宇文恺、太府少卿何稠、云定兴都是当时著名的技师。阎毗与妻曾没官为奴婢，炀帝闻其巧思则召为朝奉郎。这也是促进手工业发展的一个原因。

隋代洛阳是全国最大最繁盛的商业都市。当时都城内有三个商业市场，"东市曰丰都，南市曰大同，北市曰通远"。《大业杂记》载：通远市周围六里，"其内郡国舟船，舳舻万计"。"丰都市周八里，通门十二，其内一百二十行，三千余肆。荛宇齐平，遥望一如（应作如一），榆柳交阴，通渠相注。市四壁有四百余店，重楼延阁，互相临映，招致商旅，珍奇山积。"这里既是全国的商业中心，又是国际贸易场所。一次"诸蕃请入丰都市交易，帝许之。先命整饰店肆，檐宇如一，盛设帷帐，珍货充积，人物华盛，卖菜者亦藉以龙须席（用龙须草织成的席座）。胡客或过酒食店，悉令邀延就坐，醉饱而散，不取其直（值），给之曰：'中国丰饶，酒食例不取直。'胡客皆惊叹。其黠者颇觉之，见以缯帛缠树，曰：'中国亦有贫者，衣不盖形，何如以此物与之，缠树何为？'市人惭不能答。""诸蕃"与"胡客"是指国内边疆少数民族和外国商人。隋炀帝如此大事排场，豪侈作伪，目的是显示国家丰饶强盛，但也反映出洛阳商业发达的情况。尤其商行的出现，是买卖经营的一种新的组织形式。还表明自炀帝派裴矩驻张掖（甘肃张掖县）主持对边疆少数民族和西域各国贸易以来，"西域诸蕃，往来相继"，通过"丝绸之路"到洛阳的外国商旅也日益增多。从北魏灭亡至隋相隔半个多世纪，洛阳又恢复了与西域的联系。为此，"炀帝置四方馆于建国门外，以待四方使者"，并设四方使"掌其方国及互市事"。

四、杨玄感起兵反隋，瓦岗军围攻东都

1. 杨玄感起兵反隋帝

隋炀帝杨广是中国历史上有名的暴君，在他统治的十四年间，三次下江都、三次亲征高丽，并征民夫，大兴土木，修运河、筑东都。每项工程，大的要用一二百万人，较小的也要征发一二十万人。当时的劳役、赋役及

兵役都比前代大有增加，人民不堪重负，不得不起来反抗。同时，在统治阶级内部，矛盾也急剧恶化。大业九年（613年），炀帝第二次发动攻高丽的战争时，礼部尚书杨玄感在黎阳发动兵变，起兵反对炀帝的统治，并很快包围了东都洛阳，与守城隋军相持四十天，激战数十次，史称"杨玄感之变"。

杨玄感是隋朝名臣楚国公杨素之子，他骁勇善战，且好读书，喜爱广交朋友。杨玄感兄弟都因父荫封官，杨玄感位至柱国。杨素死后，杨玄感继袭父爵为楚国公，官拜礼部尚书。他亲眼目睹了朝政的腐朽，再加炀帝猜忌心很重，使杨玄感心中常惴惴不安。他认为自己累世贵显，朝中文武大部分都是其父的好友及老部下，如果自己首举义旗，肯定会有众多支持者。于是，他开始与几个弟弟暗地谋划，准备寻机推翻炀帝，另立明主。

杨玄感深知要想成其事业，就必须有强大的军队，也只有领兵打仗，才能多结识带兵将领，树立自己的威名。于是，他主动向炀帝自荐道：我家世受国恩，臣愿带兵打仗，好为陛下效犬马之劳。炀帝非常高兴，还赞扬道：将门必有将，相门必有相，对他大加赏赐。从此杨玄感深得炀帝宠爱，并让他参与朝政。

大业九年，炀帝再征高丽，并派杨玄感到黎阳仓往辽东前线督运军粮。当时百姓负担过重，人心思乱，在黎阳到辽东途中，运粮民夫饿死累死的不计其数，他们怨声载道，纷纷逃亡。杨玄感认为时机已到，遂与虎贲郎将王仲伯、汲郡赞治赵怀义等人共谋起事。他们故意拖延时间，不按期将粮草运到辽东，致使炀帝数次派使臣前来督促，要求限期运到。这更激起民愤。此时，右骁卫大将军来护儿正率水师准备从东莱（今山东莱州市）向平壤进军。杨玄感为寻找起兵借口，派人伪装成从东而来的使者，谎称来护儿因贻误军期，起兵反叛。

六月，杨玄感令督粮军队及运粮民夫全进入黎阳仓城，紧闭城门，并集中城内青壮年男子，发给武器。他又以讨来护儿为名，向周围郡县发去

公文，令他们迅速发兵汇聚黎阳。这样，杨玄感组成一支近万人的部队，然后，公开打出了反对炀帝的旗帜。其实众人早有此心，无不欢呼，踊跃参加。正当大家积极筹备时，被玄感任命的怀州刺史、原河内郡主簿唐祎逃回河内郡，并派人到东都洛阳向留守越王杨侗告密。起义消息泄露，杨玄感遂加紧准备。

此前，杨玄感已偷偷派亲信到辽东召回跟随炀帝征战的两个弟弟虎贲郎将杨玄纵和鹰扬郎将杨万硕，又派人到长安，召来弟弟杨玄挺及好友李密（即后来瓦岗军起义领袖）。李密与杨玄感兄弟都是至交。李密到黎阳后，被尊为军师，与杨玄感共同处理军机大事。两人商议大军起义后的进攻方向，李密献三策："天子出征远在辽东，相距千里，南有大海，北有胡戎，中间只有一条险道，如出其不意，拥兵长驱，直扼其道，则天子前有高丽，退无归路，不出十天半月，可不战而擒之，此为上策；关中为四塞之地，天府之国，如过城不攻，直入长安，攻其不备，天子即使回来，我们照样能据险败之，此为中策；如果就近攻取，先向东都，则处于屯兵坚城下的局势，那么胜负则难言，此为下策。"杨玄感听罢，则不以为然，认为李密之下策才是上策，他认为百官家属皆在东都，取东都可不战而屈其兵。于是，最后决定大军直捣东都洛阳，从而拉开了洛阳大战的序幕。

杨玄感离开黎阳后，迅速向洛阳进发，由杨玄挺率勇士千余为先锋，攻打河内郡，但由于唐祎加强了防守，攻之不克，遂绕过河内郡继续南下。他们又在修武县临清关遭到守军的顽强抵抗，最后又采取绕关而过的战术，从汲郡南渡黄河。沿途加入他们队伍的人如市。

渡河后，杨玄感兵分两路向东都包抄：一路由其弟弟杨积善率3000余人从偃师沿洛河西行，从东面进攻洛阳城，另一路由杨玄挺率领，从白司马坂翻越北邙山南下，从北面冲击洛阳。杨玄感自带3000人为后，自称大军，与杨玄挺相距5千米。当时，其武器装备十分简陋，只有单刀和柳条盾牌，几乎没有弓箭、甲胄，甚至还有人用木棒当武器，但整个军队士气旺盛。

留守洛阳的越王杨侗和民部尚书樊子盖在得到密告后，急忙在洛阳城内加紧防御，使本已固若金汤的东都更加难攻。杨玄感部接近洛阳时，杨侗派河南令达奚善意率精兵 5000 出东门迎战杨积善，令河南赞治裴弘策率兵 8000 出北门抵御杨玄挺。达奚善意率兵渡洛河，在河南岸扎寨，准备以逸待劳，一举歼敌。第二天，双方相遇，杨军虽在数量上处于劣势，但士气极高，隋军不堪一击，溃不成军，丢盔弃甲，四处逃散。杨军缴获大量武器装备，并乘胜直逼洛阳城。

在北战场，裴弘策带兵到白司马坂迎战，结果在杨军猛攻下，大败而逃，半数以上士兵的武器抛弃在山野上。杨玄挺从容令士兵清理战场，用这些精良武器武装自己，从而大大提高了战斗力。杨军很快到达洛阳城下，两路会合，包围了洛阳城，大量隋军投降，使玄感兵力得到扩充。从黎阳起事到包围洛阳，仅仅 12 天。

杨玄感屯兵上春门（城东面北门）下，积极动员，组织力量准备强攻，附近百姓也纷纷要求加入其部队，每天参加的人数以千计。

杨玄感动用全部精锐部队攻城，但由于各城门都有重兵据守，攻打多日未能奏效。此后，他一方面继续攻城，一方面派兵据守洛阳各要冲，防备隋之援军。以5000 人守寿安县慈涧道（今新安县），5000人守伊阙道，3000 人攻打荥阳，5000 人取虎牢关。

洛阳丽景门

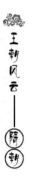

这时，正在辽东的炀帝及留守长安的代王杨侑都得知消息，急忙派兵来援东都。炀帝命左翊卫大将军宇文述、卫将军屈突通及来护儿各带所部人马迅速回救东都，杨侑派刑部尚书卫文升带兵四万东援洛阳。卫文升路过华阴县时，掘杨素墓，焚其骨骸，示士卒以必死心。然后东出崤关、渑池，绕到洛阳北面进攻杨玄感。杨玄感带兵迎战。双方交战，杨玄感佯装不敌，向后败退，隋军追赶，结果中了埋伏，先头部队全军覆没。几天后，双方再次交锋，再败隋军，杀敌无数，俘虏8000。卫文升几战皆败，士兵死伤过半，粮草又不继，处于困境中，他被迫孤注一掷，带全部兵力在邙山上向杨军发动强攻，每天大小十余仗。杨军虽多次打退敌人的反扑，但杨玄挺却在一次激战中中流矢身亡，杨玄感带兵稍退。

此时，隋将屈突通已带兵抵达河阳，准备渡过黄河，宇文述也率部紧随其后。杨玄感急忙派兵防御，阻止其渡河与洛阳周围的隋兵会合。正在此时，洛阳城内的樊子盖为策应屈突通渡河，多次出兵攻击杨玄感大营，使杨玄感无力分兵阻止屈突通。屈突通率兵顺利渡河，屯扎在洛阳东北破陵冢一带。这样，杨玄感处于隋军几面包围之中，腹背受敌。于是，他分兵两处，一支西抗卫文升，一支东拒屈突通。但是，城内隋军又不断出击，令杨玄感应接不暇，几次受挫，陷入极度困难之中。李子雄劝说杨玄感：隋援军已从各地赶到，我们力量不足，寡不敌众，几次战败，士气低落，此处不可久留，应果断放弃攻洛阳的行动，迅速带兵直入关中，占粮仓，开仓济贫，安民心，关中可定，然后占据国库，东面争天下，霸业可成。

七月，杨玄感解东都之围，率军西趋关中，并扬言：我已攻破东都，并取得了关中。这一诈计使宇文述等各路援军大为震惊，一时不敢追赶。杨玄感率兵到达弘农宫（今陕县），弘农太守蔡王杨智积为拖住杨玄感，登城大骂杨玄感以激怒之，杨玄感果然中计，决意攻打弘农宫城，李密苦劝不住。大战三天，却未能攻克城池，这才又急忙引兵西去，在阌乡县皇天原，杨玄感部被宇文述、卫文升、来护儿、屈突通等率军赶上。杨玄感登上小山，布五十里长蛇阵，边战边走，连连受挫。八月，杨玄感陈兵董杜原，但在隋军绝对优势兵力攻击下，再次大败，士卒死伤过半，余者四散，杨玄感仅与十余骑兵逃进丛林中。最后达葭芦戍，只剩下杨玄感、杨积善兄弟二人。杨玄感自知难免一死，又不愿受敌人之辱，令其弟杀之。杨积善先杀杨玄感，然后又自杀未遂，被俘。"杨玄感之变"至此彻底被平定。

杨玄感失败原因是多方面的。在用人方面，仅从自己的意愿出发，不认真考察其可靠性，唐祎的叛逃及告密，韦福嗣之首鼠两端及最终叛逃，都在一定程度上影响了整个事件的进程。另一方面，杨玄感过于感情用事，听不进别人的劝告，最初不听李密之计，强攻洛阳，贻误了时机，使隋援军从四面赶到，自己陷入对方的反包围之中，四处受敌，到最后被逼无奈时，才撤离洛阳，向关中进发。这是他在战略决策上所犯的一大错误，也是其失败的最主要原因。在弘农宫，他又不能忍一时之怒，滞留数日，彻底丧失了最后的机会，最终招致失败身亡。

"杨玄感之变"前后共58天，其中杨玄感用了40多天时间活动于东都附近，虽然未能攻下洛阳，并很快失败，但它对隋朝的统治是一次沉重打击，强烈震撼着以炀帝为首的统治阶级集团，也促进了隋末农民起义的发展。

2. 瓦岗军围攻东都城

隋炀帝建东都、开运河、逛扬州、打高丽，对农民进行残酷剥削和压迫，给人民带来了极大灾难和痛苦。统治阶级的压迫剥削，迫使人民不断起来反抗，隋末农民起义此起彼伏，连续不断。邹平人王薄，在长白山（今山东章丘、邹平一带）一带首先举起反隋的旗帜；以窦建德为首的起义军，占据着河北一带；杜伏威占据着江淮之间；翟让和李密所领导的起义军，

则占据着河南一带，这就是我国历史上著名的瓦岗军。在这些农民起义军中，以瓦岗军最强大，而且建立了农民自己的政权，对隋朝的统治中心洛阳的威胁也最大。隋朝集中了大量兵力来对付。

大业十二年（616年），李密对翟让说："现在四海沸腾，人民流离失所。炀帝正在江南游山玩水，我们趁此机会西进，先拿下荥阳，再夺取洛口仓，军队有了足够的粮食后，再夺取东西二京（指洛阳和长安），推翻隋朝，建立自己的政权。"翟让说："好！就按你的建议办。"于是，他们就召集瓦岗军将士，当众宣布了这一进军命令。将士们听说要攻打东都，人人兴高采烈，个个奋勇争先。瓦岗军在翟让、李密率领下，浩浩荡荡，向西进发。一路之上，旗帜蔽空，刀枪塞路。起义军一举攻克了荥阳东北的金堤关。这时荥阳通守（一郡的副长官）张须陀率领二万多隋军，来进攻瓦岗军。李密就对大家说："张须陀是个有勇无谋的家伙，既骄傲又狠毒，我们可以诱敌深入，来消灭他。"于是翟让就率领一支瓦岗军，利用张须陀的弱点，一步步地把他引到荥阳大海寺北的树林里。这时李密率领的瓦岗军早已埋伏在树林深处，布下了天罗地网，当张须陀进入瓦岗军的包围圈时，起义军一声呐喊，刀枪并举，冲出了树林，把二万多隋军消灭在树林里，张须陀被围在核心，左突右撞，企图逃跑，又被瓦岗军将领徐世勣（就是古典小说《说唐》中的徐茂公）、王伯当围住，杀死在阵地上。张须陀是隋朝的一员勇将，他被杀的消息传到隋军中，隋军将士无不心惊胆战。

洛口仓是隋朝第一大粮仓，里面储存着成千上万石粮食，是东都洛阳的粮食供应基地。大业十三年（617年）春，李密又建议翟让说："洛口仓积蓄着大量粮食，离东都只有一百多里远，将军（指翟让）您率领大军，轻装奇袭，夺取洛口易如反掌。我们有了粮食后，开仓济贫，远近的百姓谁不归附将军呢！很容易就可以召集百万之众。到那时，我们就可以攻打东都，灭掉隋朝了。"翟让说："这是个英明的策略。既可以断绝东都的粮食供应，又可以壮大起义队伍。请君（指李密）带领精兵先行，我作为后盾。"他俩经过商量后，决定共同带领精兵7000，用奇袭的办法去攻打洛口仓。他们从荥阳经阳城（今河南登封市东南），绕道巩县，直捣仓城。守卫仓城的隋军，万万没有想到瓦岗军来得那么迅速，结果1000多名敌军不战而逃。起义军不费一兵一卒，轻取仓城。他们打开粮仓，救济灾民，允许百姓随意搬取。远近群众听到这一消息后，那种高兴劲就不用提了。他们扶老携幼，拿着盛粮食的工具，肩挑人扛，挤满了道路。贫苦人民得到雪白的大米和白面，感动得流出了热泪。他们纷纷议论着："瓦岗军真好啊！是咱穷人的救命恩人。"瓦岗军得到了人民的热烈拥护。有的做父母的就商量说："隋朝把咱们压榨得够苦了，叫咱的孩子参加瓦岗军吧！"一时贫苦农民都争着参加瓦岗军，起义队伍迅速壮大起来。

瓦岗军的节节胜利和迅速壮大，迫切要求建立自己的政权。这时李密在几次战斗中，战功卓著，在瓦岗军中的影响逐渐扩大，因此徐世勣和王伯当建议："我们瓦岗军自起义以来，打了不少胜仗，占领了大片土地，兵强马壮，文武齐备，需要建立一个统一的政权。我们愿意推举李密为首领。"有的将士就表示赞同说："对，应该建立自己的政权。"但也有不少人反对李密为首领，单雄信说："翟让是我们瓦岗军的创始人，应当是首领。"

这时徐世勣和王伯当就劝翟让说："李密自参加瓦岗军以来，出谋划策，出了不少力，把大权让给李密吧！"而翟弘却劝翟让说："您应当为天子，怎么能让给别人！您不当我当。"翟让听了哈哈大笑。翟让从

洛阳古城

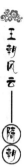

大局出发，又感到自己的才能不如李密，就把首领的位置让给了李密。李密、翟让最后商定在洛口建立政权。将士们听说这个消息后都忙开了，有的推土拉砖，建立坛场，有的采买布匹，制作朝服，有的赶制旗帜，打制刀枪。人们充满了欢笑和快乐。经过短短几天的准备，一切就绪，于大业十三年二月十九日，瓦岗军建立了自己的政权。在这欢庆的节日里，广大将士身穿铠甲，头戴银盔，刀枪如林，铁骑对对，很早就聚集在坛场周围。整个洛口，锣鼓喧天，人欢马叫。忽然有人喊道："闪开！闪开！"兵士们一看，前面走的是李密，紧跟着的有翟让、单雄信、徐世勣、房彦藻、邴元真、杨德方、郑德韬、祖君彦等一班将领。他们登上坛场后，翟让等共推李密为魏公，改大业十三年为永平元年。农民政权的领导机关叫"行军元帅府"。以翟让为上柱国、司徒、东郡公；单雄信为左武候大将军；徐世勣为右武候大将军；房彦藻为元帅左长史；邴元真为元帅右长史，杨德方为左司马；郑德韬为右司马；祖君彦为记室。以下各有封赏。又修建洛口城，周围四十里，作为都城。

洛口政权的建立，为农民军树立了一面反隋的旗帜。各地起义军纷纷响应瓦岗军，孟让、郝孝德、王德仁率部参加了瓦岗军。济阴（今山东曹县）的房献伯、上谷（今河北易县）的王君廓、长平（今山西晋城）的李士才等许多起义队伍，都推李密为盟主。李密都封他们有官职，使他们还率领原来的队伍。起义军的队伍很快发展到几十万人。

农民政权建立的消息传到扬州后，炀帝吓得连洛阳也不敢回了。这时在洛阳临时执掌政权的是越王杨侗，为了消灭瓦岗军，摧毁农民政权，他下令招募军队，那些浪荡公子、手握笔杆的书生，也都争着应募，企图捞上一官半职。这批乌合之众在虎贲郎将（皇宫中卫戍部队的将领）刘长恭率领下，从洛阳窜到巩县，企图从西面进攻瓦岗军；越王杨侗又命令驻守在虎牢关的裴仁基为河南讨捕大使，从东面进攻瓦岗军，妄图两面夹击，把瓦岗军消灭在洛口。刘长恭渡过洛水，在石子河（洛河支流，从巩县流入洛河）两岸摆开战场，为了抢占头功，不等裴仁基到来，就发起进攻，当即遭到起义军迎头痛击，隋军死伤累累，刘长恭吓得面如土色，急忙翻身下马，脱掉官服，往洛阳狼狈而逃。裴仁基听到刘长恭惨败的消息，就屯驻在百花谷（今河南巩县东南），不敢轻进。洛口之战，裴仁基迟迟没去支援，得罪了越王杨侗。李密深知裴仁基的这一狼狈处境，就派人前往百花谷劝降，裴仁基不得已，只好退回虎牢关，率部投降了瓦岗军。他手下的将领秦琼（即小说里的秦叔宝）、罗世信（即小说里的罗成）和程知节（即小说里的程咬金），都成了瓦岗军的将领了。

李密、翟让商量后，决定先派孟让率领二千轻骑兵，去袭击东都，随后大军继续西进。孟让率领将士，跃马挺枪，直奔洛阳城下。一天夜里，突然攻入城内，烧毁繁华的丰都市，隋朝官员肝胆俱裂。这时裴仁基所率领的部队和孟让一起，一举占领了洛阳北面的回洛仓，还曾一度攻入城内，烧毁天津浮桥。李密还叫祖君彦写了一篇讨伐隋炀帝的檄文，贴满洛阳城内外，揭露隋炀帝的丑恶历史，以及隋朝的压迫剥削给人民带来的痛苦，造成"尸骸蔽野，血流成河，积怨满于山川，号哭恸于天地"的悲惨景况。把隋炀帝的罪恶比作"罄南山之竹，书罪无穷；决东海之波，流恶难尽"。并热烈地歌颂了瓦岗军的丰功伟绩。在强大的军事和政治攻势下，东都洛阳岌岌可危，洛阳城内粮食断绝，饥民成群，每天都有很多人投到瓦岗军方面来。

正当起义军节节胜利，反隋斗争进入关键时刻，瓦岗军内部发生了一件令人非常痛心的事件。李密拉拢一部分人，把瓦岗军的创始人翟让杀了，造成起义军内部的分裂。不久，李密竟然投降了越王杨侗，最后又投降了长安的李渊。李渊在长安建立唐朝，最后攻克洛阳，隋朝遂宣告灭亡。

五、关中八景竞风流，洛阳八景天下秀

此部分内容所描述的长安、洛阳的人文与自然景观虽然有些与本书所说的时代无关，但为求完整性，统一在此做一简介，也算是对两都历史的有益补充吧。

1. 关中八景

关中八景，所在地长安，又名长安八景，是八处关中地区著名的文物风景胜地。西安碑林中有一块碑石，用诗和画的形式描述了关中地区的锦绣河山。这块碑石刻于清康熙十九年（1680 年），作者朱集义，距今已有300 多年的历史。碑面书、画、诗为一体，分十六格，一景一画。有诗云：

华岳仙掌望崤涵，雁塔晨钟响城南。

骊山晚照披秦地，曲江流饮绕长安。

灞柳风雪三春暖，太白积雪六月寒。

草堂烟雾紧相连，咸阳古渡几千年。

（1）华岳仙掌。

西岳华山位于西安东 120 公里的华阴市南。北濒黄河、南依秦岭，奇峰突兀、巍峨壮丽，以"险、奇、峻、绝、幽"而名冠天下。著名的景观点有玉泉院、青柯坪、回心石、千尺幢、百尺峡、老君犁沟、长空栈道和东、西、南、北峰。"自古华山一条路"，华山以它的奇瑰壮观与神奇传说，成为"关中八景"之首。

（2）骊山晚照。

骊山位于陕西临潼区城南地区，西距西安市 25 公里。是秦岭东端的一个支脉。"骊"在古汉语里是黑色骏马的意思。古时山上松柏满坡，林涛滚滚，从远处看去，郁郁葱葱，活像一匹奔腾青骏的骊马立于渭河平原，美如锦绣，所以人们叫它骊山。山上有两峰，称东绣岭和西绣岭，均满披青松翠柏，郁郁苍苍。每当夕阳西下，云霞满天，苍山绣岭涂上万道红霞，景色妖媚动人，酷似一匹"火焰驹"，因此，这一美景被誉为关中八景之一——"骊山晚照"。

西绣岭第一峰上的烽火台。历史上"烽火戏诸侯，一笑失天下"的典故就发生在这里。骊山秀丽的风景和诱人的温泉吸引了后代的王公贵族。周、秦、汉代都在这里建立了离宫，到了唐代，皇室大兴土木，先建汤泉宫，后建温泉宫。公元747年，唐明皇令匠人扩建离宫，从此改名华清宫，华清池是杨贵妃沐浴处。

（3）雁塔晨钟。

这里的雁塔指的是西安市城南荐福寺内的小雁塔。塔旁保存着一口金明昌三年（1192年）铸的2万多斤重的大铁钟。

荐福寺建于唐睿宗文明元年，是唐高宗李治死后百日，宗室皇族为他"献福"而建造的。小雁塔塔

雁塔晨钟

形秀丽，是我国唐代精美的建筑艺术遗产。小雁塔内有一口金代铸成的大铁钟，钟声清脆悦耳，10公里之外都听得清楚，人称"神钟"。过去，每天清晨都要按节律敲击大铁钟，向人们报晓。清脆而洪亮的钟声，远震古城内外，因此"雁塔晨钟"被誉为关中八景之一。

（4）曲江流饮。

曲江池位于西安市南郊，距城约5公里。它曾经是我国汉唐时期一处

极为富丽优美的园林。

曲江池两岸楼台起伏，宫殿林立，绿树环绕，水色明媚。每当新科进士及第，总要在曲江赐宴。新科进士在这里乘兴作乐，放杯至盘上，放盘于曲流上，盘随水转，轻漂漫泛，转至谁的面前，谁就执杯畅饮，遂成一时盛事，"曲江流饮"由此得名。

（5）草堂烟雾。

草堂寺，相传始建于晋代，位于钟馗故里秦岭终南山的圭峰山北麓的户县草堂镇草堂营村。创建于后秦，后秦王姚兴迎西域高僧鸠摩罗什于此，率三千弟子一起翻译佛经。今寺内有建于唐代的姚秦三藏法师鸠摩罗什舍利塔一座，塔北竹林内有一井，井中常有烟雾升腾而出，与周围山岗水气及草堂寺上空缭绕的香烟混为一体，形成草堂烟雾的美景，为著名的长安八景之一。

（6）灞柳风雪。

灞桥位于西安城东12公里处，是一座颇有影响的古桥。春秋时期，秦穆公称霸西戎，将滋水改为灞水，并修了桥，故称"灞桥"。王莽地皇三年（22年），灞桥水灾，王莽认为不是吉兆，便将桥名改为长存桥。以后在宋、明、清期间曾先后几次废毁，到清乾隆四十六年（1781年），陕西巡抚毕沅重建桥，但桥已非过去规模。直到清道光十四年（1834年）巡抚杨公恢才按旧制又加建造。

灞河是发源于秦岭蓝谷的一条河，横贯西安东部，向北注入渭河。早在秦汉时，人们就在灞河两岸筑堤植柳，阳春时节，柳絮随风飘舞，好像冬日雪花飞扬。自古以来，灞水、灞桥、灞柳就与送别相关联，曾将此桥叫"销魂桥"，流传着"年年伤别，灞桥风雪"的词句。

（7）咸阳古渡。

"咸阳古渡几千年"，指的是咸阳的渭河渡口。横贯关中的渭河，从古秦都咸阳旁边流过。

据咸阳地方志记载，"咸阳古渡"建筑于明嘉靖年间，渡口处建有一座木桥，通陇通蜀，过客众多，为秦中第一渡。"咸阳古渡"为古长安通往西北西南的咽喉要道，处于十分重要的地理位置。木桥遗址的发现，为研究明清时期

咸阳古渡

西北地区的交通、经济、军事，以及渭河流域的桥梁建筑提供了一个重要的物证。

（8）太白积雪。

太白山是秦岭山脉的主峰，位于眉县、太白、周至三县交界处。主峰仙台海拔3767米，距西安120千米。太白山得名已久，《水经注》载："汉武帝时，已有太白山神祠，其神名谷春，是列仙传中人。"《录异记》载："金星之精，坠于终南主峰之西，因号为太白山。"太白山崇高峻伟，草木繁盛，海拔3000米以上地带发育有第四纪末冰川。山巅有大爷海、二爷海、三爷海和玉皇池4个高山湖泊，池水清澈，深不可测。由于山高云淡、空气稀薄、气候寒冷，终年积雪不化，即使三伏盛暑，皑皑白雪，仍然莽莽天际银光四射，其景致格外壮观美丽，是誉为关中八景之一的"太白积雪"。

2. 洛阳八大景

洛阳乃十三朝古都，自古以来就有数不清的美景。古人总结了洛阳最美的八处景色，传世于今，称为洛阳八景，又有洛阳八大景、洛阳八小景之分。现在，这些"景"，有的风光依然，有的仅存遗迹。

（1）龙门山色。

常听人们说："到了洛阳，如果不去龙门逛逛，就好像到了北京没去游

龙门石窟

颐和园一样遗憾！"

龙门，古称伊阙，在洛阳城南12公里。据北魏郦道元《水经注》记载："伊水北入伊阙，昔大禹疏以通水，两山相对，望之若阙，故谓之伊阙。"如今，龙门大桥高高的石拱券上镶嵌着两个金色大字"龙门"，那是1961年10月陈毅副总理游龙门后题写的；龙门南口峻峭的西山石壁上，镌刻着两个斗大行书"伊阙"，那是明穆宗隆庆二年（1568年）监察御史赵岩巡按河南时题写的。这里，满山松柏，郁郁苍苍，点点红楼，分布其间；无数清泉，从山崖旁边的石罅中迸出，似珍珠，如牡丹，蓄为芳池，泻为飞瀑，千状万态，蔚为奇观。真是山河壮丽，风景绝佳。唐代诗人白居易曾说："洛阳四塞山水之胜，龙门首焉。"是的，"龙门山色"，历来被誉为"洛阳八大景"之首。

龙门，以她的秀丽景色，博得了古今中外千万游人的热情赞美。单是历代文人学士留给我们的描写龙门风光的诗词就有千百篇。唐诗人刘禹锡就有"华林霜叶红霞晚，伊水晴光碧玉秋"的名句。

龙门景色，不仅阳光明媚的日子十分旖丽，她的夜景也非常幽美："水寒夕波急，木落远山空。望极九霄回，赏幽万壑通。"（李白）"明月净松林，千峰同一色。乱石泻溪流，跳波溅如雪。"（欧阳修）

龙门，又是我国三大石窟艺术宝库之一，始建于公元494年北魏孝文帝迁都洛阳的时代，历经东魏、西魏、北齐、北周、隋、唐诸朝，连续营造了400多年。至今保存下来的大小石窟1352个，大小佛龛758座，大小佛塔40余座，大小佛像10.7万多尊。

除石窟和佛像外,还有历代造像题记和碑刻 3600 多品。久负盛名的"龙门二十品"和褚遂良书丹的伊阙佛龛之碑,则是魏碑和唐楷书法艺术的典范。"龙门二十品"的拓本,1972 年曾在日本展出,为增进中日文化交流做出了贡献。

(2)马寺钟声。

乘坐火车经过洛阳城东 25 里处,可以望见陇海铁路北侧有一座朱门红墙、古木参天的寺院,这就是闻名中外的中国第一佛寺——白马寺。它建于东汉明帝永平十年(67 年),寺内有历代石碑可资考证。

白马寺

白马寺,向来被尊为中国佛门之"祖庭"、梵教之"释源",自建立之日起,迄今已有 1900 多年的历史。历经多次兵灾,现存的建筑物多是后代重修的。红墙碧瓦,高台飞阁,周围翠柏森列,使寺院显得清爽闲静,古朴幽雅。清代诗人郭士奇的《白马寺》一诗写道:

白马何年寺?于今特擅名。

平台留晚照,高阁度秋声。

槛外千峰碧,花间一磬清。

萧然尘境外,自觉道心生。

白马寺的大门,是并排三座拱门,大门外,一对石狮和一对石马,分立左右,显得雄健而驯和。

这座古刹,由五重大殿和四个大院以及东西厢房组成。第一殿叫天王殿，内有"四大天王"的塑像。第二殿叫大佛殿，正位是释迦牟尼的塑像，其左右分立两菩萨——文殊、普贤和两弟子、两仙女。第三殿名曰"大雄殿"，主佛龛的三个莲花座上，巍然坐着三个大佛，中间就是大雄。大雄，是梵文"摩诃毗罗"的意译，也就是"英勇无畏"的意思，这是佛教徒们对教主释迦牟尼的尊称。大雄左右是药师佛和阿弥陀佛。东西两侧，靠墙坐着"十八罗汉"。相传，印度只有十六罗汉，随着佛教在世界各国传播，又加上了中国的玄奘（唐僧）和狮子国（斯里兰卡）的庆友，便成了"十八罗汉"。这些塑像是元代作品，造型生动，姿势各异，表现了我国古代高度的雕塑艺术水平。

（3）金谷春晴。

金谷当年景，山青碧水长。

楼台悬万状，珠翠列千行。

华宴春长满，娇歌夜未央。

只今西阁外，犹剩绮罗香。

这是明代诗人张美谷的《金谷名园》一诗，短短几句，把金谷园当年的华丽和奢侈都勾画出来了。

金谷园，是西晋时代大富翁石崇建造的别墅，也是天下名园之一。《晋书》说："崇有别馆在河阳之金谷，一名梓泽。"《清一统志》说："金谷园在洛阳县西北。"《太平寰宇记》引郭缘生《述征记》说："金谷，谷也。地有金水，自太白原南流经此谷，晋卫尉石崇因即川阜而造为园馆。"金谷园的具体地址有待专家考证。一种说法认为，是在洛阳西工以北约莫三里处。另一说法认为是在洛阳东北三里桥一带。

据《晋书》载：金谷园的主人石崇，字季伦，少敏惠，勇而有谋，刚满20岁就任修武县令，以后提升为城阳太守。因伐吴有功，封为安阳乡侯。

永熙元年（290年），他出任
荆州刺史，因抢劫远道商客，
致成大富。他与贵戚王恺、
羊琇等奢靡成风。曾与王恺
斗富，以香椒泥抹墙，用白
蜡当柴烧，作锦步幛40里。
王恺虽得晋武帝的支持，仍
不能胜他。石崇招来天下名

明代画家仇英绘《金谷园图》

工巧匠，修建了富丽堂皇的金谷园。园内"财产丰积，室宇宏丽。后房数百，
皆曳纨绣，珥金翠。丝竹尽当时之选，庖膳穷水陆之珍"。他又派人运送
绢、绸、刀针、铜铁器物去南洋换回珍珠、玛瑙、琥珀、犀角、象牙等珍
宝，更把园中装饰得金碧辉煌，琳琅满目，有三四尺高的珊瑚树六七株，"条
干绝俗，光彩耀目"。石崇亲手写的《金谷诗序》说："余有别庐，在河南
县界金谷涧中，或高或下，清泉茂林，众果竹柏药草之属，莫不毕备。又
有水碓鱼池土窟，其为娱目欢心之物备矣。"石崇的好友黄门侍郎潘岳的《金
谷集作诗》中写道：

　　朝发晋京阳，夕次金谷湄。

　　回溪萦曲阻，峻坂路威夷。

　　绿池泛淡淡，青柳何依依。

　　滥泉龙鳞涧，激波连珠挥。

　　前庭树沙棠，后园植乌椑。

　　灵囿繁石榴，茂林列芳梨。

每当阳春三月，风和日丽，朱楼玉榭，交相掩映；芳草如茵，繁花满径，
所以，"金谷春晴"，素称"洛阳八大景"之一。

金谷园楼台华美，风光绮丽。当时，许多诗人名士都聚会在这里。在西晋文坛上负有盛名的"二陆"（陆机、陆云）、"两潘"（潘岳、潘尼）、"一左"（左思）等人，常聚于金谷，世称"金谷二十四友"。他们为首的是潘岳，次石崇，然后是左思、陆机、陆云、郭彰、刘琨、欧阳建、杜斌、王粹、邹捷、崔基、刘环、周恢、陈畛、刘讷、缪征、挚虞、诸葛诠、和郁、牵秀、许猛、刘与、杜育，都是很有才华的人。潘岳和陆机，是西晋最有名的诗人，世称"潘陆"，所作诗篇，文辞华美。潘岳的《闲居赋》《秋兴赋》《籍田赋》等，流传至今，脍炙人口。陆机的《文赋》，指出作骈体文的规律，对后人写文章很有帮助。左思的《三都赋》，博采材料，十年锤炼而成，人人争相抄阅，以至"洛阳纸贵"。他们二十四友，常聚于金谷园，"昼夜游宴，屡迁其座，或登高临下，或列坐水滨……名赋诗以叙中怀，或不能者，罚酒三斗"（见《金谷诗序》）。石崇将这些诗编纂起来，把作者的姓名、年纪、官号都记载上，名曰《金谷诗集》，并亲自作序。

"金谷二十四友"，以后发展到 30 人。石崇的姐夫苏绍年 50，岁最长，大家推他为诗友之首。

（4）洛浦秋风。

自古以来，人们一提起洛浦，就很自然地联想到神女——"洛神"。

洛神宓妃，相传她是伏羲氏的女儿，因渡洛河淹死，成为洛水之神。又传她与黄河之神河伯结为夫妇，经常出没于洛浦——洛水之滨。屈原的《楚辞》写道："迎宓妃于伊洛。"张衡的《思玄赋》也说："载太华之玉女兮，召洛浦之宓妃。"在历史上完成统一中国大业的秦始皇，曾亲至洛浦，立祠祭祷。

洛神宓妃，是一位无比美丽的仙女。几千年来，许多诗文中提到她。屈原在《离骚》中说：

吾令丰隆乘云兮，求宓妃之所在。

解佩纕以结言兮，吾令蹇修以为理。

他叫驾云行空的雷神丰隆替他到处寻找宓妃，并叫伏羲时专管媒事的贤臣蹇修去"做做工作"。三国曹子建更为离奇，他写了一篇《洛神赋》，说自己在洛浦亲眼见到宓妃，她那美丽的形态，"翩若惊鸿，婉若游龙，荣曜秋菊，华茂春松。仿佛兮若轻云之蔽月，飘摇兮若流风之回雪。远而望之，皎若太阳升朝霞；迫而察之，灼若芙蕖出渌波。秾纤得衷，修短合度……云髻峨峨，修眉联娟。丹唇外朗，皓齿内鲜……"曹子建，这个"七岁能诗"的神童，凭他一支生花妙笔，把宓妃写得多么美丽！

我国民间自古有"洛灵出书"的传说。相传伏羲氏时，有龙马出现于黄河，背负"河图"；有神龟出现于洛水，背负"洛书"。伏羲氏根据这种"图""书"画成"八卦"，这就是后来《周易》所说的"河出图，洛出书，圣人则之"。而《论衡》则明确指出，"图"和"书"是分别由河伯和宓妃出的："河神故出图，洛灵故出书。""河图洛书"，意味着人们把河洛看作华夏文明的源流，反映了人们对河洛的热爱和崇敬。

（5）天津晓月。

金谷园中柳，春来似舞腰。

哪堪好风景，独上洛阳桥。

这是唐代诗人李益的《洛桥》诗。诗里说要论好风景，即便是什么天下名园，也比不上洛阳桥。

洛阳桥，隋唐时代称为"天津桥"。它建于隋炀帝大业元年（605年），坐落在"隋唐东都"皇城的正门——端门前面。《通鉴注》说："炀帝使宇文恺营造东都，洛水贯都，有河汉之象，因名其桥为天津桥。"也有人说，天子门前的渡口叫"天津"，其桥就谓之"天津桥"。

据史书记载，天津桥初建时是一座浮桥，"用大缆维舟，皆以铁锁钩连之"，"南北夹路对起四楼"。它像一条出水蛟龙，给都城的交通带来了极大的方便。隋朝末年，李密派裴仁基、孟让率领两万余人袭洛阳，一把火把它彻底烧毁了。唐朝初年，修复天津桥，也是用大船连接而成。"然洛水溢，浮桥辄坏。贞观十四年，更令石工累方石为脚"，改建成石拱桥。（见《元和郡县志》）隋唐时代，洛阳城周 69 里又 320 步（见《旧唐书》），人口 100 余万。洛河自西向东，穿城而过。天津桥横跨其上，北与皇城的端门相应，南与长约十里、宽约百步的定鼎门大街相接，为都城南北往来通衢，桥北，宫墙万仞，禁柳如烟；官府第宅，比比相连。

（6）铜驼暮雨。

只愁又踏关河路，荆棘铜驼使我悲。

这是南宋爱国诗人陆放翁《醉题》一诗中的名句。铜驼，就是铜铸的骆驼。原在汉宫门外，故世称"汉铜驼"。

东汉的首都洛阳城，分南北二宫。南宫北宫，相去 7 里。两宫之间，有

铜驼暮雨

一条五丈宽的中央大道相连接。大道的中段，东西两侧，耸立着一对铜驼。据《邺中记》记载："二铜驼如马形，长一丈，高一丈，足如牛，尾长二尺，脊如马鞍，在中阳门外，夹道相向。"

三国时，魏文帝曹丕定都洛阳后，对这两个铜驼倍加重视，将穿过二驼间的京都中央大道改名为"铜驼街"。汉、魏及西晋时代，京都许多名人学士，喜欢聚集在金马门外，说古论今，谈天说地；青年们则喜欢漫步

在铜驼陌上，笑谈游乐，饱览风光。

（7）平泉朝游。

平泉，是唐武宗时宰相李德裕的别墅，今名梁家屯，在龙门西边约十五里的山间。这里山峦环抱，林木掩映，泉水淙淙，清溪萦回，是一个风景胜地。

平泉，原是一条荆棘丛生、野兽出没的荒僻山沟。李德裕的《平泉记》说他"有退居河洛之志。于龙门得乔处士故居，剪荆棘，驱狐狸而为之"。经过他一番开辟，山水一新。《旧唐书》说他"于伊阙南置平泉别墅，清流翠筱，树石幽奇"。平泉庄有一块碑记说：

陇右诸侯供语鸟，日南太守送名花。据《贾氏谭录》记载："平泉庄周围10里，构台榭百余所。天下奇花异草，靡不毕致其间。"

李德裕未进入官场以前，曾在这里讲学。他对这里的山水胜景，十分惬意，曾亲笔描写道：

清泉绕舍下，修竹映庭除。

幽径松盖密，小池莲叶初。

从来有好鸟，近复跃儵鱼。

少室映川陆，鸣皋对蓬庐。

李德裕在《平泉花木记》中，全面地记述了这里的奇花异卉，珍贵草木，品种甚多。单是桂树就有一百余株。每当朝阳从东山升起，整个山庄顿时被涂上一层金色，农民扶犁云中走，牧童山歌飞对山。所以，"平泉朝游"被誉为"洛阳八大景"之一。

（8）邙山晚眺。

请君停一舸，听我歌北邙。

北邙在何许？乃在洛之阳。

明代高僧释梵琦的《北邙行》，一开头就给我们点明了北邙的地理位置。

北邙，西周时叫郏山，以后又名平蓬山、太平山。它像一条长龙卧于洛城之北，冈峦起伏，绿畴如织，是洛阳城北的一道天然屏障。

洛城正北的翠云峰，自古林木参差，苍翠如云，故有"翠云"之名。相传这里是老子炼丹的地方，战国以后，有不少人来此访古。它虎踞邙岭，南望伊阙，形势天然。史载，隋炀帝杨广曾于仁寿四年（604年）冬天，登临翠云峰，眺望洛阳山川之胜，并决定在洛阳营建都城。今天，只要站在翠云峰上向南一望，可以看见"东都"洛阳的端门、应天门、定鼎门和天津桥，都在北起翠云峰南达龙门口的一条直线上，而这条直线基本上就是当时的端门街和十里天津大街的遗址，也就是"隋唐东都"的中轴线。

翠云峰山川绚彩，风景如画，历来是登高游览的胜地。据《隋书》记载：隋文帝杨坚于开皇十四年（594年）冬闰十月甲寅，登邙山，坐在一座楼台上观景，令俘来的陈后主叔宝侍候他饮酒。陈叔宝深感当俘虏未被杀头之恩，侍酒时献诗一首：

日月光天德，山河壮帝居。
太平无以报，愿上东封书。

这首诗，充分表现了陈叔宝一副可怜的奴才相。

在唐朝，则天女皇也曾数游邙山。她曾在翠云峰修建避暑宫，殿宇巍峨，花木繁茂，是她消暑的夏宫。玄宗时，又在翠云峰修建上清宫，殿宇宏丽，金碧辉煌。每当阳春三月，风和日丽，鸟语花香，仕女游人，云集于此，吟诗作画，轻歌曼舞。唐人于良史曾写道：

春山多胜事，赏玩夜忘归。
掬水月在手，弄花香满衣。

兴来无远近，欲去惜芳菲。

南望鸣钟处，楼台深翠微。

人们被美丽的邙山景色所陶醉，不论远处近处总玩不够，直到天黑，夜幕笼罩大地，洛城钟楼上的大钟响了，还恋恋不忍下山。到了宋朝，邙山景色依然宜人。著名历史学家司马光《同府尹李给事游上清宫》一诗写道：

洛城二月春摇荡，桃李盛开如步幛。

高花下花红相连，垂杨更出高花上。

闲陪大尹出都门，邙阜真官共寻访。

不见翠华西幸时，临风尽日独惆怅。

每当九九重阳，"西风猎猎，又是登高节"（宋·黄机），上邙山游览者络绎不绝。傍晚时分，暮色苍茫，万盏华灯初上，万户炊烟袅袅，人们站在峰顶，遥望山下高大的城郭，宽广的园囿，富丽的楼阁，谁能不赞叹其华美而宏丽！"楼台缥缈沧溟阔，宫殿森罗紫极高"（李汾）。因此，"邙山晚眺"历来是"洛阳八大景"之一。

3. 洛阳八小景

（1）东城桃李。

东城是隋唐洛阳城宫城（紫微城）、皇城（太微城）以东的所谓"夹城"，位于太子居住的东宫以东和含嘉仓城以南。是尚书省、太常寺、大理寺等国家机关的驻地。"东城桃李"的美景并不在这个官府林立的是非之地内，而是在它以东的隋唐故城东外郭城之中。这里是隋唐城的东北隅，拥有19个井然有序的里坊。是漕运干渠与瀍河的交汇之地，为繁华的闹市中心和水路交通要冲。由于河渠两岸榆柳成荫，大街小巷桃李列行，所以每至孟

春之月，人们往往结伴畅游，无不醉心忘返。"洛阳花柳此时浓，山水楼台映几重。""城东桃李须臾尽，争似垂杨无限时。"更有意境的是唐代刘希夷的《白头篇》："洛阳城东桃李花，飞来飞去落谁家？""年年岁岁花相似，岁岁年年人不同。寄言全盛红颜子，须怜半谢白头翁。"据说《红楼梦》中的《葬花吟》就是这首诗的模拟。

（2）西苑池塘。

西苑池塘盖为西苑废弃之后还遗存的一个人工海，因景色佳丽，而被宋元列为洛阳八小景。

西苑建于605年5月，是隋炀帝营建东都洛阳时所建的皇家园林。隋时，又称会通苑，它是我国历史上最为华丽的园囿之一。北至邙山，南抵伊阙，西边一直到新安境内，周围二百余里，如今在其旧址上的西苑公园和牡丹公园仅占其很小的一部分。西苑南部是一个水深数丈，方圆十余里的人工湖，湖上建有方丈、蓬莱、瀛洲三座仙山，高出水面百余尺，相隔三百步，山上错落有致的亭台楼观，内置机关，或升或降，时隐时现，有若神变。其静之美、其动之奇，令人恋而忘返。西苑北面是一条蜿蜒盘亘的大水龙，名为龙鳞渠，依地形高低而曲折跌宕，流入湖中，遂与南部连为一体。各具特色的十六宫院面渠而建，其内殿堂楼阁，构造精巧，壮观华丽；其外流水潺潺，飞桥静卧其上，过桥百步，即是郁郁葱葱的树林。微风吹过，杨柳轻扬，修竹摇曳，曲折小径，奇花异草，亭台楼榭，隐藏其间。其中有"八面合成，结构之丽，冠绝古今"的逍遥亭，还有象征荣华富贵的牡丹，品名多达二十余种。西苑之中，奇山碧水，相映成趣；亭台楼阁，巧置其间；流水缭绕，绿林郁茂。殿堂面渠而建，如龙之鳞，宛若天就。

西苑建成后，隋炀帝非常满意，频频游幸，尤其喜欢在月朗星稀之夜，领宫女数千，骑马踏月游玩。月色下的西苑，更加美丽俊俏，使得隋炀帝诗兴大发，遂作《清夜游曲》，令宫女马上奏之，别有一番情趣。

唐初，西苑改名为芳华苑；在武则天时，洛阳荣升为神都，西苑则随之被定名为神都苑。唐代和武周有高宗、武则天、中宗、玄宗、昭宗、哀宗六位皇帝先后移都洛阳，历时长达 40 年之久，作为皇家园林的西苑，范围虽有缩小，但是风光依旧不减当年。仅高宗显庆年间建的宿羽、高山两宫，费银就高达 3000 万，西苑的俊美壮丽，由此可见一斑。宋元以后，古都洛阳日渐衰落，作为皇家园林的西苑亦不免败落下来，但它在中国古代园林史上的地位却不容抹杀。西苑以人工湖为中心，湖上建山，湖之北所建各样的十六宫院，形成"苑中园"的特色，开创出别样的离宫型皇家园林，成为清代圆明园的滥觞。

（3）石林雪霁。

是一个嶙峋耸立，冰雪覆盖，风霜酷寒，别有天地的景致，其位于洛阳东南约 30 公里偃师水泉石窟以西的万安山上，这里海拔 937.3 米，是洛阳附近较高的山峰，为古都之南的天然屏障。这座山巍峨入云，林木葱茏，所谓"皇宫对嵩顶"，"云收中岳近"的诗句，便是指洛阳皇宫遥遥与万安山相对的形势。万安山又称"玉泉山"，《名胜志》说："玉泉山在洛阳东南三十里，上有泉，水如碧玉色。泉上有白龙祠，祈祷甚应。"今山腰间不仅白龙祠依旧存在，祠侧还有一座玉泉寺，宋代欧阳修就曾游于此寺，并特撰文以记。祠、寺之前有一潭池，水清见底。山顶建有全石结构的祖师庙，其势雄奇难至。不过万安山上最令人惊叹的还是那峻极连天的峰峦，有的挺拔林立，犹如刀削斧劈一般，有的则像斜生的笋尖，可攀缘而上。每至冬季山巅积雪颇厚，犹如披上了一层银白的素装，而当雪住天晴，暖阳的光辉洒遍满山的时候，石林就会反射出绚烂的光彩，与壮丽的古都互相辉映。如果三伏炎夏季节，登上峰顶会使人立刻有"清凉到此顿疑仙"的感觉。

（4）龙池金鱼。

"郭外探芳径，悬挂万树清。台高风气肃，龙卧水华馨。翠阁凌霄汉，雪山列障屏。倚栏频送月，瑶草媚沙汀。"这是明代张美写的《九龙含翠》

诗。诗中描写了洛阳龙潭寺和龙池沟高台翠阁，池清花馨，葱树高悬，雪山列屏，且有幽曲芳径相通的宜人佳景。此间便是龙池金鱼一景的所在。沿洛宜公路南行十多公里到延秋，再西行到龙池沟村。这儿是洛阳高新区辛店镇与宜阳县交界处的丘陵山区。在龙池沟村北边的幽谷中有一股潺潺泉水，顺泉水上溯即可发现一座寺院，名曰九龙圣母庙，又名龙潭寺。在庙的前边有一个砖砌圆水池，池中有泉，长年水流不断，相传这就是"龙池"。据说这里原来殿堂宏伟，颇有气派。龙池中有红、白、黄、青、黑五色鱼 360 条，为天然所生，无须人工饲养，成为河洛一绝，由此命名为"龙池金鱼"，历史上被定为洛阳八小景之一。但是，龙潭寺至明代遭到了破坏，大书法家王铎的《龙潭寺》诗写道："南别关河野寺行，澄潭犹在半崖倾。残花不画英雄泪，旧磬如闻铁马声。龙去山空圆月古，狸穿冢断浅云横。禅房灰劫须臾事，不独元戎感慨生。"由此可见清初的龙潭寺已是残垣断壁，野兽出没，荒废不堪，一片凄凉的景象。所以抗日战争时期，这里成了日寇监禁民夫的集中营。现唯存一龙潭池，20世纪 60 年代池中又惊奇地生出妩媚多姿的五色金鱼，不幸有人竟用炸药捕鱼，致使金鱼绝种。

（5）伊沼荷香。

伊河是洛阳境内第二条大河，从龙门山口入境，东北至偃师市注入洛水，沿岸沟渠纵横，土壤肥沃，唐、宋名人裴度、白居易、富弼、司马光等的别墅都建筑在这一带。池沼花木之盛，屡见于诗人们的歌咏，尤以荷花胜于他处。伊河沿岸的村庄，还是产藕的地方，每到夏季，村庄的护寨河里荷花盛开，微风吹来，使人暑意顿消。

（6）瀍壑朱樱。

瀍河穿过邙山时，两岸峭壁耸立，沟壑深邃，人们便在沟底沟坡密植樱桃。

春天一到，樱桃沟里沟沟岔岔，开满一簇簇洁白的樱桃花，迎风摇曳、

鲜艳娇丽，馥郁的芳香扑面
而来。几天工夫，万树银花
突然变成了满沟金果，红艳
艳、亮晶晶，似珍珠，像玛瑙，
令游人心醉。

（7）午桥碧草。

午桥即指唐宰相裴度和
宋宰相张齐贤的午桥别墅。

瀍壑朱樱

当年，裴度退隐，于午桥置别墅，种植花木万株，中起凉台暑馆，常与诗
人白居易、刘禹锡等畅游园中，吟诗抚弦。至宋代张齐贤罢相归洛，得午
桥庄，有池榭松竹之胜，不由赞曰："午桥今得晋公庐，水竹烟花兴有余。"
洛阳市东南8公里伊河边的午桥村为当时故址。

（8）关林翠柏。

洛阳有句俗话叫"关林里的柏树数不清"。关林古柏郁郁葱葱，遮天
蔽日，不仅多，而且长得奇，有几株身上还附会着美好的传说。

其一，柏上松。在一棵巨柏的枝干上，奇怪地又长出了一棵小一点的
松树，而且长得枝繁叶茂，直插云霄。这是咋回事呢？传说，正月十三，
是关公的诞辰，每逢这天，来关庙烧香祭奠的人成千上万。由于关公被奉
为三界伏魔大帝，所以，全国各地的百鸟也要赶来朝拜，以求关帝保护它
们那弱小的生灵。有一年，住在西岳华山上的黄鹂鸟衔了一颗松子，不辞
辛苦，带到关庙，作为祭品献给关帝。供桌上摆放的是人类的心意，这黄
鹂就把松子放到了巨柏的树洞里，并祝愿松树蓬勃生长，象征着关帝品行
如青松，长青不老。天长日久，柏树上这松树就长成了大树。

其二，龙头凤尾柏。关陵大殿东西两侧有两棵古老的柏树。西边那
棵，有一枯枝下伸，形似龙头，人称"龙头柏"，东边那棵，树根裸露甚多，
呈扇面形，且环纹甚密，活像凤尾拖地，故称"凤尾柏"。传说中，此二

旋生柏

柏是真龙真凤变的。而龙凤何以在此呢？

原来，三殿早年曾供有关羽秉烛看《春秋》像、出行像和睡像，这些像塑画得神形兼备，呼之欲出，活灵活现。三殿因此也称作"寝殿"。后来，百兽之王东海的龙王和百鸟之王南岭的金凤出巡时，看到每至傍晚，那塑像真的变成活人，关公帝君竟趁着微弱的月光翻看书卷，批阅公文。于是，龙凤赶紧落下来，栖息在两棵大柏树上。龙眼如灯，凤尾放光，照得庙内通明，既给关帝夜读照明，也像大臣值日似的恭候关帝。天长日久，龙凤和柏树长成一体，龙头变成了柏枝，凤尾变成了柏根。

其三，旋生柏。关林的柏树，有两株枝干旋转着生长，密密的树纹扭着许多圈儿，像麻花一样旋转而上，显得十分奇怪。据传，这是关公被封为"三界伏魔大帝"后，常乘着一股白烟，旋转着升到空中，去各地降除妖魔精怪。升天的次数多了，气流就把柏树旋成了扭腰麻花似的样子。